DU ZAMBÈZE AU CONGO FRANÇAIS

LA TRAVERSÉE
DE L'AFRIQUE

PAR

ÉDOUARD FOÀ

CHARGÉ DE MISSIONS PAR LE MINISTÈRE DE L'INSTRUCTION PUBLIQUE
CORRESPONDANT DU MUSÉUM
GRANDE MÉDAILLE D'OR DE LA SOCIÉTÉ DE GÉOGRAPHIE DE PARIS

Ouvrage illustré de 44 gravures et d'une carte

PARIS
LIBRAIRIE PLON
PLON-NOURRIT ET Cie, IMPRIMEURS-ÉDITEURS
RUE GARANCIÈRE, 8

LA
TRAVERSÉE DE L'AFRIQUE
DU ZAMBÈZE AU CONGO FRANÇAIS

L'auteur et les éditeurs déclarent réserver leurs droits de reproduction et de traduction en France et dans tous les pays étrangers, y compris la Suède et la Norvège.

Ce volume a été déposé au ministère de l'Intérieur (section de la librairie) en mars 1900.

DU MÊME AUTEUR :

VOYAGES.

Le Dahomey. — Un volume grand in-8° de 430 pages avec 17 planches ou gravures hors texte, plans et cartes coloriées. Paris, A. Hennuyer, 1895.

Du Cap au lac Nyassa. — Un volume in-18 de 380 pages, accompagné de 16 gravures d'après les photographies de l'auteur, d'une carte et d'un vocabulaire. Paris, Plon-Nourrit et Cie, 1895.
Ouvrage couronné par l'Académie française.

CHASSES.

Mes grandes chasses dans l'Afrique centrale. — Un volume grand in-8° de 340 pages avec 76 gravures dessinées en collaboration par MM. Malher et Émile Bogaert d'après les dessins, les photographies et les documents de l'auteur, d'une héliogravure et d'une carte en couleurs. Paris, Plon-Nourrit et Cie, 1900. 4e édition.

Chasses aux grands fauves *pendant la traversée du Continent noir, du Zambèse au Congo français.* — Un volume grand in-8° orné de 46 gravures d'après les photographies de l'auteur, de 15 dessins, de 4 schémas, d'une carte en couleurs et d'une héliogravure. Paris, Plon-Nourrit et Cie, 1897. 7e édition.

EN PRÉPARATION :

Résultats scientifiques de trois explorations en Afrique (1886-1897).

Souvenirs de chasse et nuits d'affût.

L'EXPÉDITION AU CŒUR DE L'AFRIQUE.
Vingt-neuvième mois de marche (janvier 1897).

DE L'OCÉAN INDIEN A L'OCÉAN ATLANTIQUE

LA TRAVERSÉE DE L'AFRIQUE

DU ZAMBÈZE AU CONGO FRANÇAIS

PAR

ÉDOUARD FOÀ

CHARGÉ DE MISSIONS PAR LE MINISTÈRE DE L'INSTRUCTION PUBLIQUE
CORRESPONDANT DU MUSÉUM
GRANDE MÉDAILLE D'OR DE LA SOCIÉTÉ DE GÉOGRAPHIE DE PARIS

*Ouvrage illustré de 44 gravures hors texte
d'après les photographies de l'auteur, et d'une carte
en couleurs.*

PARIS
LIBRAIRIE PLON
PLON-NOURRIT ET Cⁱᵉ, IMPRIMEURS-ÉDITEURS
RUE GARANCIÈRE, 8
—
1900
Tous droits réservés

INTRODUCTION

> « J'ai sous les yeux les documents relatifs à un voyage accompli avec une endurance, une précision dans la recherche scientifique vraiment remarquables, par M. Édouard Foà. »
>
> (*Discours de M. le ministre de l'Instruction publique au Congrès des Sociétés savantes de 1898.*)

Depuis longtemps je rêvais au voyage que je viens d'accomplir. En 1893, déjà, lorsque j'étais arrivé au Nyassa, après avoir traversé du sud au nord toute l'Afrique australe, j'avais tourné les yeux vers l'ouest, au delà de ces grandes montagnes bleues qui bordent le lac, et je m'étais dit : Si j'allais plus loin ?

Mais, épuisé comme je l'étais par vingt-six mois de marche, affaibli par les misères et les privations sans nombre que je venais d'endurer, c'eût été de la folie. Je me sentis incapable d'un pareil effort. D'ailleurs, je n'étais pas prêt, je n'avais pas suffisamment mûri mon idée.

Je revins me reposer en France et y travaillai ardemment à l'accomplissement de mon projet. Sans oser compter sur le succès, je n'épargnai rien pour y parvenir. Mais tant de choses pouvaient contrecarrer mes plans, tant d'événements imprévus étaient à craindre au cours des années qui se préparaient, que je ne fis part de mon dessein qu'à deux ou trois intimes.

Plutôt que d'annoncer à grand fracas mes intentions, je préférai tenter d'abord, raconter ensuite.

Traverser l'Afrique n'est pas en soi une chose extraordinaire, surtout si l'on ne s'arrête nulle part assez longtemps pour y contracter des maladies, si l'on a des crédits illimités, des hamacs pour se faire porter, un grand nombre d'hommes avec un service de ravitaillement et de relève organisé derrière soi; pour peu qu'on ait l'habitude du pays, c'est une entreprise relativement simple. Ce qui est moins facile, c'est d'accomplir cette route comme je l'entendais, c'est-à-dire à pied, sans regarder en arrière, accompagné d'une poignée d'hommes sûrs, avec relativement peu d'argent, en séjournant partout, en rapportant de partout des résultats dont pussent profiter la géographie, l'ethnographie, l'histoire naturelle, les sciences en général, le commerce, l'industrie, la colonisation : en un mot, faire un voyage utile, une œuvre digne de la France.

Chargé en 1894 de cette mission de confiance par le ministère de l'Instruction publique, j'ai eu la chance de pouvoir la mener à bien et de revenir, ayant rempli mon programme presque de point en point, après trois ans et demi d'absence, dont *trente mois de marche*.

INTRODUCTION

Seuls, mes projets d'itinéraires ont dû être modifiés par les circonstances ; s'ils s'étaient réalisés, j'aurais eu le bonheur, rare à notre époque, de faire une route entièrement nouvelle. Néanmoins, les résultats géographiques que j'ai obtenus ont été tels que la Société de Géographie de Paris a bien voulu me décerner sa grande médaille d'or. Je lui renouvelle ici l'assurance de toute ma gratitude pour cette distinction.

Je remercie vivement M. Georges Leygues, ministre de l'Instruction publique et des Beaux-Arts, de la mission qu'il m'a confiée en 1894 et de la récompense qu'il m'a fait l'honneur de m'accorder à mon retour.

J'exprime enfin ma reconnaissance au ministre des Colonies pour l'appui et les recommandations qu'il m'a données, aux Sociétés de géographie de province et de l'étranger, pour le chaleureux accueil qu'elles m'ont fait et pour les distinctions que la plupart d'entre elles m'ont accordées.

Les résultats de la mission officielle dont j'étais chargé comprennent : l'exploration, les recherches scientifiques, enfin la chasse et la récolte de spécimens d'histoire naturelle pour le Muséum de Paris.

Vu la place considérable que la chasse occupe dans mon voyage, je lui ai consacré un livre spécial (1).

(1) *Chasses aux Grands Fauves dans l'Afrique centrale*. — 1 vol. in-8° illustré. Plon-Nourrit et Cⁱᵉ, Paris, 1900, 2ᵉ édition.

Les résultats scientifiques sont d'une telle importance, que je dois me résoudre à les publier à part. Ils comprennent les observations astronomiques, magnétiques, climatologiques, météorologiques, et ils portent sur l'histoire naturelle, la cartographie, l'anthropologie, l'ethnographie technique, etc. (1).

Reste l'exploration proprement dite, qui forme l'objet du présent ouvrage : on trouvera dans les pages qui suivent le récit des marches et des péripéties de l'expédition, de son passage dans des pays nouveaux ou peu décrits, avec des aperçus sur les mœurs curieuses ou intéressantes des peuplades visitées.

Des photographies prises au cours du voyage ont servi à l'illustration; une carte complète aidera le lecteur à nous suivre dans nos itinéraires. Enfin, l'appendice contient pour les intéressés des renseignements commerciaux ou industriels sur les régions traversées.

Je souhaite que le public fasse à ce livre le même accueil qu'aux précédents et qu'il s'intéresse à ce gros effort tenté par une expédition française pour ajouter une modeste pierre à l'édifice scientifique de son pays...

Paris, avril 1900.

(1) Je compte réunir dans une même publication ces résultats scientifiques et ceux de mes précédents voyages.

TABLE DES MATIÈRES

Introduction. 1

CHAPITRE PREMIER

A TRAVERS LE NYASSALAND

Préparatifs de départ. — Travaux et recherches nécessaires à la préparation d'une expédition. — Langues africaines. — Résumé d'un matériel d'expédition. — Farine et café. — Nécessité de réduire le matériel à son minimum de poids et de volume. — Départ de Marseille. — L'*Ava*. — Arrivée à Zanzibar. — Transbordement. — Mozambique, Quilimane et Tchinde. — Beira : son développement, son avenir. — Chemin de fer en projet. — Départ de Tchinde. — Dans le Chiré. — Mes compagnons. — Tchiromo. — La colonie du Nyassaland : son administration, son budget, sa salubrité, son avenir. — Campement à Tchiromo. — Un incendie. — L'inondation de Tchiromo : l'expédition en danger. — Les sauterelles. — La première bicyclette introduite dans l'Afrique centrale. — Expériences de bicyclette avec « pelles ». — Le cheval ne réussit pas davantage. — Supériorité des voyages à pied. — Départ de Tchiromo. 1

CHAPITRE II

DU CHIRÉ AU LAC BANGOUÉOLO; CHEZ MPÉSÉNI ET CHEZ MOASSI

Personnel. — Marche de l'expédition. — Méthode de campement. — Recrutement des porteurs. — La danse du *niâou* chez les Magandjas. — Saison des pluies. — Comment nous vivons, mes compagnons et moi. — Les Azimbas. — Croyances et préjugés indigènes : le *fiti ;* le *moavi* et ses verdicts. — Cruautés engendrées par la superstition ; cas de cannibalisme. — Tchinssinga, roi des Atchécoundas. — Attaque de notre camp par un lion. — Chez les Sengas ; région abandonnée. — Azimbas, Maravis, Pimbés, Sengas et Ouïzas. — L'Aroangoua. — Chez Mpéséni. — Origine et mœurs des Angonis. — L'Européen jugé par un noir. — Chez Moassi. — Esclavage et horreurs de la traite. — Effets de la civilisation sur le noir. — Ce que coûte un morceau d'ivoire. — Industries locales : fonderies, tissages, travaux en bois, lavage de l'or, cultures, poteries. — Environs du lac Bangouéolo. — Un porteur tué par un crocodile. — Difficultés journalières. — Les fièvres paludéennes. — Arrivée au lac Nyassa. 24

CHAPITRE III

LAC NYASSA. — PLATEAU NYASSA-TANGANYIKA
OUBÉMBA. — LES SOURCES DU CONGO

Arrivée au lac Nyassa. — Le *Pionneer*. — Départ de Borely et des porteurs. — Monkey-Bay. — Description du lac. — Tribus qui habitent ses rives. — Les Souahilis. — La campagne antiesclavagiste. — Fort-Maguire. — Poires à poudre indigènes. — Kota-Kota. — Nkata. — Nuées de mouches comestibles. — Rouaroué. — Forme des cases. — Voyages de Sharpe. — Karonga. — Poissons et coquillages. — Langenburg. — Les Ouankondés et leurs mœurs. — Souédi, « l'homme-canon. » — Les monts Moungamba. — Accidents aux bagages : un chronomètre cassé. — Faïence et fer émaillé. — Le plateau Nyassa-Tanganyika ; sa température, ses productions ; l'émigration européenne y est possible. — Les montagnes de la Lune. — Limite du Nyassaland. — Les sources de l'Aroangoua. — Les Asséoués. — Boucles d'oreilles des femmes. — Les Ouanyikas. — Costumes de perles. — Les Inamouangas. — Les Ouanamamboués. — Mœurs de ces différentes peuplades. — Les Aouembas; leur costume et leur histoire. — Exploration de la Tchozi et de la Tchambézi. — Les Pères Blancs. — Gisements de fer. — Difficulté de mensurer les indigènes. — Accueil méfiant fait dans l'Oubemba. — Les ponts rustiques. — Les villages fortifiés. — A propos de chiens morts. — Retour au plateau. — Les sources du Congo. 97

CHAPITRE IV

SUR LE LAC TANGANYIKA. — VOYAGE DANS L'OUROUA

Intérêt scientifique de l'étude du lac Tanganyika. — Itinéraires projetés. — Difficultés de tous côtés. — Départ de Bertrand; je reste seul pour continuer le voyage. — Recherche de moyens de transport. — Sur un boutre arabe. — Voyage sur le Tanganyika. — Rapports avec les indigènes. — Visites à divers points du lac. — Une tempête. — Naufrages nombreux. — Impossibilité de passer par l'Ouvira. — Règlement administratif allemand. — Oudjiji; visite de la ville. — Retour vers le sud. — Querelle avec les indigènes. — Nous quittons le boutre. — Départ pour l'intérieur. — Les monts Mitoumbas. — Marche pénible et périlleuse à travers les gorges. — Les géants montagneux de l'Ouvira. — Construction d'un pont. — Arrivée à la Louizi. — Rencontre de Zanzibarites. — Chez les Baloubas : gens, coiffures et danses étranges; chants tristes. — Attitude méfiante et mystérieuse des indigènes. — Instincts de cannibales. — Abandon des porteurs. — Le plan de Chérif. — Chasse aux éléphants. — Un combat pour de la viande : dix blessés et un mort. — Le message de Chérif. — Inquiétude et départ précipité. — Poursuivis par

500 hommes. — La fuite de l'expédition dans les montagnes; fatigues et souffrances. — Le tambour à signaux et les feux. — Angoisses et insomnies. — Nouvelles de l'ennemi. — Il perd nos traces! — Arrivée à la Loukouga. — Retour au Tanganyika. — Le *Good News*. — Nouveau voyage sur le Tanganyika. — Les Pères Blancs. — Arrivée à Mtova. 128

CHAPITRE V

DANS LE MANYÉMA

Limites du Manyéma et de ses différentes tribus. — Le baron Dhanis et la campagne arabe. — — La révolte des soldats indigènes : sa cause, ses suites. — Départ de Mtova. — La route des caravanes arabes. — Commencement de la grande forêt équatoriale. — Les Ouanyamouézis. — La musique en Afrique. — Quelques peuplades étranges. — Les Bangos-Bangos. — Reste de population arabe. — Appréciations indigènes sur mes fusils. — Première rencontre avec les Pygmées. — Produits naturels et faune de la forêt : le café sauvage, le caoutchouc; les mouches cartonnières; la tsétsé; les antilopes diverses. — Passage à Kabambaré. — Kassongo. — Nyangoué : son histoire, son rôle à venir. — Le baron Dhanis, vice-gouverneur de l'Etat indépendant du Congo, et ses lieutenants. — Remerciements. — Départ de Nyangoué. — Impression générale sur le Manyéma. 193

CHAPITRE VI

SUR LE HAUT CONGO

L'installation dans les pirogues. — Descente du Congo. — La grande forêt équatoriale. — Les baguénias. — Nouvelles des révoltés. — Chasse à l'hippopotame. — Villages de pêcheurs. —

Abondance de bananes. — Les Ouaguinguélés. — Les Pygmées ou nains : quelques traits de leurs mœurs. — L'expédition passe devant le camp des révoltés; coups de fusil. — Les Ouabilas et les Ouakoumous. — Encore le tambour à signaux. — Abondance de perroquets. — Présence de la mouche tsétsé dans la forêt et sur le haut Congo. — La région des chutes. — Les cataractes d'Ouaboundou. — Passage des chutes. — Arrivée aux cataractes de Stanley. — Fin du voyage d'exploration proprement dit. 219

CHAPITRE VII

CHEZ LES ANTHROPOPHAGES

Le cannibalisme : ses sources, sa raison d'être. — Sa disparition sous l'influence européenne. — Candeur des peuples primitifs. — Je me fais passer pour anthropophage. — La chair de l'homme, de la femme et de l'enfant. — Les morceaux de choix. — La graisse. — Les amateurs de viande crue. — Le boucanage de la viande. — De quoi la chair humaine a le goût. — Les mangeurs de cadavres derrière les armées. — Ceux qui mangent leurs morts. — Pygmées anthropophages. — Façon d'exécuter les esclaves. — Achat de viande sur pied. — Résignation stoïque du noir. — Fin prochaine du cannibalisme. 243

CHAPITRE VIII

DANS LE BASSIN DE L'OUELLÉ ET SUR LE MOYEN CONGO

Arrivée aux chutes de Stanley. — Les pêcheurs. — Avantages du concours des Arabes pour la civilisation des indigènes. — Départ de Souédi. — Maladie de Msiambiri. — Les principales peuplades riveraines. — A la recherche d'ivoires sculptés. —

Dans l'Itimbiri et le bassin de l'Ouellé. — Retour au Congo. — Upotos. — Bangalas. — Gens de l'Equateur. 253

CHAPITRE IX

LE CONGO FRANÇAIS. — LE BAS FLEUVE. — DERNIÈRES ÉTAPES

Arrivée à l'embouchure de l'Oubanghi. — Le premier pavillon français. — Je renonce au voyage de Franceville. — Loukoléla. — Les monnaies du Congo et les marchandises indigènes. — L'embouchure du Kassaï. — Le « Canal » — Le lac Stanley. — Arrivée à Léopoldville et à Brazzaville. — Impressions sur le Congo français. — La « route » des caravanes. — Les dernières étapes. — En chemin de fer. — Matadi. — L'Océan… Enfin !. 266

NOTE COMPLÉMENTAIRE. 279

APPENDICE : Note sur le développement économique et industriel des régions traversées par l'expédition. 280

CHANTS AFRICAINS (*avec accompagnement de piano*). 297

TABLE ALPHABÉTIQUE DES MATIÈRES. 307

CARTES DES RÉGIONS TRAVERSÉES. 325

TABLE DES GRAVURES

	Pages.
L'Expédition au cœur de l'Afrique (Frontispice.)	
Quilimane : Une rue	8
James et Souédi, capitans de l'expédition	8
Quilimane : Chariot à bœufs	12
Haut Chiré : Magandjas	12
Tchiromo : Campement d'hivernage	18
Chez les Magandjas : La danse du Niâou	40
Maravie : Chant et danse indigènes	50
Pays de Makanga : Tchinssinga, roi des Atchécoundas	60
Chef angoni	72
Mpéséni : Mafsitis (*Kabaendas*)	74
Aroangoua moyen : Convoi d'esclaves	84
Après la razzia : A vendre !	84
Magandjas : Tisserands au travail	88
Les membres de l'expédition	96
Lac Nyassa : Vue du lac à Rouaroué	104
Plateau Nyassa-Tanganyika : Femmes de Tchitipa	114
Oubemba : Femmes aouembas	114
Plateau Nyassa-Tanganyika : Oreilles des femmes ouanambouès	118
Oubemba : Gens mutilés	118
Oubemba : Porte de village fortifié	120
Le problème de chaque jour : Où sommes-nous ?	126
Sur le lac Tanganyika : Visite des criques par notre boutre	140
Dans les monts Mitoumbas ; Ouroua : Passage d'une corniche	156
Lac Tanganyika : Bétail à longues cornes	188

	Pages.
Loualaba (Congo supérieur) : Tambour à signaux	188
Manyéma : L'arrivée de l'expédition	194
Ouroua : Danse d'anthropophages	194
Manyéma : Coiffures et costumes bangos-bangos	208
Manyéma : Coiffures et costumes bangos-bangos	208
Sur la Louboumba : Un pont rustique	212
Descente du Congo : La grande pirogue de l'expédition	220
Haut Congo : Coiffures ouaguinguélés	235
Haut Congo : Tambour à signaux	235
Chutes d'Ouaboundou : Un sentier dans la forêt	240
Ouroua : Coiffure de Baloubas (hommes)	248
Ouroua : Coiffure de Baloubas (femmes)	248
Descente du Congo : La pirogue des bagages	254
Chutes de Stanley : Pêcheries indigènes	254
Haut Congo : Baguénias	258
Haut Congo : Topokés	258
Congo moyen : Femmes bangalas	264
Congo moyen : Femmes de l'Équateur	264
Bas Congo : Vue de Banane	278

TRAVERSÉE
DE
L'AFRIQUE ÉQUATORIALE
DU
ZAMBÈZE AU CONGO FRANÇAIS

CHAPITRE PREMIER

A TRAVERS LE NYASSALAND

Préparatifs de départ. — Travaux et recherches nécessaires à la préparation d'une expédition. — Langues africaines. — Aperçu d'un matériel d'expédition. — Farine et café. — Nécessité de réduire le matériel à son minimum de poids et de volume. — Départ de Marseille. — L'*Ava*. — Arrivée à Zanzibar. — Transbordement. — Mozambique, Quilimane et Tchinde. — Beira : son développement, son avenir. — Chemin de fer en projet. — Départ de Tchinde. — Dans le Chiré. — Mes compagnons. — Tchiromo. — La colonie du Nyassaland : son administration, son budget, sa salubrité, son avenir. — Campement à Tchiromo. — Un incendie. — L'inondation de Tchiromo : l'expédition en danger. — Les sauterelles. — La première bicyclette introduite dans l'Afrique centrale. — Expériences de bicyclette avec « pelles ». — Le cheval ne réussit pas davantage. — Supériorité des voyages à pied. — Départ de Tchiromo.

Les premiers mois de l'année 1894 se passèrent en préparatifs de toutes sortes. On se rend difficilement compte, quand on n'est pas du métier, de ce qu'il faut de lettres, de démarches, d'intermédiaires, de recherches, de courses à pied, en omnibus ou en fiacre, d'entregent et surtout d'argent, pour préparer une grande expédition, c'est-à-dire un voyage de longue haleine pendant lequel on doit renoncer à se procurer quoi que ce soit en route, de sorte qu'il faut prévoir et emporter avec soi tout ce qui sera nécessaire pour les besoins de plusieurs Européens, pour le paiement des indigènes pendant des années, les cadeaux à faire, etc., sans compter l'imprévu, qui occupe dans ces sortes d'entreprises une place considérable, et auquel il faut être en état de parer.

Me proposant de visiter des régions très diverses, où les indigènes avaient des goûts différents, j'avais besoin de connaître le genre de marchandises qui était monnaie courante sur les plateaux, au Tanganyika, dans les bassins du haut et du bas Congo, etc. Pour cela il me fallait consulter les relations de voyage de ceux qui avaient parcouru ces régions. Les noirs ont des habitudes qu'il n'est pas facile de changer : telle peuplade consent à vous donner 200 porteurs en échange de fil de cuivre ou de verroterie d'une qualité particulière, et elle n'en trouvera que 50 si vous lui offrez du calicot écru auquel elle ne tient pas. Telle autre veut des coquilles ou des objets de laiton ; une troisième dédaigne les étoffes écrues et ne veut que des indiennes. En un mot, il faut à peu près tout savoir, tout prévoir et surtout tout emporter, car, une fois là-bas, loin de la côte et des communications postales, il sera trop tard pour remédier aux oublis.

Les travaux et rapports des missionnaires m'ont

été très utiles dans mon éducation préparatoire, car on trouve aujourd'hui en Afrique des missions disséminées à peu près partout. Ceci ne veut pas dire qu'elles soient rapprochées, mais simplement qu'il en existe dans les différentes régions. Ainsi, je dirais qu'il y a des missions dans toute l'Europe, s'il s'en trouvait deux dans l'étendue de la France, une en Angleterre, quelques-unes dans les autres pays. On voit qu'il resterait encore beaucoup d'espace autour de ces établissements. Quoi qu'il en soit, ils pouvaient me fournir des renseignements exacts sur chacune des régions que je comptais traverser.

Quoique parlant déjà deux idiomes de l'Afrique centrale, le *tchichecounda* et le *tchimagandja*, j'ai jugé que je ne pourrais arriver à me débrouiller sans le *souahili*, ou langue de Zanzibar, que les Tipou-Tib et Roumaliza ont introduite tout autour de la région des Lacs, dans l'Afrique allemande, et jusque dans le Manyéma. Je me mis donc à apprendre cette langue dès mon retour en Afrique, en me servant du vocabulaire de l'évêque Steers, de Zanzibar, et avec l'aide d'un ou deux Zanzibarites que je m'étais attachés dans ce but. Je voulais qu'il ne manquât dans mon jeu aucun des atouts que j'y jugeais indispensables, et plus tard, lorsque j'arrivai aux Lacs, je parlais couramment la langue locale. Sa connaissance m'a rendu d'immenses services et m'a peut-être sauvé la vie, car, lors de mes vicissitudes dans l'Ouroua, sans la faculté que j'ai eue de me concerter et de me liguer avec les Souahilis contre les indigènes, je n'eusse été qu'un jouet entre les mains de ceux-ci.

L'arabe aussi m'a beaucoup servi, car on trouve

encore autour du lac Tanganyika et dans l'Ouellé pas mal de vrais Arabes blancs; bien qu'ils parlent tous la langue de la côte ou souahili, ils tiennent en haute estime les Européens qui connaissent leur idiome maternel, et ils leur sont bientôt tout dévoués, pour peu que ceux-ci sachent les prendre. J'aime beaucoup les Arabes, et je n'ai eu qu'à me louer de ceux qui m'ont accompagné dans ma deuxième expédition; l'important est de les manier avec tact, ce qui n'est pas toujours très facile.

Vers la fin de juin, tous mes préparatifs étaient achevés.

L'inventaire total de mon matériel remplissait un cahier de 200 pages; il était divisé sous les rubriques suivantes : provisions, — vêtements, — chaussures, — papeterie, — armes, — munitions, — photographie, — outils, — matériel naturaliste, — documents, papier, livres, carnets, etc., — instruments, — batterie de cuisine et service de table, — literie et campement, — médicaments, — tabac et cigares, allumettes, briquets, — linge, — marchandises-monnaie, — savons, huiles, graisses, — matériel de réparations, — divers.

Le chapitre des provisions et celui des marchandises-monnaie étaient naturellement les plus considérables. On se rendra compte de ce que contenait ce dernier par les détails que je donnerai au fur et à mesure du voyage sur les modes de paiement usités et les prix demandés selon les pays. Quant aux provisions, tout ce que l'on peut voir dans les magasins de comestibles, susceptible d'être conservé, depuis le poivre, le sel et les épices jusqu'aux mets les plus variés, tout y était représenté et transporté en boîtes; il serait long et fastidieux d'en faire l'énumération : il vaudrait mieux copier le catalogue d'un magasin de comestibles.

La farine seule faisait exception, ainsi que le café : la première est trop lourde à emporter en raison de son faible rendement en pain : une charge de farine (25 kilos), en boîtes de 5 kilos, ne donne du pain pour trois hommes de bon appétit que pendant 17 jours, soit deux livres de pain par livre de farine, par homme et par jour; le même poids de biscuit fin (légèrement salé et très facile à briser) comporte cinq grosses boîtes et nourrit largement le même nombre d'Européens pendant un mois et demi. Une charge de biscuit équivaut donc à trois charges de farine.

Il en est de même pour le café : cru, il pèse beaucoup; une fois torréfié et infusé dans vos tasses, il se réduit à rien. Pour qui l'aime bon, et c'est mon cas, savez-vous combien de tasses fournit une livre de café cru ? Pas plus de vingt. Vous voyez ce qu'il faut en emporter quand on en veut pour trois ans. Je me sers donc habituellement d'extrait de café concentré en petits flacons peu encombrants et équivalant, sous un petit volume, à une énorme quantité de café en grains. D'ailleurs, au Nyassaland, qui est un pays de planteurs, nous avons pu avoir du café frais, et au Congo j'ai récolté moi-même, sur la lisière de la grande forêt, du délicieux café sauvage.

Vous avez là deux exemples, entre mille, des calculs qu'il faut faire pour les moindres détails de l'équipement d'une expédition ; on ne doit jamais perdre de vue la nécessité absolue d'emporter le plus possible sous la forme la moins encombrante et sous le moindre poids possible (1).

Par ces quelques renseignements, j'ai voulu montrer quelles mesures avaient dû être prises pour assurer, sinon le succès, du moins la bonne marche de l'expédition.

Le 8 juillet 1894, à Marseille, M. de Borely prenait passage avec moi sur l'*Ava*, des Messageries Maritimes, à destination du Zanzibar. Notre camarade Bertrand nous avait devancés afin de préparer les transports ; nous devions le retrouver à Tchinde, à l'embouchure du Zambèze.

Quoique plus agréable et plus variée que la route du cap de Bonne-Espérance, la traversée par mer se passa sans incident notable. Nous restâmes une nuit à Obock. (Djibouti n'était alors qu'à l'état de projet.) Le lendemain, nous sortions de la mer Rouge et visitions Aden. Notre dernière escale fut Zanzibar, le 31 juillet.

Nous avions comme compagnons de voyage, à bord de l'*Ava*, quelques officiers d'infanterie de marine et un médecin désignés pour prendre part à l'expédition de Madagascar ; je n'ai plus eu de leurs nouvelles, mais je sais que le docteur Saint-Germain n'en est jamais revenu. Qu'il me soit per-

---

(1) Dans l'Afrique intertropicale, les pays à chameaux exceptés, tous les transports se font à dos d'hommes (ou, ce qui est plus exact, à tête d'hommes), et le recrutement des porteurs est toujours un problème difficile à résoudre.

Nous reviendrons plusieurs fois sur cette question au cours du voyage.

mis d'adresser un souvenir à la mémoire de ce brave garçon, que j'ai connu si gai et si plein de vie pendant cette traversée.

À Zanzibar, nous prenons congé des passagers de l'*Ava*, et nous remercions le commandant Garbe de sa grande amabilité pour nous. Le *Kanzler*, bateau allemand qui doit nous conduire à Mozambique, est déjà en rade. Nous y transbordons immédiatement nos bagages, avec environ 200 colis supplémentaires qui n'avaient été prêts qu'au dernier moment et que nous avions dû prendre avec nous, tandis que le matériel de l'expédition avait été dirigé directement sur Tchinde, *viâ* cap de Bonne-Espérance, deux semaines auparavant.

Nous restons deux jours à Zanzibar. Je vais faire une visite à mon ami Tipou-Tib en sa maison restaurée ; il l'a fait surmonter d'un belvédère d'où il me fait admirer toutes les toitures et terrasses désertes de la ville ; dans un coin, on devine le port indiqué par les pointes des mâts : la vue est charmante. Malgré toutes mes protestations et mes refus, mon hôte me force à avaler un sorbet à la rose qui me donne mal au cœur pour le reste de la journée. Nous nous promenons avec de Borely un peu partout, mais nous commençons à trouver le temps long, quand je rencontre un de mes Arabes de 1893. Il me fait un accueil enthousiaste et me raconte ce que sont devenus les autres : aucun d'eux n'est ici ; les uns sont à Bagamoyo, les autres à Malindi, etc., aux environs. C'est dommage : j'aurais eu tant de plaisir à revoir ces braves gens, compagnons de mes vicissitudes passées ! Mais je n'en ai pas le loisir. Le *Kanzler* prend le large le 2 août au matin, nous emportant vers Mozambique. Nous passons en vue d'Ibo le 3, et, le 4, nous jetons l'ancre en face de la capitale de la province.

La rade de Mozambique est très tranquille : l'eau est si claire qu'on voit le fond à plusieurs mètres. On y récolte force coraux, madrépores ou coquillages que les indigènes promènent dans leurs petites pirogues et viennent vendre aux navires.

La ville est située sur une petite île ; le port se trouve face à la côte, c'est-à-dire du côté opposé au large. De loin, Mozambique paraît riante et gaie ; mais, lorsqu'on débarque, on trouve la ville triste, avec ses rues étroites bordées de maisons sévères et fermées, dont le mode de construction est très bien compris pour les tropiques : épais murs de pierres, appartements hauts de plafond, vastes et sombres, où il fait assez frais. Comme l'île est très étroite, la plupart des rues donnent sur la mer à chacune de leurs extrémités, ce qui égaye un peu la vue. Beaucoup de colons ont des maisons de campagne sur le continent et s'y rendent à la voile ou à l'aviron les jours de dimanche et de fête. Ces « villas » se composent, en général, d'une habitation très simple enfouie sous les cocotiers ou au milieu de la végétation vierge.

On se demande avec étonnement pourquoi Mozambique, qui est isolée, hors des communications et des centres commerciaux de la région, a pu rester aussi longtemps la capitale de la province, tandis que Quilimane et Lourenzo-Marquez, qui étaient bien mieux situées, devenaient dix fois

QUILIMANE.
Une rue.

CAPITANS DE L'EXPÉDITION.
James et Souédi, l'homme-canon. (Voir p. 107.)

plus importantes. Le gouvernement portugais vient seulement de faire de Lourenzo-Marquez la capitale et le centre administratif de la colonie. Il y a longtemps qu'il aurait dû en être ainsi.

A Mozambique, nouveau transbordement. Nous nous embarquons sur le *Peters*, petit vapeur de la même compagnie que le *Kanzler*, la *Ost Afrikanische Dampschiffe Gesellschaft*, qui fait le service des ports intermédiaires de Quilimane, Tchinde, Inhambane, et correspond avec la grande ligne à Mozambique et Lourenzo-Marquez. A cause de son peu de tirant d'eau, destiné à lui permettre d'entrer dans les rivières, ce petit bateau roule horriblement, et, par les calmes, il se comporte comme sur une mer démontée.

Nous voici enfin à Quilimane, dont j'ai parlé assez longuement, ainsi que du bas Zambèze, lors de mon dernier voyage (1), aussi n'y reviendrai-je, le cas échéant, que pour compléter la description que j'en ai déjà faite.

L'*Hôtel Français*, qui a remplacé avec avantage l'*Hôtel Colonial* d'entomologique mémoire, nous y donne l'hospitalité pendant deux jours. La ville fait toujours une impression agréable à qui la revoit, et c'est avec plaisir que je me promène de nouveau sous ses acacias flamboyants. J'ai omis de mentionner, lors de mon dernier passage, les charrettes qui se promènent lentement par la ville, y faisant le service de la voirie. Elles sont traînées par des bœufs que les Portugais ont importés d'Angola.

Mais arrivons au terme de notre voyage par mer.

(1) *Du Cap au lac Nyassa*, p. 211.

Le *Peters*, après avoir passé la barre, non sans difficulté, entre enfin en rivière, c'est-à-dire dans le Zambèze, et mouille en rade de Tchinde.

Notre ami Bertrand, qui nous y attendait, vient nous chercher à bord, et nous débarquons définitivement sur la terre d'Afrique le 14 août 1894, après trente-six jours de mer.

A part une augmentation notable dans le nombre des habitations et dans le trafic, Tchinde ne m'a guère paru changée : c'est toujours la même bande de sable où l'on enfonce jusqu'à la cheville, sous la réverbération d'un soleil torride, et où la brise de mer n'arrive que difficilement, arrêtée qu'elle est par les massifs de végétation et les replis de terrain qui se trouvent au bord de l'océan. Les Portugais et les habitants ont planté quelques cocotiers, mais il leur faudra dix ans avant d'en obtenir un peu d'ombre. Ces arbres ne rendront d'ailleurs pas la ville plus salubre, car, lorsque le vent souffle du sud-est, il balaye d'immenses étendues de marécages dont il apporte les émanations pestilentielles. Les habitants vont chaque soir sur la plage, distante d'environ deux kilomètres, et ils y respirent, pour combattre la « malaria », l'air fortifiant de l'océan Indien. C'est ainsi que l'état sanitaire se maintient assez bon à Tchinde malgré sa situation déplorable.

C'est d'un tout autre côté que je vois de l'avenir. Depuis deux ou trois ans, une autre localité, presque aux bouches du Zambèze, d'abord simple langue de sable comme Tchinde, a pris les proportions d'une véritable ville commerçante : c'est Beira, à l'embouchure du Poungoué, à quelques milles au sud du Zambèze (1). Dotée d'un port magnifique et profond où les navires de toutes les tailles entrent librement, Beira est aujourd'hui le point terminus du chemin de fer du Mashonaland; qu'on améliore encore le port, et Beira deviendra la ville la plus importante de la côte; c'est déjà le centre qui donne au gouvernement portugais le plus gros rendement; les Messageries Maritimes et les Chargeurs Réunis y font escale depuis peu.

On projette de créer un chemin de fer entre Beira et le Zambèze (à Lacerdonia, près de Choupanga, presque en face de l'entrée du Chiré); l'établissement de cette ligne sera très facile et peu coûteux, et c'est par là que passera dans quelques années tout le trafic du Zambèze et des Lacs. Quilimane et Tchinde sont donc condamnées à mort. Et dire que, lorsque je suis venu à Beira pour la première fois, il y a huit ans, j'y ai vu juste quelques tentes de soldats portugais et deux baraques près d'un marécage de palétuviers! En Afrique, tout va vite : le temps, les entreprises, et même la vie des hommes!...

Le 21 août, tous les préparatifs étant achevés, de Borely, Bertrand et moi allons une dernière fois nous promener sur la grève et voir l'océan, nous demandant si nous le reverrons jamais. Eh bien, moi, je ne veux pas le revoir; c'est l'autre que je veux contempler, c'est l'Atlantique! Mais d'ici là que d'obstacles, que de luttes, que de déboires! Tant pis! Ayons du courage et de la

(1) *Du Cap au lac Nyassa*, p. 209, 210.

volonté, le Ciel fera le reste !... D'un dernier regard, en nous retournant, nous disons adieu aux grosses vagues qui continuent à déferler, majestueuses et insensibles aux misères humaines...

Mon désir s'est accompli : je n'ai jamais revu l'océan Indien...

En quittant Tchinde, on n'est pas encore dans le Zambèze proprement dit, quoique l'on navigue déjà sur les eaux du fleuve. Le canal du Tchinde n'a pas moins de vingt-cinq milles. Sa largeur n'est jamais de plus de 80 à 100 mètres; en certains endroits, elle se réduit à 20. Il est bordé d'une boue noire et grasse où plongent des palétuviers et où ne se voient que des têtards et des crabes, seuls habitants de cette vase. Quelques hippopotames aussi fréquentent le canal.

Comme j'ai raconté mon précédent voyage sur le bas Zambèze, je passerai sur cette partie de notre itinéraire. Je mentionnerai seulement que le fleuve va en s'élargissant entre Vicenti et la mer jusqu'à avoir en certains endroits 7 ou 8 milles (12 kilomètres) de large; quoique les îles qui l'encombrent soient peu boisées, ses rives sont couvertes, surtout au sud, du côté d'Inhamissengo, de grands végétaux parmi lesquels il y a beaucoup d'arbres précieux pour l'ébénisterie. Cette forêt de la rive droite commence vers Choupanga et se prolonge presque jusqu'à la mer.

Enfin nous quittons le Zambèze, et, au lieu de dépasser le confluent du Chiré, comme nous l'avons fait en 1891, nous remontons cette rivière. J'ai déjà parlé d'elle (1). Entre le Zambèze et Tchi-

---

(1) *Du Cap au lac Nyassa*, p. 314, 327, 328.

QUILIMANE. — Chariot à bœufs.

HAUT-CHIRÉ. — Magandjas.

romo, elle accomplit un parcours sinueux d'environ 150 milles. A l'entrée, après quelques collines, se trouve le Moroumbala, haut d'environ mille mètres. Cette montagne, isolée en apparence, se relie en réalité à la chaîne qui borde dans l'est la vallée du Chiré et qui se continue jusqu'aux lacs, comprenant dans ses ramifications le mont Tchipéroni, un des plus hauts de la région. Aussitôt après le Moroumbala commence la plaine immense du même nom, marécageuse et humide, sans fin. Impossible d'y débarquer : c'est le royaume des moustiques ; en dépit de toutes les moustiquaires, les infortunés voyageurs qui ont à y passer une nuit doivent renoncer au sommeil...

On va ainsi jusqu'à Pinda, où se trouvent, à la saison sèche, de légers rapides peu dangereux vu l'absence de pierres : le fond y est uniquement composé de terre glaise très résistante. En cet endroit et aux environs aboutissent les branches du Ziou-ziou, par lequel le Zambèze correspond avec le Chiré. La monotonie du paysage est rompue par quelques bouquets d'*hyphœnæ* ou palmier à éventail ; puis la brousse, les roseaux, les hautes herbes, poussent de chaque côté et se prolongent jusqu'à Missandjé (1). Près de ce dernier point commencent, à l'ouest, des inégalités de terrain qui se changent bientôt en une chaîne non interrompue de collines, chaîne qui, sous des noms divers, arrive jusqu'au nord du lac Nyassa.

Le fleuve, à partir de Missandjé, se trouve donc bordé, à droite et à gauche, de montagnes qui sont, en général, assez éloignées des rives, sauf après

---

(1) Appelé aussi Port-Herald.

Tchikouaoua, où elles se rapprochent et resserrent le cours du Chiré, formant les cataractes dites de Murchison. Quand j'aurai ajouté que les villages sont rares et que la largeur de la rivière varie entre 50 et 200 mètres, selon les endroits, il ne me restera plus qu'à conduire le lecteur à Tchiromo, où s'arrête momentanément l'expédition et où je vais lui présenter mes compagnons de voyage.

Edmond de Borely a été mon camarade de régiment au temps de la vie insouciante et joyeuse du sous-officier de cavalerie ; de là date notre amitié. Ensuite, lors de mon voyage au Dahomey, il vint me rejoindre dans ce pays inhospitalier, d'où il rentra en France fort malade. L'expédition du Cap au lac Nyassa ne le tenta pas ; mais, cette fois-ci, sur le point de partir pour le Mexique, il s'est laissé entraîner de nouveau vers cette terre étrange d'Afrique qui exerce une attraction inexplicable sur ceux qui en ont foulé le sol. D'un caractère très gai, prenant la vie comme elle est et non comme elle devrait être, de Borely a toujours été pour moi un excellent auxiliaire et un charmant compagnon.

Camille Bertrand, lui, était marin. Engagé par un coup de tête à seize ans, il a fait le tour du monde, d'abord comme simple col bleu, puis comme quartier-maître breveté torpilleur. Plus tard, il continua ses pérégrinations comme capitaine en second sur des navires marchands ; un beau jour, la lassitude de la mer le prit, de cette mer stupide et monotone, quoi qu'en disent les poètes et les snobs ; il vint au Dahomey et il y resta cinq ou six ans : c'est là que nous avons fait connaissance. Enfin il s'est joint à nous pour cette expédition et il m'a rendu des services inestimables par ses aptitudes et par son adresse à toutes sortes de métiers : plein de cœur, d'entrain et d'activité, d'un caractère excessivement jovial, c'est un bon et brave compagnon de voyage, qui complétait un trio fort bien assorti où la gaieté, cette qualité si française, nous a souvent soutenus dans des moments très pénibles.

Des circonstances indépendantes de notre volonté n'ont pas permis à ces deux excellents camarades d'achever avec moi le voyage que nous avions joyeusement commencé; mais les deux années que nous avons passées ensemble m'ont laissé un inoubliable souvenir.

A Tchiromo, nous établissons notre camp à environ un kilomètre en amont du village, sous une forêt d'*hyphœnæ* située sur la rive droite. Pour ne pas rester sous la tente, ce qui est très pénible au milieu de la journée, nous faisons élever à la mode indigène quelques constructions provisoires destinées à nous abriter et à nous permettre d'attendre une partie du matériel qui est en retard.

Les débuts de notre séjour ne furent pas très heureux : un incendie dévora la plupart des hangars et abris que nous avions construits. Après trois heures de lutte contre le feu, aidés de 150 hommes, nous parvenons à arrêter le fléau, n'ayant subi, fort heureusement, que des pertes insignifiantes. Mais, peu après, nous sommes victimes d'une inondation produite par une crue excessive du Chiré et du Ruo (1).

(1) Le Ruo se jette dans le Chiré, à Tchiromo.

Un matin, vers six heures, voici que le Chiré, contrairement à ses habitudes, rebrousse chemin et retourne vers sa source. Nous contemplons avec étonnement ce revirement incompréhensible ; les indigènes aussi se demandent ce que peut bien être ce phénomène inconnu jusqu'à ce jour. C'est le Ruo qui se jette dans le Chiré avec tant de violence qu'il le refoule, le grossit et le force à remonter réellement son propre cours. Devant le camp, où la berge dominait le niveau de l'eau d'environ cinq mètres, l'escarpement se trouve subitement réduit à deux mètres, puis à un ; l'eau monte toujours rapidement : il faut aviser. Fort heureusement, nous avons encore un chaland, qui nous a servi à transborder le matériel, et notre embarcation en acier. Aidés de nos hommes, nous y entassons à la hâte nos objets les plus précieux d'abord, les plus utiles ensuite. L'eau monte toujours, et le Chiré, sortant bientôt de son lit, se répand dans la campagne tout autour de nous, changeant en un lac tous les environs. Nos palmiers font triste figure, dans le courant qui vient se briser sur leurs troncs et où ils tracent chacun leur sillage. Nous y attachons les embarcations qui sont montées maintenant par-dessus les berges et qui se balancent au beau milieu du camp. Une bonne partie de nos derniers objets est rattrapée au fil de l'eau, et, lorsque notre sauvetage est à peu près terminé, nous avons de l'eau jusqu'à mi-jambes. Comme Noé, nous montons ensuite dans notre arche, qui est le chaland, et nous laissons le Seigneur compléter le déluge.

Voici à quel raisonnement j'avais obéi : je ne connais aucun promontoire aux environs, excepté les collines où, vu l'impétuosité des eaux, il nous serait difficile de parvenir ; d'ailleurs, si la rivière rentrait brusquement dans son lit, elle nous laisserait à sec avec un chaland de quatorze tonnes et un grand bateau, à trois kilomètres de sa rive, situation peu enviable qui serait la perte du chaland ou qui occasionnerait des dépenses énormes, soit pour le rouler, soit pour le démonter et le remonter ensuite, car, de même que le bateau, il est en tôle d'acier. Donc, réflexion faite, je prends le parti de rester le plus près possible du Chiré ; au besoin, on fera la cuisine sur le chaland et on y dormira. N'avons-nous pas des provisions pour trois ans ?

A ce moment, — il peut être dix heures, — arrive le capitaine Karr, commandant de la petite canonnière anglaise le *Mosquito*. Il avait aidé à Tchiromo au sauvetage des habitants blancs et noirs ; après leur mise en lieu sûr, se souvenant de notre situation, il s'était porté à notre secours avec les plus grandes difficultés, à cause de la force du courant, s'attendant à nous trouver hagards et terrifiés par la catastrophe. Grande fut sa stupéfaction, quand il nous vit tranquillement amarrés aux palmiers, fumant la pipe et contemplant avec sérénité cette immense nappe d'eau qui s'étendait de tous côtés jusqu'à l'horizon.

Après nous avoir pris à son bord (1), il mit nos embarcations à la remorque et nous déposa en un coin élevé du village de Tchiromo où l'eau n'était

---

(1) Je renouvelle ici au commandant Karr mes remerciements et ceux de mes camarades pour l'assistance qu'il nous a prêtée et pour la façon aimable dont il s'est mis à notre disposition.

pas arrivée et où tout le monde s'était réfugié. C'est sans doute ainsi qu'au temps du déluge les hommes durent couvrir la cime des montagnes.

La plus grande hauteur atteinte par la rivière au-dessus de ses berges a été d'un mètre environ, mais sur une surface de plusieurs kilomètres carrés; on se rend aisément compte par ces chiffres du volume d'eau énorme qui a dû passer pendant les 48 heures que l'inondation a duré. La force et l'impétuosité des éléments étaient indescriptibles : dans les endroits où le courant était le plus violent, j'ai vu, malgré leurs formidables racines et leur puissante membrure, des arbres gigantesques arrachés brusquement à la rive, culbutés, roulés comme des fétus de paille et jetés ensuite sur une berge, comme si le fléau voulait assouvir sa colère ; le flot envahissant balaya des villages entiers d'un seul coup, avec les promontoires de sable sur lesquels ils se trouvaient. Les habitants, ayant vu venir le danger, s'étaient réfugiés sur les collines; mais si la crue avait eu lieu vers minuit, au lieu de se produire le matin, il n'en eût pas été ainsi; surpris par l'eau au milieu de la nuit, les indigènes se seraient noyés. Pour notre part, nous n'aurions réussi à sauver qu'une faible partie de notre matériel et qu'à nous réfugier nous-mêmes sur les embarcations. C'eût été une perte incalculable, la ruine de l'expédition. De la façon dont les choses se sont passées, quelques clichés abîmés, des spécimens d'histoire naturelle et divers objets perdus, des dégâts de peu d'importance, tels ont été, en somme, les seuls résultats de ce gigantesque bain de pieds. Je dois ajouter que, pendant presque tout le temps, il a plu à torrents, ce qui était fort désagréable; on

TCHIROMO. — RIVIÈRE CHIRÉ.
Campement d'hivernage qui fut emporté par l'inondation.

ne voyait les alentours que vaguement, à travers un rideau humide.

— Nous revoici au déluge! dit Bertrand, qui avait endossé pour la circonstance son costume ciré de marin. — Au fait, répondis-je, le déluge n'aurait plus de nos jours d'aussi grands inconvénients, étant donné le grand nombre de navires dont nous disposons : ils prendraient des chargements complets d'émigrants avec des conserves pour les nourrir pendant les quarante jours. Seulement il serait à souhaiter que ceux qui se chargeront des exemplaires d'animaux omettent cette fois certaines espèces dont l'utilité est au moins contestable et que Noé embarqua, je dois le dire, assez à la légère : tels les serpents venimeux, les moustiques, les scorpions et scolopendres, les chiques et tant d'autres dont nous nous passerions bien en Afrique.

Pendant les deux semaines qui ont suivi l'inondation, une boue jaunâtre et limoneuse couvrit les alentours; elle mit longtemps à sécher à cause des pluies qui commençaient et qui ne laissèrent plus que de rares éclaircies de soleil. Nous nous réinstallâmes sous nos tentes, car tous les hangars et abris avaient disparu, et, sauf quelques rugissements de lions, rien ne vint rompre la monotonie des nuits.

Les journées se passèrent en palabres interminables pour trouver des porteurs. La famine régnait à peu près partout; en avril, les sauterelles étaient venues et avaient mangé toutes les récoltes; en septembre, les habitants ayant de nouveau pu cultiver quelques épis de maïs, elles reparurent, rasant les bananiers jusqu'au niveau du sol, dévorant les cucurbitacées, même le tabac, et désolant le pays (1). Les indigènes n'étaient donc pas disposés, surtout en ce moment, à entreprendre de voyage, et il nous fallait aller recruter du monde ailleurs. Nouveau retard, nouvelle attente, tandis que les pluies augmentaient.

Aux environs, je tue quelques antilopes qui nous aident à faire marcher l'ordinaire ; Bertrand surveille ce département avec soin et nous mangeons d'une façon fort convenable en utilisant les ressources du pays : patates douces, poulets, œufs, venaison fraîche. Aussi n'avons-nous recours à nos conserves que lorsqu'il n'y a pas moyen de faire autrement.

Croyant pouvoir utiliser la bicyclette dans ces régions, j'en avais emporté une d'Europe ; c'était le premier « vélo » qu'on ait jamais introduit dans l'Afrique centrale. Alors qu'ils ne faisaient pas attention à moi lorsque j'étais à pied, les indigènes fuyaient avec épouvante devant cet engin diabolique; les femmes poussaient des cris stridents en se sauvant de toutes leurs forces, comme si un lion eût été à leurs trousses. Ce n'était d'ailleurs là qu'un léger inconvénient de ce moyen de locomotion; je n'avais qu'à descendre de ma machine pour que l'émotion se calmât : on m'entourait bientôt comme un vulgaire camelot qui faisait son boniment, et on

---

(1) Elles ne l'ont plus quitté depuis. La patate douce (*convolvulus batatas*) est le seul comestible que les sauterelles ne touchent pas; aussi les indigènes en ont-ils augmenté et multiplié les cultures.

se haussait sur la pointe des pieds pour mieux voir ma bicyclette.

Le véritable obstacle au cyclisme dans cette région est le caractère accidenté des chemins ; je n'appris que lentement à me conduire dans un sentier étroit et en entonnoir ; puis, une fois que j'y fus arrivé, j'éprouvai de fâcheuses surprises : tantôt un énorme tronc d'arbre placé à un détour, en travers du sentier, me faisait esquisser un panache ; tantôt je rencontrais brusquement le lit escarpé d'une rivière, et j'en dégringolais les bords, impuissant à m'arrêter, au milieu des rochers et des pierres. Je ramassai ainsi, aux environs de Tchiromo, quelques « nobles pelles ». Je faillis tomber dans le Chiré par suite d'un éboulement et ne me rattrapai sur le bord que grâce à des roseaux enchevêtrés. Une autre fois, lancé à fond de train, je roulai de onze mètres de haut dans le lit à sec de la Larantché, heureusement garni de sable fin. Je sortis de là tout contusionné.

Quant à la bicyclette, elle tenait bon et se tirait à son avantage de ces épreuves plus que décisives. Ses caoutchoucs étaient creux ; un pneu n'eût pas résisté un jour aux épines de toutes sortes qui jonchaient les sentiers. C'était une machine plutôt lourde, établie très solidement et pouvant supporter n'importe quelle fatigue. Avant de soupçonner les cabrioles que me réservait son emploi, j'avais installé un porte-fusil sous le siège de façon à faire à bicyclette des excursions de chasse. Mais, à part quelques rares espaces de plaines sablonneuses où « ça marchait », le reste du pays mettait tellement mon arme en danger, sans parler de mon individu, que je dus en revenir à la méthode plus lente, mais plus sûre, de la faire porter par un noir. Or, comme les environs de Tchiromo étaient la partie la plus plate et la plus cyclable du pays et qu'en nous éloignant nous devions trouver des régions de plus en plus accidentées, je renonçai définitivement à ma bicyclette et ne m'en suis pas repenti. Je la cédai à un propriétaire du Nyassaland qui, ayant fait d'abord arranger quelques chemins, put ensuite se promener dessus.

Depuis cette époque, on a entrepris au Nyassaland la construction de routes, et le cyclisme y est devenu possible, sinon facile, pendant la saison sèche. On est loin encore de nos belles routes de France, mais ce qu'on possède est déjà de beaucoup supérieur aux sentiers indigènes d'il y a cinq ans. La bicyclette n'est réellement agréable que lorsqu'elle vous permet d'admirer le paysage sans préoccupation pour votre sécurité; dans la brousse africaine, j'étais tellement absorbé par la direction, les steeple-chases sur les bois morts, les pierres et les ravines, sans compter les branches qui me fouettaient la figure, que je ne voyais pas les alentours et que j'eusse passé à côté d'une antilope sans m'en douter.

Le cheval n'est pas davantage un mode de locomotion qui réussisse dans ces régions. On a essayé au Nyassaland d'importer trente chevaux ; je crois que, deux ans après, il n'y en restait plus un. J'ai déjà parlé de la tsétsé qui les empêche de vivre (1). D'ailleurs le pays ne se prête aucunement à l'équitation : sauf dans les forêts de mitsagnas (et la

---

(1) *Du Cap au lac Nyassa*, p. 141.

(tsétsé y abonde), il ne serait pas possible dans la brousse ordinaire de galoper ou de donner la chasse à un animal ; le sol est plein de trous d'hyènes ou de sangliers, de crevasses, de racines saillantes : un cheval ne ferait pas un kilomètre sans s'abattre avec son cavalier. Et je ne compte pas les branches basses, les arbres renversés, les mille obstacles enfin qui s'opposent à une allure vive. Dans l'Afrique du Sud, au contraire, on trouve d'immenses plaines aux arbres rares et au gazon court où la chasse à cheval est un véritable plaisir.

Rien ne vaut la marche dans ce pays. J'ai déjà donné mon opinion sur le transport en hamac (1) : il faut le réserver pour les malades. J'ai toujours fait marcher mes compagnons comme moi et ils s'en sont bien trouvés.

A pied les voyages et les chasses! toujours à pied!

Et c'est à pied aussi que l'expédition quitte le Nyassaland à la fin de l'année 1894, tournant le dos au Chiré. Elle emmène 300 porteurs et laisse en dépôt à Tchiromo une grande partie de son matériel qu'elle enverra reprendre plus tard.

(1) *Du Cap au lac Nyassa*, p. 334.

CHAPITRE II

DU CHIRÉ AU LAC BANGOUÉOLO, CHEZ MPÉSÉNI ET CHEZ MOASSI

Personnel. — Marche de l'expédition ; méthode de campement. — Recrutement des porteurs. — La danse du *niâou* chez les Magandjas. — Saison des pluies. — Comment nous vivons, mes compagnons et moi. — Les Azimbas. — Croyances et préjugés indigènes : le *fiti* ; le *moavi* et ses verdicts. — Cruautés engendrées par la superstition ; cas de cannibalisme. — Tchinssinga, roi des Atchécoundas. — Attaque de notre camp par un lion. — Chez les Sengas ; région abandonnée. — Azimbas, Maravis, Pimbés, Sengas et Ouïzas. — L'Aroangoua. — Chez Mpéséni. — Origine et mœurs des Angonis. — L'Européen jugé par un noir. — Chez Moassi. — Esclavage et horreurs de la traite. — Effets de la civilisation sur le noir. — Ce que coûte un morceau d'ivoire. — Industries locales : fonderies, tissages, travaux en bois, lavages d'or, cultures, poteries. — Environs du lac Bangouéolo. — Un porteur tué par un crocodile. — Difficultés journalières. — Les fièvres paludéennes. — Arrivée au lac Nyassa.

En quittant le Nyassaland, l'expédition a voyagé pendant plus de deux ans dans la région ouest. Au point de vue géographique, elle y a accompli des travaux considérables, et il ne reste pas un territoire qu'elle n'ait visité en totalité ou en partie.

Les événements, nos besoins, nous ont souvent forcés à revenir sur nos pas, ce qui fait que la région entre le Zambèze et le lac Nyassa est presque entièrement sillonnée par nos itinéraires. La carte jointe à ce volume donne une idée du travail géographique de l'expédition ; la partie technique, je l'ai dit, sera publiée à part. Pour ne pas lasser l'attention du lecteur par des amoncellements de noms propres plus ou moins baroques, qui ne feraient que le fatiguer sans l'intéresser, en le forçant à nous suivre dans le dédale de nos itinéraires, j'entremêlerai aux données géographiques sur les régions visitées la description des mœurs des indigènes dans ce qu'elles peuvent offrir de remarquable ou d'anormal; je parlerai des curiosités ethniques ainsi que du pays, ce qui ne m'empêchera pas de raconter, chemin faisant, notre existence journalière et ses péripéties.

Nous visiterons ainsi successivement le pays des Magandjas, avec lequel le lecteur a déjà fait connaissance (1), le nord du territoire des Atchécoundas (2), celui des Azimbas (comprenant la haute Louyia et ses affluents), des Sengas, de l'Aroangoua, du haut Barotsé, de Mpéséni, enfin de Moassi. A défaut d'autre mérite, ces excursions ont l'attrait, rare de nos jours, de l'inédit. Peu de voyageurs ont visité ces noirs, et les quelques mots qu'ils leur ont consacrés ne les ont pas fait connaître. Comme les indigènes disparaîtront probablement un jour, comme disparaissent tous les peuples envahis, débordés, dénaturés par la civilisation, il y a intérêt à parler d'eux et à dire ce qu'ils sont.

A première vue, tous ces gens se ressemblent ;

(1) *Du Cap au lac Nyassa*, p. 113.
(2) *Du Cap au lac Nyassa*, p. 258, 302.

dans toutes les parties de l'Afrique, on trouve chez les diverses races des caractères communs ; chacune d'elles a cependant quelque trait, quelque détail qui lui est particulier et qu'il faut découvrir et étudier. Cette caractéristique est souvent bien peu de chose, un rien; mais, réunis, ces riens qui définissent les mœurs les plus opposées formeraient dix volumes. Au cours de ce voyage, nous aurons à examiner quelques-unes de ces particularités. En attendant, allons rejoindre l'expédition qui s'apprête à quitter le Nyassaland.

Le lecteur connaît déjà mes camarades; il me reste à lui présenter mon personnel noir et à lui donner ensuite quelques détails sur notre manière de vivre.

Voici d'abord un personnage des plus importants : le cuisinier, Tchakouamba, d'aspect intelligent, et dont nous avions d'abord espéré faire un cordon bleu; mais malgré de nombreuses et patientes leçons, malgré une application raisonnée et constante de la peine du talion, qui consistait à lui faire manger en notre présence tous les corps étrangers trouvés dans nos plats, ou bien à lui saupoudrer de sable sa nourriture, nous avons fini par comprendre qu'il était inutile d'insister : on naît cuisinier, dit Brillat-Savarin, on ne le devient pas. Tchakouamba n'en était pas à ses débuts, il avait été marmiton dans la deuxième expédition sous les ordres de Vatel (1), mais il tenait plus à manger les restes

(1) *Du Cap au lac Nyassa*, p. 293. A mon retour, Vatel était mort d'une chute sur les reins, et Fortuna, après de nombreux vols, ornait les prisons de Quilimane, sa patrie.

qu'à apprendre l'art de les accommoder. Les deux autres cuisiniers (car chacun de nous en avait un, pour le cas où nous aurions à nous séparer) étaient de la force du premier : leurs principales fonctions consistaient à plumer des poules, à aller chercher du bois mort et de l'eau, à allumer et entretenir le feu. Bertrand et moi préparions généralement les mets, et nous ne chargions les cuisiniers que de surveiller la cuisson; après dix minutes d'attention soutenue, la conversation s'engageait entre eux, les marmites étaient généralement abandonnées à elles-mêmes et on avait des plats ou mi-crus, ou brûlés, ou trop cuits; exhortations et discours restant inefficaces, le fouet en cuir d'hippopotame intervenait de temps à autre : la cuisine s'améliorait alors comme par enchantement, mais pour une durée qui excédait rarement une semaine.

Outre les cuisiniers, nous avions chacun notre ou nos moulèques, ou boys, comme on appelle indifféremment les domestiques. Parmi ceux qui nous furent fidèles, je citerai Tchapanga, moulèque de de Borely; Mvoukoutou, celui de Bertrand; Msiambiri et Kambombé, les miens, qui étaient également chasseurs.

Personnellement j'avais en plus, comme chasseurs, Tambarika, Rodzani et Tchigallo. Chacun de ces hommes avait des fonctions particulières : Tambarika faisait l'exploration et les reconnaissances de chasse; Rodzani était capitan, c'est-à-dire chef de camp; Tchigallo, naturaliste-préparateur. Pendant les marches, et lorsque j'étais avec l'expédition, ils surveillaient les porteurs, faisaient fonction de chefs de caravane. Comme ce dernier cas était exceptionnel et que nous partions généralement en chasse de notre côté, Bertrand avait lui-même un capitan : Msiamboza.

En plus de ce personnel fixe, il y avait toujours un certain nombre de surnuméraires ou volontaires qui rendaient des services; il faut y ajouter les femmes — car la plupart des chasseurs et des domestiques avaient la leur — et une troupe de porteurs variant entre 200 et 300, selon les époques. Telle était l'organisation du personnel de l'expédition pendant la première partie du voyage.

Les porteurs se renouvelaient souvent. Quand on n'en pouvait trouver le nombre nécessaire, il fallait faire plusieurs voyages : on envoyait en avant dix, vingt, cinquante hommes qui faisaient la navette entre les deux camps jusqu'à ce que tout le bagage en souffrance fût de nouveau réuni; dans ce cas, nous nous séparions et de Borely restait généralement en arrière, attendant que toutes les charges eussent été enlevées. Il s'occupait également du quartier général et s'installait sur un point avec le gros des bagages pendant que nous rayonnions aux environs avec les quelques porteurs indispensables.

Quoique assez souvent séparés par les nécessités de la vie nomade, nous nous trouvions rarement à plus de quelques jours de marche les uns des autres; de Borely a été plus longtemps seul que Bertrand, qui me suivait fréquemment dans mes excursions de chasse. Tous deux ont parfois vécu ensemble tandis que je voyageais de mon côté; enfin, à d'autres moments, nous avons été complètement isolés les uns des autres. Pour mon compte, j'allais journellement à la chasse, et, à certaines saisons de l'année, j'y consacrais des mois entiers. De temps à autre, toujours au hasard des événements, nous nous trouvions réunis ; on passait quelques jours ensemble, et puis le manque de porteurs, les explorations locales, venaient nous séparer de nouveau ; c'est de ces moments passés ensemble que je veux parler, lorsque je donne des détails sur notre vie journalière.

Notre existence était exempte de règles et de conventions ; c'était la liberté dans sa plus complète acception ; à part le service de l'expédition, chacun vivait à sa guise ; on mangeait quand on avait faim, sans souci des heures, attendant que l'estomac manifestât un désir, sans l'obliger à se bourrer à heure fixe, souvent contre son gré, comme l'exigent les usages ridicules des pays civilisés.

Quelques grandes solennités venaient couper la monotonie de notre vie; le jour de l'An, le 14 Juillet, on confectionnait des menus que n'eussent pas désavoués les restaurants à la mode. Une foule de petites fêtes aidaient en outre à attendre les grandes : c'était l'arrivée du courrier d'Europe, qui, âgé de deux mois au Nyassaland, alla en vieillissant toujours jusqu'à sept et huit ; c'était encore les « jours d'éléphant », c'est-à-dire ceux où un de ces pachydermes tombait sous ma carabine : ces jours-là, le camp était en réjouissances; les chasseurs touchaient des primes, les domestiques, un supplément de paie ou bien un pot de moa, sans compter les orgies de viande, très appréciées des noirs. Aussi ce personnel préférait-il de beaucoup les jours d'éléphant à ceux de courrier d'Europe, où il était défendu de faire du bruit, surtout de venir nous déranger pendant que, dans des postures diverses, sur une chaise longue, une natte ou un lit de camp, disparaissant sous des monceaux de lettres et de journaux, nous restions pendant de longues heures plongés dans la lecture. Les lettres une fois lues, j'avais l'habitude de classer mes journaux par date, et, pour faire durer le plaisir, j'en lisais un ou au plus deux par jour ; nous les échangions ensuite entre nous. *Le Figaro, les Débats, le Temps, le Petit Marseillais, l'Indépendance Belge,* quelques illustrés français et anglais venaient ainsi par intervalle nous mettre au courant de la dernière crise ministérielle ou de la nouvelle pièce. Nous nous plaignions déjà de la rareté des nouvelles. Qu'aurais-je dit si j'avais su que, plus tard, je devais rester près de onze mois sans en recevoir ! Une fois les lettres et les journaux scrupuleusement lus depuis la date jusqu'à la dernière ligne, la conversation roulait encore un peu sur les événements « du jour », puis on reprenait les sujets de causerie habituels. On se lançait mutuellement sur son dada : de Borely était intarissable sur l'armée et l'histoire militaire ; il possède une mémoire extraordinaire, d'une précision impeccable pour les dates et pour les positions respectives des corps de troupes avec leurs chefs dans les batailles. Les campagnes du premier Empire avec leurs épopées glorieuses ou leurs revers étaient un de ses sujets favoris. Bertrand, lui, partait sur la marine, nous faisant suivre des évolutions d'escadre ou de torpilleurs avec mille détails intéressants de cette vie de marin que nous ne connaissions pas, nous décrivant l'existence à bord de ces gigantesques cuirassés, depuis la soupe jusqu'au branle-bas de combat. Quant à moi, on me faisait parler chasse ; je racontais ma dernière à l'éléphant, au rhinocéros ou au lion, avec les circonstances diverses qui s'étaient gravées dans ma mémoire.

Les jours passaient ainsi sans qu'on se préoccupât de savoir si c'était un dimanche ou un mardi, les dates seules étant exactement notées sur le journal et les cahiers d'observations quotidiennes.

Comme campement, nous choisissions généralement un endroit bien ombragé, surtout si nous avions à y passer la journée, et autant que possible dans le voisinage immédiat de l'eau, sous quelque forme qu'elle se présentât : fleuve, rivière, ruisseau ou mare. Pendant la saison des pluies, cela était facile, vu l'abondance des réservoirs naturels ; mais pendant la sécheresse, on devait se contenter de n'importe quoi. Tantôt on creusait dans le lit desséché d'une rivière des trous où apparaissait une flaque plus ou moins potable, tantôt on avait comme boisson le produit verdâtre, boueux ou blanc d'un marais stagnant. Dans les montagnes on trouvait souvent quelque cascade, quelque trou de rocher où l'onde était pure et fraîche. Jamais je ne me suis servi de filtre, n'en ayant même pas emporté. Dans une maison, il est possible d'installer et d'entretenir un de ces appareils ; mais, en marche, c'est impraticable. Or, un filtre n'est efficace que s'il est tenu dans le plus grand état de propreté ; dans le cas contraire, il ajoute à l'eau de nouveaux microbes au lieu d'en retirer, et, d'encombrant qu'il était, cet objet ne tarde pas à devenir malfaisant par-dessus le marché. En faisant bouillir les eaux par trop sales, on les améliore, mais on les rend indigestes et insipides ; mieux vaut les purifier à l'aide d'autres procédés que nous avons employés quelquefois. S'y tient-il en suspension des matières organiques, telles que débris de végétaux ou d'animaux, etc., un peu de permanganate de potasse les précipite en quelques secondes au fond du récipient. La teinte rouge qu'il donne est inoffensive. Sont-ce des matières calcaires ou argileuses qui troublent l'eau, de la vase, on clarifie le liquide avec une pincée d'alun. Mais, en général, si celui-ci est puisé avec soin, comme le nôtre l'était toujours, on a rarement occasion de recourir à ces expédients : il suffit de le laisser reposer dans un seau et de ne consommer que la surface.

Pour une expédition en marche, l'eau est la chose fondamentale ; si elle est bonne et abondante, on en consomme sans parcimonie et le confort en est augmenté ; aussi quitte-t-on avec regret les endroits où elle remplit ces conditions.

Au terme de l'étape, on choisit, comme je l'ai dit plus haut, l'endroit le plus propice à l'installation ; pour la nuit, le premier lieu venu est le bon ; mais quand on doit séjourner plusieurs jours, il faut de l'ombre pour tout le monde, de l'air, de l'espace pour les colis, pour les tentes, selon la saison, et, si possible, une vue étendue. On procède ensuite à la répartition des places : celles des blancs, de la cuisine, des bagages, des femmes, des porteurs, des domestiques ; chacun, avec la précision de l'habitude, s'installe aussitôt, sans une observation, sachant que je n'ai pas pris de décision avant d'avoir considéré le pour et le contre de chaque mesure.

Sous la surveillance des capitans, les charges s'amoncellent en une grande pyramide régulière, les bagages inutiles en dessous, ceux dont on peut avoir besoin, dessus ; les ustensiles et articles d'usage journalier sont laissés à part. Si le temps menace, on couvre le tout d'un prélart. Cette besogne achevée, les porteurs prennent les paquets qui leur appartiennent et qu'ils ont ajoutés sur leur charge : nourriture, pagne, marmite, etc., et ils vont s'occuper de leur propre campement.

Notre installation varie suivant le moment. Pendant la saison des pluies (décembre, janvier, février, mars, avril et mai), nous dressons nos tentes, celles des bagages et des domestiques, tandis que les porteurs se font, les jours de pluie, des abris en chaume. Je couche alors sur un lit de camp. Pendant la saison sèche, au contraire (juin, juillet, août, septembre, octobre et novembre), j'ai l'habitude de camper à la belle étoile et de coucher par terre, en faisant tendre une toile à voile au-dessus de ma tête, pour me garantir de la rosée. Bertrand et de Borely préfèrent se servir toute l'année du lit de camp. On monte toujours une petite tente pour servir de salle de bain.

Les bagages étant arrangés, quelques hommes sont désignés chaque jour pour aider à notre installation ; ils dressent les tentes avec notre aide et celle des domestiques, ou bien ils nettoient le terrain au sabre d'abatis, enlevant les racines, les plantes, l'herbe, et balayant soigneusement le sol de l'endroit qui nous servira de salle à manger et de chambre à coucher. Pendant ce temps, tout le monde s'éparpille aux environs pour ramasser le bois mort destiné à allumer et à entretenir les feux pendant la nuit.

Le bois ramassé, ce qui prend généralement une demi-heure, chacun dépose sa brassée à l'endroit où il compte coucher. On va ensuite à l'eau ; chaque homme possède, à cette fin, une calebasse qu'il porte habituellement à la ceinture. Cuisiniers et domestiques déballent les seaux en toile ou en zinc ; ils vont chercher l'eau nécessaire à la soupe ou au bain de leurs maîtres. Les marmites sont posées sur trois pierres ou sur trois mottes de terre (1). Les feux s'allument. Pendant que l'eau chauffe sous la surveillance des uns, les autres repartent pour couper la paille de couchage : une botte jetée à terre, de chaque côté d'un feu, et voilà deux lits faits. On est installé. A raison d'un foyer pour quatre hommes, il y a chaque soir une centaine de flambées éparses tout autour de nous. Près des brasiers, la conversation s'engage dans tous les groupes, avec plus ou moins de bruit.

Ces groupes qui rient, causent ou se disputent à la clarté des flammes, ces lueurs nombreuses qui illuminent les abords du camp, tandis qu'au loin la nuit est descendue sur le paysage, ce beau ciel étoilé, tout donne au bivouac un air de gaieté et de bien-être. Nous aussi, nous avons notre foyer, autour duquel nous devisons, les genoux entre les mains, attendant que le dîner soit cuit. Ce n'est pas qu'on ait besoin de se chauffer, oh ! non. Mais le feu est un compagnon ; il fait rêver, il distrait.

Un peu plus tard, le repas fini, le calme se répand peu à peu ; chacun se couche, les conversations cessent et bientôt un silence complet règne partout, interrompu de temps à autre par le pétillement d'une bûche, les ronflements de quelque dormeur, le grésillonnement des grillons et les cris des oiseaux

---

(1) Pour les pays sablonneux dépourvus de terre ou de pierres, nous avons des trépieds en fer.

de nuit qui se répondent dans la campagne endormie. Quelquefois, la voix puissante du lion vient troubler cette scène paisible; alors les feux se ravivent soudain pour éloigner l'ennemi. Dans les endroits que la présence des fauves rend dangereux et quand on doit y séjourner plusieurs jours, on environne quelquefois le camp d'une palissade d'épines; mais, pour une seule nuit, il est très rare qu'on s'en donne la peine.

Bien avant le jour, les noirs recommencent leurs causeries, et l'agitation reprend au camp : on refait les charges et les paquets, on distribue les colis ; à un signal donné, avant le premier rayon de l'aube, la caravane se met en route. La longue file indienne serpente à travers le pays encore sombre et disparaît bientôt silencieusement. Quand le soleil se lève sur le campement, il n'y trouve plus que des brassées de paille aplatie, des tas de cendres grises et des tisons mi-éteints.

On chemine jusqu'à neuf ou dix heures, en général, quelquefois jusqu'à onze, quand on ne rencontre pas d'eau ; de toute façon, on fait halte aux moments les plus chauds de la journée. (Pendant la saison sèche, le soleil devient intolérable à partir de dix heures.) Après s'être réfugié à l'ombre jusqu'à trois heures, on marche encore plus ou moins longtemps suivant la distance qui vous sépare de l'abreuvoir. Quand l'eau est très loin, on fait quelquefois des marches de nuit pour éviter aux porteurs les souffrances de la soif. La température est alors plus agréable, on fait plus de chemin, et la journée du lendemain est employée au repos.. Dans ces marches, on s'éclaire avec des torches de paille, car les épines sont invisibles, même au clair de lune, et vous ne vous apercevez de leur présence que lorsqu'elles vous entrent dans la chair. Ces flambeaux mouvants au milieu de la brousse sombre peuplée de fauves, ces centaines d'hommes qui passent sans bruit comme autant d'ombres muettes, leur arrivée silencieuse près de villages à l'entrée desquels les indigènes brusquement arrachés au sommeil se groupent pour voir défiler la procession nocturne, tout cela a un caractère étrange, curieux, et se grave dans la mémoire en tableaux inoubliables.

Pendant la saison des pluies, la question de l'eau est écartée, puisqu'on en trouve partout, et on ne doit se préoccuper que de celle qui peut tomber. Il ne pleut, en général, que vers le milieu de la journée ou la nuit; comme, le plus souvent, il fait beau le matin, on en profite pour accomplir son étape, installer le camp et les abris. On ne marche sous la pluie avec des porteurs qu'en cas de force majeure, à cause des dégâts, de la détérioration que subit en général votre bagage. Le mieux est de s'arrêter dès qu'il commence à pleuvoir et de couvrir avec une toile à voile les charges réunies en tas.

A la chasse, c'est différent : on marche quand même, sous le soleil ou sous la pluie, les hommes n'étant pas chargés et l'équipement n'ayant rien à craindre.

Telles sont à peu près les conditions dans lesquelles s'effectuaient nos parcours : nous faisions tous les jours de 15 à 40 kilomètres, 25 en moyenne. Tout dépendait des régions parcourues, de la race des porteurs, de la température, de la nature du terrain, de mille autres causes. Quant à la marche de l'expédition elle-même, je la réglais d'après les circonstances, d'après la facilité de trouver ou non soit des porteurs, soit des approvisionnements pour eux, d'après mon état de santé ou mes convenances personnelles ; il n'y avait point, il ne pouvait y avoir de règles bien définies.

Quelle existence de liberté illimitée, que celle qui se passait ainsi ! Errer au milieu de la nature, aller de-ci, de-là, séjourner ou non, au gré de sa fantaisie, vivre avec les arbres des bois et le ciel pour couverture, sans souci des luttes, des petitesses, des misères, des dissensions ou des haines de la vie civilisée ! Quand je me remémore les années que j'ai passées ainsi, j'en oublie les mauvais côtés, les moments pénibles, pleins de découragement : seules, les heures de bonheur, de félicité, repassent dans ma mémoire avec mille détails attendrissants... Et mon cœur se serre...

Les indigènes eux-mêmes aiment beaucoup cette vie-là. Ils la préfèrent à l'existence désœuvrée des villages, sauf lorsqu'ils sont occupés à leurs cultures. Pendant les labours, les porteurs sont difficiles à trouver.

Dans toute la région au nord du Zambèze, ces porteurs s'engagent pour un voyage, c'est-à-dire d'un point à un autre, si le parcours n'excède pas sept ou huit jours; quelques-uns d'entre eux demandent quelquefois à aller plus loin; mais, en général, à la fin de l'itinéraire fixé, tous s'en retournent chez eux. Contrairement à l'usage portugais, je n'ai jamais voulu les payer d'avance ; c'est à l'arrivée à destination qu'ils recevaient leur salaire, consistant, en moyenne, en une brasse de *calicot* écru (environ o fr. 80) par journée de marche. Pour les expéditions de chasse, où, une fois rentrés au camp, les porteurs se reposaient souvent plusieurs jours, je ne donnais que moitié prix, en y ajoutant le *ndïou* ou *tchissaoui*, c'est-à-dire un peu de viande pour manger avec le maïs, si la chasse avait été fructueuse. D'autres fois, le paiement se faisait entièrement en viande, à raison de six lanières de beltong (viande séchée) pour une brasse. Vous pouvez exiger que tous ces gens se nourrissent eux-mêmes, sauf à modifier leur paiement en conséquence. Jamais je ne manquais de porteurs pour les expéditions de chasse; ils s'engageaient pour huit, dix, quinze jours, un mois, avec un plaisir marqué.

Dans une expédition, on change donc au moins quatre fois de porteurs par mois. La recherche de ces hommes, leur engagement, leur inscription sur les carnets de route, la distribution respective des charges, le contrôle journalier et le paiement occasionnent un travail considérable. Si tous ceux qui partent arrivaient à destination, il n'y aurait que demi-mal; mais il se produit des accidents : blessures aux pieds, indispositions, insoumission, etc., qui vous obligent à chercher des remplaçants; vous êtes quelquefois immobilisé pendant deux jours pour trouver cinq ou six hommes qui vous manquent. Tout fâcheux et lent que puisse paraître ce système de recrutement, il est infiniment préférable à celui qui consiste à engager à Zanzibar, par exemple, 300 hommes pour une durée de deux années. Au bout de quelques mois, vous traînez à votre suite quantité de non-valeurs, malades ou blessés, qui mangent énormément, et il vous faut nourrir par vos propres soins cette horde, qui devient de plus en plus paresseuse à mesure que le temps passe : on part avec des charges de trente kilogrammes, et on arrive à n'avoir, au bout de quelques mois, que des paquets de dix ou quinze, à cause des traînards ou des soi-disant infirmes. Vous avez attaché à votre suite des gens que votre contrat vous force à mener partout, car vous manquez généralement de moyens de les rapatrier. Il s'ensuit que vous devez un jour recourir aux porteurs indigènes pour remédier à l'insuffisance des vôtres, et vous tombez dans les ennuis que vous aviez essayé d'éviter.

Dans certaines régions où le recrutement des porteurs est à peu près impossible, on doit emmener des gens à sa solde; il faut alors les choisir en y mettant le temps et avec un soin que les chefs d'expéditions y consacrent rarement, ce qui a souvent les plus graves conséquences.

Il n'y a que le premier pas qui coûte, dit un proverbe. C'est à peu près ce que pensent les indigènes africains. Le plus difficile d'un voyage est de leur faire quitter leur village ; ils lambinent, disparaissent tour à tour, se font attendre, échangent avec leurs familles des adieux interminables, comme s'ils s'en allaient pour cinq ans, oublient successivement tous les objets dont ils ont besoin, finalement vous font partir à trois heures de l'après-midi, quand vous comptiez vous mettre en route dès l'aube. Aussi, ne dût-on aller qu'à cinq kilomètres, il faut démarrer ce jour-là, à n'importe quelle heure ; le lendemain, cela va tout seul, et on n'a plus de souci de ce côté pour quelques jours, à part les accidents dont j'ai parlé, qui vous obligent à combler des lacunes dans votre personnel.

Après cette digression sur la question des porteurs, qui est fondamentale en Afrique, et qui le sera longtemps encore, reprenons un moment notre voyage.

Nous arrivons chez nos amis les Magandjas, sur le territoire de Mikorongo, au moment d'une grande fête annuelle qui a rassemblé beaucoup de monde. Cette fête n'a pas de nom spécial. Elle consiste en danses diverses; comme dans toutes les réjouissances, même chez les peuples civilisés, on consomme force liquides; la bière du pays, *moa* ou *pombé*, le *katchasso* (eau-de-vie de sorgho), coulent à pleins flots. Inutile en ce moment de demander aux villageois de partir pour un voyage dans la brousse. Le mieux est donc d'attendre la fin des réjouissances; d'ailleurs, pendant que l'expédition est ainsi immobilisée, nous allons pouvoir assister à la plus curieuse, sans contredit, de ces fêtes locales : le *niâou* ou danse des animaux. En voici à peu près le thème, tel qu'on le donnerait dans un livret de ballet :

Le Grand Esprit des Hommes envoie un message au Grand Esprit des Forêts dans ses domaines; il lui fait dire que les Hommes dansent tous les soirs au clair de lune, que la terre est en réjouissance, que la joie et l'ivresse règnent partout; il ajoute qu'il veut faire trêve pour quelques jours avec son ennemi et propose que les hostilités entre eux soient suspendues : les Hommes déposeront leurs armes, les Animaux retireront leurs cornes et enlèveront leurs griffes. Il invite les hôtes de la forêt à se mêler aux Hommes et à venir boire et danser avec eux, au son des tam-tams, à la clarté de l'astre des nuits.

L'Esprit des Forêts accepte l'invitation, et chaque jour, pendant les fêtes, il envoie quelques-uns de ses sujets.

CHEZ LES MAGANDJAS. — Les danses du niâou.

Cet heureux événement est accueilli avec joie, et chaque jour, d'après les Magandjas, l'Esprit des Forêts demande à ses sujets : « Qui va ce soir danser le niâou et boire le moa avec les Hommes? — Moi, répond le buffle du fond des bois. — Et qui encore? — Moi, dit le bubale. » Tantôt c'est l'éléphant et le lion, tantôt le rhinocéros. L'Esprit des Forêts prévient l'Esprit des Hommes. Et celui-ci annonce la chose comme un secret; on se chuchote à l'oreille : Ce soir, c'est le buffle! — Ah!...

L'idée, la signification du niâou paraît être la visite d'étrangers, animaux ou hommes, qui se mêlent aux fêtes auxquelles on les convie; des esprits appartenant à des disparus reprennent à cette occasion la forme humaine et, masqués, cachant soigneusement leurs mains et leurs pieds, apparaissent soudain au milieu des danses pour disparaître un moment après.

Les invitations aux esprits et aux bêtes ayant été lancées, rendons-nous, au moment où la lune se lève, sur la place du village, où commencent les préparatifs de la danse.

Au milieu, un grand espace laissé libre. Tout autour, une foule assise, ou debout, ou juchée sur les cases, causant, riant, pendant que les tambours se préparent : on les accorde en frappant sur les chevilles qui tendent tout autour du bois la peau d'iguane, de zèbre ou de koudou qui les recouvre, ou bien on les flambe avec des torches de paille enflammées afin que le cuir se débarrasse de toute humidité et rende un son plus clair. La batterie du niâou consiste en un gros tambour-basse, un ou deux tam-tams plats pour les contretemps, un ou deux tambours de danse ordinaires et un tambour aigu, long et très mince. On ne chante pas pendant le niâou, comme pendant la plupart des autres danses, et les femmes n'y prennent jamais part.

A un signal donné, les instruments se mettent à battre en cadence, et le bal est ouvert par quelques « seigneurs sans importance »; à ceux-ci succèdent les meilleures danseurs du pays. Le pas du niâou étant une science que possèdent seulement de rares privilégiés, on parle d'un tel qui sait le danser tout comme on citerait chez nous quelqu'un qui fait des entrechats ou des ailes de pigeon.

Après cette première partie, a lieu un repos pendant lequel on fait des libations de bière.

A la reprise, les anciens, les chefs ouvrent la danse, et les esprits commencent à se montrer; tout à coup, au beau milieu de l'agitation, un niâou apparaît, vêtu d'oripeaux, la figure couverte par un masque noir; il exécute des danses de caractère et s'arrête de temps à autre devant un groupe de spectateurs qui s'enfuient généralement, surtout les femmes et les enfants. Peu à peu, les autres danseurs lui cèdent la place, et l'homme masqué exécute un cavalier seul plus étrange que comique; parfois un autre niâou vient le rejoindre avant que les danseurs se retirent, et ceux-ci reviennent un instant attirer l'attention du public pour permettre aux niâous de disparaître comme ils étaient venus.

La troisième partie de la fête, qui se prolonge fort avant dans la nuit, quelquefois même jusqu'au matin, est celle où apparaissent les animaux. Les indigènes et les niâous dansent avec vigueur, quand soudain un appel de corne retentit dans le lointain : ce sont les animaux qui sortent du bois et qui viennent; la foule s'ouvre, laissant un passage; on se penche, on se hausse pour mieux voir, et bientôt, précédés d'appels de corne, s'avancent au galop un ou deux animaux aux formes bizarres. Les niâous les escortent avec quelques initiés et exécutent avec eux des figures de danse du plus haut comique, pendant que les tambours font rage.

Le clair de lune, ces apparitions informes qu'on ne distingue que vaguement au milieu de la poussière que leurs pieds soulèvent, le bruit assourdissant des tam-tams, tout donne à cette fête une apparence étrange, fantastique. Les bêtes, après avoir dansé un instant, s'en retournent par le même chemin ; elles vont se reposer et reviendront tout à l'heure.

On imite la forme des animaux au moyen de cerceaux de bois sur lesquels sont tendues des étoffes sombres qui pendent jusqu'à terre, comme les anciens caparaçons des chevaux de tournoi, afin de cacher les pieds de l'homme ou des hommes qui portent le tout ; la partie supérieure imite le garrot et la croupe. Sur le devant est ajustée la tête de l'animal que l'on veut représenter, avec ses caractères marquants : oreilles, trompe, cornes, etc. ; c'est généralement une véritable tête empaillée ; elle remue dans tous les sens pendant que les hommes dansent, tandis qu'à l'arrière, et par les soins du machiniste, s'agite une queue de même provenance. J'ai vu ainsi tout à tour figurer l'éléphant, le buffle, le kob, le zèbre, le rhinocéros ; selon les moyens dont on dispose, on fait paraître une, deux ou trois bêtes à la fois.

La danse de ces prétendus animaux est d'autant plus drôle que les hommes qui s'agitent dessous s'accordent moins dans leurs mouvements. Ainsi ils arrivent en trottant du devant et galopant du derrière ou en se traversant continuellement dans tous les sens, l'arrière-main ayant toujours l'air de vouloir passer devant l'avant-main. La nuit, la faible clarté de la lune ajoute à l'illusion, et les imperfections de ces animaux échappent à la vue ; on les devine vaguement, et, l'imagination aidant, on finit par les croire naturels. Les gens du pays savent si bien cela qu'ils ne montrent jamais les animaux à la lueur révélatrice d'un feu, mais seulement au clair de lune. Les hommes masqués, au contraire, paraissent quelquefois en plein jour, à la fin des fêtes. Quand ils viennent par nuit noire, ils exécutent une danse spéciale où ils se hérissent la tête, les mains et le corps de charbons ardents montés sur des griffes de fer. Dans l'obscurité, on ne voit plus l'homme, mais on suit sa danse aux mouvements des parcelles incandescentes, et cette partie du spectacle n'a pas l'air moins démoniaque que le reste.

Nos clowns n'ont donc pas inventé les chevaux en carton dans l'intérieur desquels ils se mettent à deux, pas plus que nos élégantes n'ont trouvé les « tournures » que les femmes de la Côte d'Or portaient cent ans avant elles. De même pour la vaccine. Le principe que Jenner devait formuler en 1796 est appliqué chez certaines peuplades du haut Zambèze, certainement, depuis des temps immémoriaux, c'est-à-dire qu'on donne artificiellement la variole bénigne pour éviter les dangers de l'épidémie. Tant il est vrai que rien n'est nouveau sous le soleil !

Les Magandjas célèbrent en moyenne une fois par an la fête du niâou ; la « mise en scène », demandant des frais, n'est pas à la portée des simples particuliers, et les chefs seuls ont les moyens de l'organiser. En somme, c'est une des cérémonies les plus amusantes auxquelles un Européen puisse assister.

Bertrand donna un soir aux indigènes une séance du niâou à sa façon : il se revêtit d'un maillot noir qui lui restait d'un déguisement dahoméen, se couvrit la tête d'une cagoule et se rendit à une grande fête où l'on exécutait, à la lueur des feux, sur une place de village, des danses des deux sexes. Au beau milieu de l'agitation, on vit un soi-disant indigène tomber au beau milieu des danseurs en faisant la roue, en exécutant des sauts périlleux, en se livrant à une danse du ventre inconnue sur les bords du Zambèze. On commença par regarder avec anxiété cette apparition ; bientôt la vue de la cagoule et les mouvements désordonnés de l'intrus semèrent l'épouvante, et tout le monde décampa ventre à terre, croyant voir quelque esprit d'outre-tombe, quelque revenant venu là sans y être invité. Ce diable s'assit alors tranquillement à côté d'un feu abandonné et y resta pendant plus d'une heure, ce qui empêcha de rentrer chez eux tous les indigènes dont les cases s'ouvraient sur la place ; puis, content de son succès et voulant jouer son rôle jusqu'au bout, il se leva d'un bond et disparut dans l'obscurité. La mèche fut vendue le lendemain : on avait vu rentrer le démon au camp des blancs.

Un peu de gaieté ne nous était pas inutile pour supporter la saison des pluies, car elle est fort ennuyeuse dans la brousse. Etre trempé du matin au soir, vivre dans l'eau, manger froid ou mal cuit, manquer de bois pour se sécher et n'avancer que lentement, telle est à peu près l'existence que l'on mène de décembre à avril. Le pays se couvre de hautes herbes ; la chasse aux antilopes est suspendue ; il ne reste plus, pour l'alimentation, avec l'éléphant, — qui est dur à poursuivre par ce temps, et plus dur encore à mâcher, — que quelques pintades et perdrix prises au collet ou tirées au fusil, que des carpes ou des silures pêchés dans les rivières, que le poulet africain, maigre comme un coucou et que les indigènes (qui ne savent pas si bien dire !) appellent justement *nk'oukou*. Je tue force canards et oies sauvages, mais ces oiseaux sont huileux, sauf une sorte de sarcelle appelée *cirili*. Les indigènes ont d'autres ressources : par exemple, les rats des champs en bas âge, qu'ils font rôtir en brochettes et qu'ils croquent tout entiers, poil et tout, comme des mauviettes; les œufs couvis, qu'ils font éclater sur la cendre chaude; les épinards du pays, etc. Dans d'autres régions, on se nourrit de termites, de chenilles, de fruits sauvages. Mais de Borely et Bertrand sont peu amateurs de ces friandises. Quant à moi, à part les œufs couvis et habités, que les indigènes préfèrent aux œufs frais, j'aime assez tout cela, et j'en mange de temps à autre.

Nous n'avons d'ailleurs pas d'heure fixe pour les repas, je le répète : on mange quand on a appétit, ce qui est, sans contredit, et quoi qu'en disent les hygiénistes en chambre, la meilleure et la plus salutaire des méthodes. La gastrite et les désordres qui en sont la conséquence n'accableraient pas le monde civilisé, si l'on attendait, pour prendre de la nourriture ou de la boisson, que l'estomac en manifestât le désir, et si l'on s'arrêtait au moment où il dit : assez!

En France, d'ailleurs, nous nous moquons de l'hygiène : nous nous attablons à midi précis, parce que c'est l'usage, de même que nous consommons en un seul repas ce qui suffirait largement à la journée entière. En Afrique centrale, fort heureusement, on s'affranchit des conventions. Dans notre expédition, on ne mangeait que juste ce qu'il fallait et quand il le fallait, ce qui nous a permis, avec une hygiène raisonnée, non seulement de supporter des fatigues énormes, mais encore d'être tous vivants aujourd'hui avec une quinzaine d'années d'Afrique chacun !...

Mais, reprenons notre voyage...

Au commencement de 1895, nous arrivons au nord du Makanga, le pays des Atchécoundas. Quoique étant sur le territoire de ces derniers, la région est peuplée d'Azimbas. Le roi Tchinssinga, successeur en deuxième ligne de mon ami Tchanetta (1), m'envoya à cette époque une députation pour me prier de me rendre chez lui; mais je n'y allai que plus tard ; pour l'instant, je voulais visiter le nord de la région et remonter ensuite vers l'ouest.

Les Azimbas, dont j'ai déjà parlé en passant (2), sont des gens primitifs, que rend intéressants le fléau de l'esclavage qui a pesé sur eux depuis une centaine d'années. Azimba (ou Mzimba au singulier), qui voulait dire originairement « montagnard », a pris aujourd'hui la signification de sauvage, d'homme peu civilisé. Ces gens habitent tous les

---

(1) *Du Cap au lac Nyassa*, p. 302.
(2) *Du Cap au lac Nyassa*, p. 287.

plateaux montagneux de la Maravie, le sud du pays de Mpéséni et des Angonis, la région de la Louyia et de ses affluents jusqu'au Zambèze ; ils sont mélangés également, en assez forte proportion, aux Atchécoundas. Fort nombreux et prospères autrefois, ils habitaient les vallées, ils avaient du bétail, notamment des chèvres, et s'occupaient de culture ; mais les gens de Mpéséni, les terribles Mafsitis, leur ont déclaré une guerre qui n'a pris fin que dans ces dernières années, se terminant par leur ruine à peu près complète.

Dans le récit de mon dernier voyage, j'ai parlé de cette guerre sans trêve ni merci où des Azimbas eurent tous leurs villages détruits et allèrent en esclavage ou furent tués par milliers ; aujourd'hui, il ne reste que des vestiges de ce malheureux peuple.

En revanche, Mpéséni, le fameux Mpéséni, dont il sera question tout à l'heure, a fini par être battu et mis à la raison par les Anglais, qui occupent son territoire depuis 1898. Espérons donc que l'ère des razzias est close, et que les Mafsitis, ses sujets, resteront désormais chez eux. Ce qui reste des Azimbas pourra alors redescendre des montagnes où ils s'étaient réfugiés et s'établir dans les vallées sans danger d'être inquiété.

Mais, à l'époque où nous étions dans le nord de Makanga, ces malheureux vivaient perpétuellement sur le qui-vive et choisissaient comme repaires des pics aux aspérités inaccessibles. Aussi avaient-ils l'habitude des ascensions ardues. Alors que nous étions obligés de nous déchausser et de nous aider des mains pour grimper ou descendre certaines surfaces lisses et en pente rapide, ils couraient dessus délibérément avec leurs charges sur la tête ou sautaient d'un rocher sur l'autre avec autant de sûreté qu'un chamois. Du fond des vallées, c'est avec peine qu'en explorant attentivement au télescope on finissait par apercevoir quelques huttes disséminées derrière des anfractuosités granitiques indiquant la présence d'un hameau au flanc de quelque géant de pierre. Il fallait souvent plusieurs heures pour monter chercher les porteurs ou les vivres dont nous avions besoin, tandis que les indigènes, une fois en rapport avec nous, gravissaient et descendaient la montagne à propos de rien et plusieurs fois dans la même journée. A peine étions-nous arrivés, que, du sommet de leurs aires, l'œil d'aigle des Azimbas nous avait déjà aperçus et suivait nos mouvements. La présence d'un blanc les rassurait généralement, et on les voyait bientôt là-haut, à peine perceptibles, descendre à la file indienne, en faisant des zigzags. En raison des proportions énormes de ces montagnes, ils semblaient n'approcher que lentement quand, au contraire, ils dégringolaient avec une rapidité extraordinaire. Enfin, au bout d'une heure quelquefois, ils apparaissaient, leur paquet de sagaies et un arc dans les mains, un carquois contenant cinq ou six flèches sur le dos ; à la ceinture, des peaux de petits carnassiers dans lesquelles ils mettent leur tabac; autour des reins, un morceau de cuir tanné ou d'écorce battue ; dans leurs longs cheveux, quelques plumes. Des bracelets de fer ou de cuivre complétaient ce costume succinct. Passons au physique : taille plutôt petite, corps nerveux et secs, apparence délicate, visages, sinon désagréables, du moins loin d'être beaux. Les Azimbas excellent dans la façon d'arranger leurs cheveux. En boules, en tresses, en paquets, en plates-bandes, ils varient à l'infini l'art de se coiffer : j'ai compté un jour, à une grande palabre où étaient réunis à peu près deux cents indigènes, quarante coiffures totalement différentes les unes des autres. Au surplus, le milieu habité et les circonstances extérieures influent beaucoup sur l'ethnographie : en plaine, les Azimbas n'auraient rien eu de remarquable ; dans leurs belles montagnes, au contraire, environnés d'un paysage merveilleux, traqués et persécutés comme ils l'étaient, avec leur existence remplie de dangers et leur agilité extraordinaire, ils devenaient intéressants.

On leur a donné souvent le nom de Maravis, parce qu'ils peuplent la partie du territoire qui porte ce nom, nom qui est, je crois, d'origine portugaise, et que je n'ai jamais entendu prononcer par les indigènes. D'après certains voyageurs, ces peuples auraient eu des prédécesseurs, les Pimbès, et une histoire. Comme les jésuites qui sont venus dans le Zambèze il y a plus de trois cents ans ne semblent pas avoir visité ces parages et que les renseignements donnés par les anciens établissements portugais de la région ont été détruits ou perdus, il est difficile de reconstituer le passé autrement qu'avec une forte dose d'imagination. Je me bornerai donc au présent.

Les Azimbas ne sont pas fétichistes dans le vrai sens du mot : on ne voit pas d'idoles chez eux ; ils croient à Dieu, maître de toutes choses, et mettent sur le compte des esprits (*mzimous*) tout ce qui leur arrive de bon ou de mauvais ; ils supposent que certaines gens sont capables de conclure avec ces

MARAVIE. — Chant et danse indigènes.

esprits une entente qui leur permet de faire des sortilèges, de manger en cachette de la chair humaine, en un mot de porter malheur.

Cette croyance à des cas isolés d'anthropophagie est générale dans ces pays, et, en la décrivant une fois pour toutes, avec les horreurs qu'elle entraîne, je parlerai ici à la fois des Azimbas, des Magandjas et des Atchécoundas, ainsi que des peuples riverains du Zambèze. Chez ces derniers, pourtant, cette superstition avec ses conséquences a beaucoup diminué à cause du contact des Européens ; mais dans l'intérieur, chez les autres peuples, elle est encore enracinée.

Quand on suspecte un individu, homme ou femme ; quand on le suppose coupable de maléfices, il est soumis généralement à l'épreuve du *moavi*, qui consiste à lui faire boire un poison dont le verdict sera décisif : s'il meurt, c'est qu'il est coupable ; sinon, il est innocent et réhabilité. Ceux qui sont condamnés à l'épreuve sont : le *fiti*, la femme adultère, toute personne accusée d'un crime, vol, assassinat, etc., ou celles que l'on croit capables de sortilèges, c'est-à-dire de porter le mauvais œil, la « jettatura ».

Le *fiti* (1) est tout individu qui a des intelligences avec les mauvais esprits : quand tout le monde dort, il s'en va avec les hyènes, les lions ou léopards (les mangeurs d'hommes seulement). Un de ces animaux, généralement une femelle, l'adopte : c'est sa mère ; à eux deux, ils combinent des larcins ou des crimes. Le *fiti* indique à cette mère adoptive les

---

(1) Démon, mauvais esprit. De là le surnom de *Mafitis* (Mafsiti) donné aux gens de Mpéséni, à cause de leurs déprédations nocturnes.

coups à faire, le poulailler ou la bergerie à dévaliser ; la nuit, il lui en ouvre la porte pour qu'elle enlève les chèvres ou les volailles qu'elle va dévorer avec lui. Ou bien le *fiti* conduit sa complice à la case mal fermée de quelque habitant et il l'aide à y entrer et à attaquer. D'autres fois, ils ouvrent ensemble des tombeaux et mangent, autour d'un feu, les restes des gens récemment enterrés.

Quand vous discutez avec les indigènes, vous leur faites facilement comprendre tout ce que cette théorie a d'invraisemblable ; mais ils ne veulent pas en démordre : « On le dit... » *On*, c'est quelque individu malveillant qui a répandu le bruit. Peu à peu chacun y croit et le répète à voix basse sans chercher à se l'expliquer. J'ai tellement vécu dans l'intimité des Magandjas et des Atchécoundas que j'étais au courant de tous ces racontars, et j'ai souvent essayé de les convaincre.

— Vous dites que X... sort le soir et va dans les bois avec les hyènes ; quelqu'un l'a-t-il vu quitter sa case, même une fois ?

— Non ; il attend que chacun soit endormi.

— Mais sa femme, sa famille, doivent bien s'en apercevoir ?

— Non ; il leur donne une médecine qui les fait dormir.

— L'a-t-on au moins vu récolter cette plante, l'a-t-on entendu demander ce narcotique à quelqu'un ?

— Non ; mais on le sait.

— Lorsque des chèvres étaient emportées, quelquefois pendant plusieurs nuits de suite, quelqu'un de vous n'a-t-il jamais fait le guet afin de voir si l'hyène était seule ?

— Oui, souvent ; mais on n'a vu que l'hyène. Le *fiti* se cachait.

— Pourtant, s'il devait lui ouvrir la porte de la bergerie ?

— Si l'un de nous faisait le guet, l'hyène ne prenait rien.

— Et dans les bois, avez-vous trouvé l'endroit où l'animal avait été dévoré ?

— Toujours.

— Avez-vous vu sur le sol des traces de pied humain ?

— Non, mais le *fiti* les fait disparaître avant de rentrer.

— Comment ?

— Ah ! nous ne savons pas ; ces gens-là ont des médecines (*mankoualas*) pour tout.

— Comment expliquez-vous qu'une personne et une ou plusieurs hyènes puissent en quelques heures (car on n'a pas pu commencer l'opération avant le milieu de la nuit, et il faut qu'elle soit achevée avant le jour) ouvrir un tombeau (1) et le refermer sans qu'il y en ait de trace ?

— Nous ne savons pas.

— Mais, quand vous accusez un des vôtres d'avoir mangé de la chair humaine, n'avez-vous jamais pensé à ouvrir le tombeau que vous supposez avoir été violé pour voir si réellement on a touché au cadavre ?

— Non ; on ne touche jamais aux morts une fois qu'ils ont été enterrés.

---

(1) Les indigènes sont enterrés à plus d'un mètre de profondeur ; sur la fosse refermée on amoncelle et on brise tout ce qui a servi au défunt : case, pots, marmites, nattes, etc.

— Alors, comment pouvez-vous savoir ?
— On le dit.

Voilà tout ce que j'ai pu tirer de mes interrogatoires : on le dit! Et cela suffit pour qu'on fasse mourir un malheureux, ou tout au moins pour qu'on lui inflige d'atroces souffrances. Quand l'accusation devient de notoriété publique, celui qui en est l'objet finit par en être averti. C'est généralement une personne de sa famille ou un chef qui se charge de la communication : « On dit que tu es un *fiti*. » Naturellement, l'accusé se défend; mais, si grande est la confiance que ces gens mettent dans le poison, qu'il répond sans hésiter : « Eh bien, fais-moi boire le *moavi :* tu verras si je suis un *fiti.* »

La femme accusée d'adultère n'a pas le choix : son mari l'oblige, sur le moindre soupçon, à subir l'épreuve. Quelqu'un est-il accusé de porter malheur (*marodza*), on lui reproche ses prétendus crimes et l'on répond à ses dénégations : « En voilà assez; le *moavi* décidera si tu dis vrai. »

A partir de ce moment, le sort de ces gens est entre les mains du médecin du pays ; car, selon le mélange ou le dosage, celui-ci en fait à son gré des innocents ou des coupables, à moins pourtant que le résultat ne dépende du tempérament des patients, je ne sais au juste. J'ai déjà raconté dans le récit de mon dernier voyage les effets du poison sur les individus (1), et je n'y reviendrai pas.

Cette cérémonie est un événement local; on se réunit en grand nombre pour y assister. Celui qui est proclamé innocent par le verdict se rase immédiatement la tête en signe d'humilité et de recon-

---

(1) *Du Cap au lac Nyassa*, p. 305.

naissance ; il recouvre l'estime de ses concitoyens en même temps qu'il reprend son existence habituelle. J'ai vu des gens qui avaient subi l'épreuve plusieurs fois avec succès, ce qui tendrait à confirmer l'hypothèse que la même dose, qui tue certains individus, est inoffensive sur d'autres.

A côté de ces superstitions, il en est plusieurs autres qui font de nombreuses victimes. Chez les Atchécoundas, du temps de Tchanetta, à l'époque où j'étais son hôte, des exécutions avaient souvent lieu la nuit sans qu'on en connût les causes. Des femmes étaient exécutées ; on confectionnait avec leur sang et leur cœur des *mankoualas* destinées à prolonger la vie du chef malade ou bien à sauver un enfant dans le même cas. On ouvrait le ventre à des esclaves pour tremper dans leurs entrailles des fétiches, des queues de lions, des amulettes de chasse à l'éléphant ou d'autres objets auxquels cette cérémonie confère des pouvoirs surnaturels. Ces boucheries terminées, on attachait au corps une grosse pierre et on jetait le tout dans le Revougoué, où les crocodiles lui faisaient bon accueil.

Un soir, entre autres, alors qu'on me croyait couché depuis longtemps, j'étais allé m'installer sur un rocher surplombant la rivière, pour essayer de pêcher de nuit, attendu que, de jour, je n'avais d'habitude aucun succès. J'étais accompagné d'un moulèque qui portait un fusil. Le *tembé* (enceinte) du chef était à trente mètres de là, et un calme absolu régnait partout. La porte de la palissade s'ouvrit et un bruit de voix se fit entendre, suivi d'un gros pouf ! dans les eaux calmes du Revougoué... Quelqu'un sortit encore en parlant de quelque chose d'oublié, et on lança dans la rivière un autre objet plus petit ; puis quelques mots que je ne compris pas, et ce lambeau de phrase accompagné d'éclats de rire : « Il est allé à Kapako... » Après quoi, la porte se referma.

Je me demandai ce que l'on pouvait bien avoir jeté, et, comme j'étais en aval, j'essayai de voir sur l'eau si j'aurais l'explication de l'énigme, mais je ne vis rien. D'un air étrange, le moulèque me pria aussitôt de rentrer ; le lendemain, il avait disparu, ayant pris la fuite et étant sorti du pays pendant la nuit. Quelque temps après, j'appris certains détails, et, en rapprochant les dates, je finis par tout comprendre. On avait jeté à l'eau, ce soir-là, d'abord le tronc, puis la tête d'une esclave qui avait été exécutée afin que l'on pût confectionner des médecines pour une expédition que le chef avait projetée et pour laquelle il était précisément absent ; l'esclave était censée partie la veille de sa mort pour Kapako, un village voisin ; mais on ne la revit jamais.

Ce n'était là qu'un fait isolé ; plus tard, je fus mis par mes gens au courant de tout ce qui se faisait. Ces atrocités me furent d'autant plus facilement révélées que l'on savait que je gardais le secret comme un indigène.

Ce qu'il y avait de plus révoltant, c'est que celui qui se chargeait de toutes ces besognes malpropres était, comme de juste, le serviteur préféré du chef, et que je contemplais ces deux hommes à chaque instant de la journée. Quand on m'apportait du moa, c'était l'exécuteur secret qui faisait cet office et qui, suivant l'usage du pays, buvait avant moi à la calebasse, afin de me prouver que le liquide n'était pas empoisonné. J'avais à mettre mes lèvres où il avait mis les siennes, sans montrer les sentiments qui m'agitaient, et je devais répondre à ses prévenances comme si je ne m'étais douté de rien !... Il y a dans la vie des moments où le sang-froid et le calme sont bien durs à garder.

Je n'avais rien à gagner en montrant que j'étais renseigné ; j'eusse été impuissant à changer les choses, le chef m'eût opposé des dénégations et se fût méfié de moi, mes confidents ne m'eussent plus rien raconté. Au contraire, en ayant l'air de tout ignorer, je voyais et j'étudiais ces sauvages à loisir ; d'ailleurs, quelque barbares que fussent les mœurs de Tchanetta, je n'ai jamais eu personnellement à me plaindre de lui.

Tchinssinga, le chef actuel, ayant été élevé par les Portugais, j'espère qu'il aura aboli ces usages de ses prédécesseurs ; mais autrefois il se passait chez les Atchécoundas des choses inouïes et dont je ne puis donner ici aucune idée.

Chez les Magandjas, en dehors du *moavi*, je suis certain que ces cruautés n'existent pas, du moins de nos jours ; chez les Azimbas, au contraire, pendant les derniers temps de troubles, et alors que les Mafsitis les menaçaient constamment, il y a eu pas mal de meurtres ayant pour but de conjurer les défaites et les horreurs qui en étaient la conséquence ; on a mis à mort ainsi plus d'une vieille femme devenue inutile afin que ce sacrifice sauvât la vie aux autres.

Au dire de ses propres sujets, Oundi, le chef chez lequel nous avions failli mourir de faim en 1892, était un *fiti* consommé ; on accusait aussi Kamtchenjé, son premier ministre, et deux autres personnages de partager avec lui de la chair humaine ; une esclave que j'ai libérée chez lui lors de mon passage me raconta que deux jours plus tard elle devait être mangée (elle ne me dit pas à quelle sauce), et elle me nomma celles de ses compagnes qui avaient déjà eu le même sort. Je n'ai pu vérifier le fait, mais je sais qu'Oundi ne se nourrissait presque que de viande ; or, de mon temps, il n'en avait point, puisque tout le monde mourait de faim chez lui, nous compris. Il est possible que la nécessité seule ait poussé le chef agoa à manger ses sujets... pour leur conserver leur roi, comme le fameux pélican. Mais, en général, malgré toutes les cruautés et les misères, les cas d'anthropophagie sont rares chez les Azimbas. Pourtant, quelque invraisemblables que soient certaines histoires, il faut se garder de les nier sans preuves, et je n'en avais pas.

Ainsi, chez les Atchécoundas, tout le monde parle et parlera longtemps des fameux *Adjaridjaris*, qui étaient des étrangers et qui visitèrent le pays au moment où le commerce des esclaves se faisait ouvertement ; ils portaient de longues robes comme les mahométans et se nourrissaient exclusivement, au dire des indigènes, d'œufs crus et d'hommes ; ils achetaient des esclaves, les tuaient, les vidaient et les mettaient à cuire après leur avoir rempli le ventre de riz. J'ai demandé à beaucoup d'indigènes ce qu'étaient les Adjaridjaris : tous m'ont confirmé le fait avec les mêmes détails ; les vieilles gens assurent même en avoir été témoins. Tout cela est fort possible ; quand on constate la façon générale dont le cannibalisme règne dans des pays peu éloignés, tels que le Congo, il n'est pas impossible que quelques anthropophages aient fait une tournée dans des régions où la « viande » était abondante et d'un prix modique.

En résumé, il est excessivement difficile pour un Européen, quelle que soit la confiance que lui montrent les indigènes, ou le soin avec lequel il étudie leurs mœurs, de savoir exactement où s'arrête la vérité et où commence la fable. L'ignorance et les préjugés entraînent à des actes inouïs des peuples pacifiques, d'un aspect doux et bon, et qu'on croirait, à les voir danser, rire et chanter, incapables de pareilles cruautés.

Dans le haut Kapotché, que nous visitâmes à la même époque, c'est-à-dire dans les premiers mois de l'année 1895, les Azimbas existaient également, mais si clairsemés qu'il fallait sept ou huit jours de marche dans la brousse sauvage pour découvrir un misérable village. Pour éviter le manque de vivres, auquel on était exposé tôt ou tard dans ce pays inhabité, une partie de l'expédition resta avec de Borely au nord de Makanga; l'autre, avec Bertrand et moi, rayonna dans la région. Par les soins de de Borely, on recevait le nécessaire au moyen d'un service régulier de correspondance établi entre nous.

Tout en visitant le pays avec soin, je me livrais à la chasse ; j'abattais des éléphants et des antilopes qui nous fournissaient, à nous et à nos hommes, un supplément agréable de vivres.

L'expédition revint ensuite au nord de Makanga, et nous allâmes, à cette occasion, faire une visite à Tchinssinga, roi des Atchécoundas.

Notre arrivée chez lui fut marquée par un événement qui eut de graves conséquences, en ce qu'il coûta la vie à un de nos hommes.

J'avais connu Tchinssinga alors qu'exilé par Tchanetta il s'était réfugié chez les Magandjas, et, bien que l'ayant traité convenablement, je m'étais néanmoins refusé à satisfaire toutes ses prétentions lorsqu'il m'avait demandé des étoffes pour lui et ses gens, à titre d'avance remboursable plus tard. J'étais alors moi-même très pauvre et sur la fin de mon expédition du Cap au lac Nyassa; mais, comme il mourait presque de faim, je lui envoyais souvent, à défaut d'étoffe, des quartiers d'antilope. Tchinssinga aurait dû succéder à son père Kankouni; mais comme il était trop jeune, son oncle Tchanetta l'avait remplacé, et plus tard il l'avait même chassé à la suite d'un grave dissentiment. A la mort de Tchanetta, les circonstances changèrent; Tchigaga, son frère, à moitié idiot, lui succéda, et Tchinssinga travailla alors sous main à le détrôner; il parvint à susciter une révolte à la tête de laquelle il se mit : il s'empara du roi, qu'il livra aux autorités portugaises comme l'un des auteurs du massacre de 1888 (1), et il prit sa place, atteignant ainsi adroitement le double but de se débarrasser de son concurrent d'une façon définitive et de s'attirer la sympathie du gouvernement portugais, qui l'avait d'ailleurs aidé dans sa lutte contre Tchigaga.

Etant au pouvoir, Tchinssinga pouvait me garder rancune de ce que je ne lui avais pas accordé mon aide autrefois, et ensuite de ce que son ennemi Tchanetta avait été pour moi un ami. Aussi, lorsqu'il me fit demander de lui rendre visite, éprouvai-je quelque méfiance; je promis néanmoins, mais avec la ferme intention de me tenir sur mes gardes. C'est

---

(1) *Du Cap au lac Nyassa*, p. 258.

PAYS DE MAKANGA.
Tchinssinga, roi des Atchékoundas.

en de telles dispositions que j'arrivai à Mtchéna, la capitale, en avril 1895. Mes camarades en étaient prévenus. Tchinssinga vint à notre rencontre sur la route et me dit qu'il m'avait fait préparer une case dans son *tembé* (enceinte que l'on fermait soigneusement le soir). Je le remerciai et refusai, alléguant que, pour ma commodité, et vu mon nombreux personnel, je voulais camper sous des arbres dans le village. Il n'insista pas, et je choisis moi-même à dix minutes de chez lui un emplacement qui me paraissait réunir les conditions nécessaires : c'était sur le bord du Revougoué, en vue des habitations, mais à distance, sous de grands arbres. Les porteurs et capitans s'y installèrent aussitôt, tandis que nous allions assister chez le roi à une réception donnée en notre honneur. Au milieu d'une foule énorme et silencieuse, il y eut d'abord des discours de bienvenue, puis les compliments d'usage, et enfin des auditions du fameux orchestre qui avait survécu à toutes les révolutions : Tchinssinga l'avait revu et même considérablement augmenté. Nous déjeunâmes chez lui à l'européenne, servis par des femmes, et prîmes ensuite congé pour veiller à l'installation du camp.

Voici comment celui-ci fut organisé :

Trois groupes d'arbres formaient des ombrages à une certaine distance les uns des autres ; sous l'un, je mis partie des porteurs et deux capitans ; sous l'autre, près d'un énorme baobab, le reste du personnel ; enfin, au milieu, j'installai les chasseurs, les domestiques et notre propre campement. Il pouvait y avoir cinquante mètres entre nous et chacun de ces emplacements, et une dizaine de notre abri à celui de nos domestiques. Comme les pluies étaient terminées, je fis installer de simples appentis de chaume destinés à nous garantir, pendant la nuit, de la rosée, encore abondante.

Sauf une visite de Tchinssinga, qui vint dîner avec nous, la soirée se passa sans incident; l'heure du coucher arriva, et je fis étendre ma natte sous l'extrémité d'un appentis. A côté de moi étaient mes camarades ; un peu plus loin, les domestiques et les chasseurs, plus trois ou quatre porteurs de leurs amis qui s'étaient joints à eux; ils occupaient l'extrémité de l'appentis opposée à celle où j'étais. Un feu fut allumé en dehors, de chaque côté, et bientôt tout le monde s'endormit, sauf quelques hommes désignés pour veiller, les uns près du baobab, les autres à l'extrémité opposée du camp.

Ce soir-là, comme toujours, d'ailleurs, chacun de nous, chasseurs et domestiques compris, avait un fusil à portée de la main. Selon ma vieille habitude, je dormais ayant avec moi, dans mon lit, sous ma couverture, mon winchester chargé à six coups de chevrotines.

Rien ne faisait supposer que cette nuit-là dût se passer d'une façon anormale, et il pouvait être onze heures et demie, lorsqu'un cri strident fut poussé sous l'abri même où nous dormions, cri auquel répondirent des exclamations des autres hommes et un coup de fusil tiré par moi. L'homme avait à peine ouvert la bouche que je m'étais dressé sur mon séant en rejetant ma couverture. Ayant le fusil tout prêt en main, grâce à sa position, j'avais tiré en l'air, dans le double but d'éloigner l'agresseur, quel qu'il fût, et de donner l'alarme.

Quelques minutes de désordre succédèrent à ce réveil brusque, et bientôt, les feux et les lanternes rallumés, je me rendis compte qu'un homme venait d'être enlevé par un lion, mais que celui-ci l'avait lâché deux ou trois mètres plus loin, effrayé peut-être par mon coup de fusil. Le fauve avait rampé pendant quelques mètres et, sautant par-dessus le feu mi-éteint, avait saisi l'individu qui se trouvait le premier ; il eût aussi bien pu commencer par moi, qui occupais l'extrémité opposée.

J'envoyai chercher la pharmacie pour panser le blessé ; il avait été saisi par la hanche : son ventre avait été ouvert par les crocs du fauve et sa cuisse labourée par ses griffes. Les premiers soins donnés, il n'y avait pas une minute à perdre, car j'étais persuadé que le lion allait revenir, qu'il rôdait déjà aux alentours. J'ordonnai de rallumer les feux ; je fis attacher une petite chèvre dans un espace vide éclairé par la lanterne, les hommes furent prévenus, et tout rentra dans le calme : on attendit. L'attente ne fut pas longue : cinq minutes ne s'étaient pas écoulées que la bête faisait entendre un rugissement bas et continu, semblant évidemment se diriger vers le baobab ; ceux qui s'y trouvaient prirent la fuite et vinrent nous rejoindre, laissant près de l'énorme végétal une pile de bagages, de caisses et d'objets divers.

Alors commença, là-bas, un remue-ménage que jamais je n'oublierai ; pendant cinq heures, le lion se rua sur tous les objets qu'il put trouver ; on entendait un tintamarre qui eût fait croire à la présence de plusieurs lions, et si, de temps à autre, un rugissement ne fût venu nous convaincre, j'aurais cru que c'était plutôt des hommes qui nous dévalisaient.

La nuit était noire et opaque, l'endroit embarrassé d'épaisses broussailles et d'épines ; il était inutile de songer à aller trouver l'envahisseur ; à plusieurs reprises, comme je le vis par les traces, le lendemain, il vint jusqu'à la limite du rayon lumineux et s'y arrêta ; puis, voyant sans doute que tout le monde veillait, il s'en retournait, dans sa rage, saccager nos ustensiles. On entendait notamment un bruit semblable à celui que ferait une boîte en fer-blanc dans laquelle on ferait sauter de l'argenterie ; il la secouait et la secouait encore. Je crus d'abord que c'était une boîte à biscuits à moitié vide qu'il agitait ainsi, mais on verra que je me trompais. La nuit entière se passa de cette façon : des alternatives de silence pendant lesquelles le lion venait nous examiner, puis le bruit recommençait ; nous fîmes quelques feux de salve, mais il ne s'en préoccupa guère et n'abandonna la place qu'au premier chant du coq, c'est-à-dire vers quatre heures et demie, heure à laquelle tout bruit cessa définitivement.

Nous dûmes attendre le jour pour nous rendre compte de ce qui s'était passé, et ce que je vis me parut si extraordinaire que j'hésiterais à le croire si on me le racontait.

La bête s'était d'abord jetée sur les pagnes et les couvertures que les capitans avaient abandonnés dans leur fuite ; elle les avait lacérés à coups de dents et de griffes ; puis elle s'était attaquée indifféremment à tout ce qui lui était tombé sous la patte : un sac de voyage en cuir fut percé d'un coup de dents ; des bottes furent traversées de part en part, le talon montrant des trous que l'on avait cru faits par un projectile ; une carabine Martini fut portée dans la gueule à dix mètres de là. Des sacs contenant du lard entouré de sel gisaient éventrés à terre, ayant été traînés dans toutes les directions : le sel qui s'en était échappé blanchissait l'herbe comme une tombée de neige ; enfin une malle en acier avait été brisée; son contenu gisait épars dans l'herbe et ses parois étaient tellement traversées de morsures dans tous les sens que l'on eût juré qu'elle avait servi de but à un tir à la cible. La bête s'était acharnée particulièrement sur cet objet, et c'était là l'origine du bruit de ferraille qui nous avait tant intrigués ; dans un des colis où il avait mordu, les redoutables canines du fauve avaient passé à un centimètre d'une boîte de détonateurs à dynamite, et c'était miracle qu'il ne se fût pas fait sauter la tête. Je n'ai jamais vu d'autre exemple d'un fauve s'attaquant à des objets inertes. Il n'avait même pas entamé le lard. La piste sur le sol et l'écartement toujours égal des canines dans les traces de morsures indiquaient que le lion était seul. Sa taille était considérable. Je me mis aussitôt à sa poursuite; nous suivîmes sa piste jusque sur les collines, à quatre kilomètres de Mtchéna, puis nous les perdîmes à cause de la nature pierreuse du terrain.

J'appris, à mon retour, que ce lion était un redoutable mangeur d'hommes : il avait tué pas mal de gens depuis une année; mais il n'avait pas donné de ses nouvelles pendant assez longtemps. Quant à l'homme qu'il avait blessé au camp, il mourut peu après des suites de ses blessures, la perforation des intestins, déjà très grave, s'étant compliquée d'une péritonite.

Je reprochai à Tchinssinga de ne pas m'avoir prévenu que le village était fréquenté par ces redoutables visiteurs nocturnes ; mais il me répondit, non sans quelque raison, qu'il avait mis à ma disposition une case dans son enclos, que je n'avais pas voulu l'accepter ; d'ailleurs, ajouta-t-il, il y avait déjà plusieurs mois que le lion avait cessé ses visites.

Je réfléchis qu'en somme il y avait peut-être moins de danger à accepter son offre qu'à rester où j'étais, et, cédant aux instances de mes gens, je pris possession, le jour même, du logis qu'on m'offrait. D'ailleurs, je m'empresse de reconnaître, à la louange de Tchinssinga, que mes soupçons étaient mal fondés : il me fit excellent accueil et se conduisit toujours avec moi comme un honnête homme.

Je dois dire, à propos de cet accident, que j'avais dérogé à mes habitudes en campant dehors et près d'un village. Mille inconvénients se rattachent généralement à ce genre de bivouac : vous ne trouvez pas de bois à brûler ; vos hommes se disputent avec les indigènes ou s'enivrent avec eux ; les naturels sont toujours fourrés dans vos jambes ; votre camp est envahi du matin au soir par une foule de curieux qui surveillent vos moindres gestes ; enfin, vous êtes exposé souvent aux déprédations des fauves qui fréquentent nuitamment le village et contre lesquels les habitants prennent toutes leurs précautions, se calfeutrant généralement chez eux sans même vous prévenir, vous qui êtes à la belle étoile.

D'ordinaire, si je campe dans un village, je demande pour moi et mes hommes un certain nombre de cases dans lesquelles nous nous enfermons pour la nuit, tout comme les indigènes. En pleine jungle, au contraire, on campe avec les précautions et d'après la méthode ordinaire. Il y a, je le répète, beaucoup moins de danger à attendre des fauves dans la brousse qu'aux alentours immédiats des lieux habités.

En mai et juin, l'expédition continuant sa marche explore les massifs montagneux de Matchinga, de Katoa, de Msakara, de Mano, de Missalé, et se retrouve sur le haut Kapotché; puis elle descend vers le Zambèze en juillet, repasse à peu de distance d'Oundi, de triste mémoire (1), et traverse le pays des Sengas, visitant la rive gauche du Zambèze.

J'ai montré tout à l'heure combien les Azimbas avaient été persécutés par leurs puissants voisins. Les Sengas n'ont guère été plus heureux : d'un pays abondamment peuplé et relativement prospère, la guerre et les razzias ont fait un désert où ne se voient plus que les emplacements d'anciens villages. Quelques endroits déboisés, des monticules de terre, des débris d'ustensiles, quelquefois des ossements humains, indiquent seuls aujourd'hui au voyageur que ces lieux étaient autrefois habités; la nature a repris son domaine et ses droits : l'herbe et les broussailles remplacent les cultures, et l'on marche à travers ces régions en tous sens, parfois pendant des semaines, sans rencontrer une âme.

Les causes auxquelles on doit attribuer ces changements sont toujours les mêmes : la lutte du plus fort contre le plus faible pour alimenter la traite des esclaves, l'instinct de s'entre-dévorer qu'ont partout les hommes, et surtout les usages sociaux qui veulent que la femme fasse toutes les besognes, laissant l'homme dans une inaction absolue dont la conséquence est un besoin d'activité qu'il ne peut satisfaire qu'à la chasse ou à la guerre; de plus, la coutume invétérée d'avoir des esclaves et de mesu-

---

(1) *Du Cap au lac Nyassa*, p. 272.

rer au nombre que l'on en possède sa richesse et son bien-être, ou bien encore la possibilité de se procurer auprès des caravanes arabes contre ces mêmes esclaves tout ce que l'on désire : étoffes, poudre, verroterie, sel, etc.

Azimbas, Sengas, Maravis, Pimbés ou Chêvas, qui peuplaient le pays entre Makanga et l'Aroangoua, au nord du Zambèze, tous ont eu le même sort ; tantôt les Atchécoundas, tantôt les gens de Mpéséni, ont fait sur leur territoire des incursions dévastatrices, réduisant d'abord à l'impuissance, puis à la misère absolue, Oundi et Tchagouanikira, qui en étaient les chefs et dont les descendants n'ont plus aujourd'hui aucun prestige. Les Maravis, les Pimbés, ont disparu avec leurs usages, leurs idiomes particuliers ; il ne reste plus que quelques malheureux Azimbas et Sengas clairsemés ; les premiers, que j'ai déjà cités, au nord et à l'ouest de Makanga, au sud de Mpéséni ; les seconds, aux environs de l'Aroangoua.

Au point où j'en suis de mon récit, c'est chez ces derniers que nous nous trouvons. La rive gauche du Zambèze est partout hérissée de hautes montagnes distribuées en différents massifs entre lesquels se développent des plaines fertiles, généralement bien arrosées. Tout cela est désert, ou à peu près ; de rares hameaux sengas se dissimulent aux flancs des montagnes, sur des aspérités formant des balcons naturels. Les habitants ont là des cachettes où ils gardent leurs vivres ; à la moindre alerte, la population disparaît en quelques minutes.

Au physique, les Sengas offrent une seule particularité à noter : ils ont coutume de limer leurs dents en pointe, en haut comme en bas. Quand ils rient, leur bouche rappelle vaguement celle du brochet ou du requin ; mais ils n'en ont pas la férocité : ce sont de pauvres gens bien paisibles, tranquilles et, à cause de cela, très persécutés.

Ne nous attardons pas dans ce pays de misère et ne suivons pas l'expédition dans son voyage de retour vers le nord à travers les régions que je viens de citer ou dont j'ai fait mention dans mon précédent ouvrage ; il est plus intéressant d'en arriver au mois de novembre 1895, époque à laquelle nous nous dirigions pour la deuxième fois vers l'Aroangoua, ce grand fleuve, affluent principal de la rive gauche du Zambèze, dont l'embouchure est à Zoumbo et la source au nord du lac Nyassa.

Mon intention, à cette époque, était de me rendre au lac Bangouéolo et de gagner ensuite le Nyassa par le pays de Moassi. C'était faire un crochet énorme du nord à l'est, mais il couvrait un pays peu connu et, par conséquent, intéressant à visiter. Les circonstances m'ont forcé à modifier certaines parties de ce programme ; les délais que je m'étais d'abord fixés pour le remplir ont dû être prolongés ; néanmoins j'ai fini par l'exécuter à ma satisfaction.

Nous sommes donc en marche vers l'Aroangoua, ayant passé du territoire des Sengas dans celui des Ouizas, qui s'étend sur les deux rives du fleuve. Cette partie de notre itinéraire traverse un pays presque plat où, à part quelques collines, le terrain est humide. Au moment des pluies, ces plaines doivent être extrêmement marécageuses. Nous bivouaquons sur le bord de l'Aroangoua en un endroit auquel nous avons donné plus tard le nom de camp des Girafes. Le fleuve a ici environ 400 mètres de large ; en aval, au dire des indigènes, il existe des rapides qui barrent la navigation.

La rareté des pirogues du pays, jointe à la lenteur des indigènes, nous oblige à mettre trois jours pour passer le fleuve. Sur la rive droite, j'ai été surpris du changement de décor : paysage, environs, couleur du terrain, flore et faune (ceci, je l'ai constaté après), tout est différent ; il est étrange qu'un grand fleuve puisse marquer sur une région une ligne de démarcation aussi nette, un contraste aussi frappant entre les aspects du règne végétal ou animal. C'est aussi le cas du Zambèze, dont les deux rives diffèrent essentiellement entre elles : ni les mêmes paysages ni les mêmes animaux. On comprend que les espèces animales soient maintenues séparées par ces grandes voies fluviales qui offrent à la plupart d'entre elles un obstacle infranchissable ; mais on s'explique plus difficilement le changement de caractère des pays séparés par ces cours d'eau ; cette dissemblance est pourtant manifeste.

Les bords immédiats de l'Aroangoua sont peu peuplés ; lors de notre arrivée, les quelques habitants de la localité étaient occupés à leurs cultures, car novembre est le moment des semailles. Ils refusèrent de tenter à ce moment un voyage vers le Bangouéolo à cause des marécages nombreux que les pluies allaient produire : d'après eux, le meilleur moment était la *massica*, c'est-à-dire la fin des pluies ou saison du sorgho, qui équivaut à notre mois de juin.

Je remontai vers le nord. Partout la même réponse. Ces gens avaient d'ailleurs cent fois raison, puisque, même en juin, comme je le vis plus tard, le pays est encore impraticable. Je me décidai, en conséquence, à repasser l'Aroangoua afin de visiter le territoire de Mpéséni, situé à l'est.

Sur ces entrefaites, les pluies avaient commencé et je fis quelques chasses fructueuses à l'éléphant avant de quitter le Barotsé (c'est le nom du pays qui se trouve sur la rive droite de l'Aroangoua); j'y vis une faune très intéressante, entre autres des girafes dont je parvins à tuer une. Me promettant de revenir au mois de mai de l'année suivante pour allonger et compléter cette exploration, je traversai ensuite le pays de Mpéséni, qui n'offre aucun caractère bien saillant; les habitants, au contraire, sont assez curieux et ne ressemblent que sous peu de rapports aux peuplades que nous avons déjà visitées. La population de Mpéséni est, selon les parties du territoire, selon la configuration du pays, très agglomérée ou très disséminée; les plaines sont habitées de préférence, à cause des pâturages qu'elles offrent au bétail, dont l'élevage est une des caractéristiques du pays; en revanche, la partie accidentée, couverte de brousse épaisse où abonde la tsétsé, est presque déserte.

J'ai déjà dit que l'origine des premiers habitants du pays était zouloue (1). Mais, au lieu d'être venus du nord, comme je l'avais cru d'abord, il paraîtrait qu'ils sont au contraire arrivés du sud, chassés par des dissensions et des guerres intestines. Cette version est très admissible, étant donné qu'une foule de peuples zoulous se sont échelonnés sur le parcours du Zoulouland au Zambèze, tels les Macalacas, les Gaças, les Matabélés, les gens de Matékénia sur le haut fleuve, enfin les Angonis.

---

(1) *Du Cap au lac Nyassa*, p. 113.

A la suite de l'émigration, les premiers occupants se sont répandus dans toute la région ouest du lac Nyassa, et plus tard, avec les premières populations, qui étaient, selon toute apparence, des Magandjas et des Sengas, ils ont formé les royaumes de Mpéséni, Tchikoussi et Moassi.

La race est celle des Angonis, comme on appelait autrefois tous les peuples d'origine zouloue, éleveurs de bétail, armés de sagaies et de boucliers. Les Portugais les désignent sous le nom uniforme de *Landins*. Peu à peu ils se sont séparés, et ils forment aujourd'hui plusieurs tribus : les gens de Tchikoussi, qui ont seuls conservé le nom primitif d'Angonis; ceux de Mpéséni, auxquels nous laisserons, faute de mieux, le surnom de Mafsitis, que leur ont donné les peuples qu'ils oppriment; enfin les tribus de Moassi, qui portent, selon les endroits, la désignation d'Angonis, d'Atongas, de Tchinyassas, d'Ouanyikas, etc. Tous ces noirs ont les mêmes mœurs.

Ne nous occupons pour le moment que des Mafsitis, dont nous parcourons le territoire. Bien que la race ait dégénéré par suite de mélanges, bien que la langue zouloue ait à peu près disparu, on retrouve encore chez Mpéséni la plupart des usages zoulous : ainsi, le pays est administré par des ministres appelés *indounas*; les citoyens sont divisés en catégories d'après leur âge et leur valeur personnelle; les hommes libres ayant fait leurs preuves portent sur la tête l'anneau de cire; leurs oreilles sont fendues pour permettre d'y passer un morceau de bois ou une tabatière; on élève du bétail; on mange du lait caillé; on dédaigne les armes à feu : autant

Chef angoni.

d'usages importés exclusivement du Zoulouland. A ces mœurs d'origine se sont mêlées des coutumes locales (épreuve par le moavi, croyance aux fitis, aux esprits), qui sont empruntées aux peuples voisins : Sengas, Azimbas, Magandjas, dont autrefois un grand nombre se sont annexés volontairement aux envahisseurs, se dérobant par cette soumission au sort de leurs congénères, voués à la destruction; ces nouveaux venus se sont peu à peu fondus dans la race.

De toutes les particularités qui caractérisent les mœurs des Mafsitis, je ne retiendrai ici que quelques usages sociaux assez intéressants.

J'ai parlé plus haut d'une distinction qui existe entre les différentes classes de citoyens du sexe masculin au double point de vue social et militaire, car nous sommes, ne l'oublions pas, chez un peuple essentiellement guerrier.

Les tout jeunes gens commencent par garder les bestiaux; ils restent pâtres jusqu'à quinze ou seize ans : libre à eux de boire du lait s'ils l'aiment.

L'arrivée à l'âge de la puberté donne lieu à des fêtes : les jeunes Mafsitis deviennent alors *maféras*, c'est-à-dire apprentis guerriers ; ils ne peuvent plus désormais boire de lait, celui-ci étant réservé aux femmes et aux enfants.

Le jeune homme fait un jour ses premières armes, et de *maféra* devient *kabaenda*, jeune guerrier. Il est ensuite classé successivement, selon son âge, dans diverses milices qui portent le nom de *mabéma*, de *madjah'a*, etc.; puis plus tard, homme fait, marié, chef de famille et ayant donné des preuves de courage, il devient *mdonda*, titre qui lui confère le privilège de porter l'anneau distinctif.

Cet anneau est généralement en cire (comme au Zoulouland) ou bien en nerf de bœuf ramolli et roulé ; il est noir, de forme régulière, très lisse, de la grosseur du doigt, et se fixe soit sur la tête comme une couronne, soit en arrière des oreilles ; il adhère aux cheveux ou à la peau d'une façon définitive et n'est jamais enlevé ; on l'appelle *chijojo* chez Mpéséni (1).

En temps de guerre, chacune des milices que j'ai citées opère pour son propre compte ; jeunes et vieux essayent de se surpasser mutuellement, et l'émulation qui en résulte est au profit de la cause commune ; contre un ennemi bien organisé, il serait possible qu'il en résultât quelque désordre, mais les opérations de guerre de Mpéséni, n'étant, en général, que des attaques du plus fort contre le plus faible, prennent plutôt le caractère d'actes de brigandage ; elles n'ont rien qui soit de nature à provoquer l'admiration. Les Mafsitis se sont conduits depuis trente ans comme des égorgeurs, comme de véritables oiseaux de proie. Puisse la récente campagne faite par les Anglais chez eux arrêter leurs déprédations et donner enfin un peu de tranquillité aux populations du Zambèze.

A noter encore, chez Mpéséni, l'absence de cimetières ; on enterre les morts n'importe où, dans le sous-sol des cases, des rues. La case du mort continue à servir aux vivants, tandis que, chez les peuples voisins, elle est abattue après l'enterrement. Les grands dignitaires seuls reçoivent leur sépulture

---

(1) Chez Tchikoussi et Mpéséni, les chefs ou les indounas portent quelquefois cet anneau de forme plus élevée et plus plate.

MPÉSÉNI. — Mafsitis *(Kabaendas)*.

dans les enclos à bœufs que l'on voit partout dans les villages.

Le bétail est la richesse du pays ; c'est avec des bœufs que l'on dote la fille ou le fils, que l'on paye les amendes ; le roi et ses indounas possèdent des centaines de ces animaux ; les simples sujets, quelques-uns. Le lait caillé, presque solidifié, est la nourriture nationale; le beurre sert comme graisse pour la cuisson des aliments; on l'emploie aussi pour s'oindre le corps et les cheveux. La viande ne se mange que dans les grandes circonstances, et la peau sert à confectionner les boucliers. Aussi achète-t-on beaucoup plus aisément dix esclaves qu'un bœuf; le seul de ces animaux que nous ayons mangé nous a d'ailleurs été offert par Samba-Mropa, le premier ministre du roi.

En revanche, dans les endroits peuplés, nous achetions du lait tant que nous en voulions; nous étions pour la première fois dans un pays où l'on savait traire; partout ailleurs, en achetant une chèvre, il fallait montrer aux indigènes la façon d'obtenir le lait ; pour eux, la méthode la plus simple consiste toujours à sucer la mamelle avec la bouche et à « déposer » ensuite le liquide dans la calebasse; malgré la beauté de leurs dents (dont, soit dit en passant, la réputation est usurpée), je préfère devoir mon café au lait à un procédé moins... compliqué...

Je reviens aux Mafsitis.

Ils ressemblent à tous les noirs de la région : on trouve chez eux, comme partout, de beaux hommes à physionomie ouverte. Le tatouage n'est pas en usage ; en revanche, l'ouverture des oreilles est usitée chez les deux sexes ; les femmes portent dans la lèvre supérieure un ornement que l'on appelle le *pelélé* et dont j'ai déjà parlé autrefois (1).

La coiffure de guerre est originale : elle se compose de plumes diverses, longues et souples, arrangées en un chignon que l'on s'attache sur la tête à l'aide d'un cordon passé sous le menton ; selon le goût des individus, ce chignon forme une simple houppe ou bien, plus abondant, retombe sur les côtés de la tête. Au moment de l'attaque, le bruit assourdissant des boucliers frappés à coups redoublés, la vue de ces figures féroces coiffées de plumes ébouriffées par le vent, tout conspire à impressionner les moins timides, et l'on comprend que les paisibles populations, souvent surprises la nuit, à la lueur de l'incendie, par ces bandits, les aient appelés Mafsitis (démons).

Les Mafsitis m'ont expliqué eux-mêmes la cause du dédain qu'ils ont pour les armes à feu. Avec le fusil à pierre ou à capsule, disent-ils, l'homme est perdu dès qu'il a fait feu une fois, car il n'a pas le temps de recharger. Leur tactique consiste justement à profiter de cet inconvénient, lorsqu'ils ont affaire à des ennemis armés de fusils. Cachés derrière leurs grands boucliers et accroupis, ils s'approchent lentement jusqu'à ce que l'adversaire ait tiré; ils bondissent alors en avant sur l'homme désarmé, et les casse-tête, les sagaies pleuvent sur lui.

Ces brigands ont, en revanche, un respect particulier pour les armes perfectionnées ; ils savent, tout au moins par ouï-dire, ce que c'est qu'une carabine à tir rapide. Pendant mes pérégrinations au nord du Kapotché, à Missalé, à Foulankoungo et autres

(1) *Du Cap au lac Nyassa*, p. 339.

points de la frontière de Mpéséni, j'ai souvent rencontré des bandes de Mafsitis en route pour quelque razzia ; je n'avais avec moi, la plupart du temps, que mes chasseurs et mes porteurs d'eau, formant un groupe de sept ou huit personnes, tandis que souvent les Mafsitis étaient fort nombreux. Leur premier mouvement consistait toujours à se cacher ; puis la vue d'un blanc et une réflexion salutaire sur la portée de ses armes à feu les faisaient bientôt changer de tactique : ils passaient leur chemin. D'autres fois, payant d'audace, ils se portaient à ma rencontre, tandis que je continuais ma route d'un air indifférent ; arrivés à quelque distance, ils s'arrêtaient, posaient leurs boucliers et leurs sagaies à terre en signe de paix, puis, s'avançant sans armes, ils se groupaient tous à quelques pas et claquaient des mains à l'unisson, ou bien l'un d'eux me saluait des mots d'usage : *Té côné, mzoungo*. (Bonjour, blanc.)

A voir ces hommes, jeunes pour la plupart, aux belles figures sans tatouage auxquelles la coiffure de plumes donne un je ne sais quoi de mâle, de martial, de décidé, on n'eût jamais cru que leur plus grande joie était d'égorger des vieillards, des femmes, des enfants, et de porter sans remords la ruine chez de pauvres gens inoffensifs.

Parfois, au cours de ces rencontres, on s'asseyait tous un instant, au pied d'un arbre, pour échanger quelques mots ; je ne pouvais résister au désir de questionner les Mafsitis sur leurs atrocités. Un jour, je leur demandai à brûle-pourpoint pourquoi, quand ils prenaient des femmes, ils tuaient toujours leurs enfants en bas âge. On me répondit qu'une femme qui porte un enfant ne peut pas marcher comme les autres prisonniers; puis il faut qu'elle mange beaucoup pour avoir du lait; or, on n'avait souvent rien à donner aux captifs pendant plusieurs jours, et l'enfant devait nécessairement mourir en route : autant valait s'en débarrasser tout de suite sans épuiser la mère. On me donna ces détails en les entremêlant d'éclats de rire, comme on explique une chose très amusante, très cocasse : on avait l'air de se dire : « Fait-il de drôles de questions, tout de même! Ah! ah! »

Mon habitude d'interroger les noirs sur leurs mœurs me valut quelquefois des réparties plus gaies, celle-ci entre autres, qui est empreinte d'un certain esprit d'observation. Nous causions autour du feu des usages des blancs et des noirs; chacun mettait son mot; il m'arriva de dire que, chez nous, on considère comme malpropre, en général, de se moucher avec les doigts.

« Ah! oui, riposta un de nos porteurs magandjas, vous préférez vous moucher dans un petit chiffon que vous mettez soigneusement dans votre poche, comme quelque chose de précieux; nous, nous préférons le jeter. »

Je ne trouvai rien à répondre; cette réflexion, frappée au coin du bon sens, ne me paraissait pas dépourvue d'une certaine ironie.

Un chef me dit une fois : « Tu prétends que dans ton pays il y a de belles étoffes et beaucoup à manger, que les femmes de ta race sont belles, qu'on boit de la bière tant que l'on veut, que l'on vit tranquille et heureux. Puisque tu n'achètes ni ivoire ni esclaves, pourquoi donc alors quittes-tu tout cela pour venir dans un pauvre pays comme le nôtre? Que diable viens-tu faire ici? Ou bien tu mens, ou bien les blancs ont un cœur très différent du nôtre et que je ne comprends pas. »

Essayer d'expliquer à un noir tout ce qui a un sens abstrait, comme la passion des aventures, de la chasse, du mouvement, en un mot des impressions morales, c'est perdre son temps ; du moment que cela ne peut ni se manger, ni se boire, ni se voir, cela n'existe pas : chasse, guerre, agriculture, tout cela pour l'indigène est un travail destiné à rapporter quelque chose ; chasse signifie viande qui se mange, ou ivoire qui procure soit des étoffes, c'est-à-dire des vêtements, soit de l'argent avec lequel on achète le bétail et les esclaves dont on a envie; tout évolue pour le noir autour de ce matérialisme borné.

Quand on me voyait recueillir des insectes, des serpents ou d'autres animaux, c'était toujours les mêmes questions.

— Pourquoi le blanc emporte-t-il toutes ces bêtes chez lui?

— Parce qu'il n'y en a pas chez nous, répondais-je.

— Vous les mangez?

— Non.

— Alors, qu'est-ce que vous en faites?

— On les montre aux autres blancs qui ne sont jamais venus ici.

— Ah! Et qu'est-ce qu'ils disent en les voyant?

— Ils ne disent rien, ils les regardent.

— Ah!

Et on restait persuadé quand même que je faisais des collections de comestibles pour mes compatriotes.

Je reprends le cours de notre voyage dans le nord de Mpéséni. Continuant notre route, nous arrivons chez son voisin, Moassi, en décembre 1895. Ici, les habitants ont subi fortement l'influence arabe ; Moassi lui-même me paraît avoir du sang zanzibarite dans les veines. Les gens du pays ressemblent beaucoup à ceux de Mpéséni, mais ils portent le nom de Chêvas ; ce sont des descendants des anciens Zoulous, comme d'ailleurs leurs voisins de l'est établis sur le lac Nyassa et sujets de Jumbé, autre chef arabe.

Moassi et Jumbé sont brouillés à mort (1). Accueillis comme amis par le premier, nous ne pouvons rendre visite au second et nous décidons, après notre séjour sur ce territoire, de retourner vers le sud sans pousser jusqu'aux rives du lac Nyassa, quoique nous n'en soyons éloignés que de 70 kilomètres. En attendant le moment propice pour reprendre mon chemin vers le lac Bangouéolo, je désirais d'abord visiter un district assez intéressant, celui de la Boua, et retourner de là dans le haut Kapotché. La Boua est une rivière qui part des confins de Mpéséni, dans le pays de Missalé, et qui se jette dans le Nyassa au nord de Kota-Kota.

La seule chose qui m'ait frappé chez Moassi est le développement de la traite des esclaves ; les caravanes arabes visitaient constamment son territoire; à chaque pas, au cours du voyage, nous en avons rencontré, les unes arrivant avec des étoffes, de la poudre, des armes à feu; les autres repartant avec des convois de captifs plus ou moins chargés d'ivoire.

(1) Jumbé, allié aux Anglais, causa la perte de Moassi en 1897.

Ces caravanes ne desservaient pas seulement le territoire de Moassi, mais aussi celui de Mpéséni et de Jumbé.

Depuis longtemps déjà ce dernier était l'allié des Anglais, auxquels il avait fait sa soumission, et pourtant il trafiquait encore à outrance; seulement, au lieu d'envoyer ses esclaves par la voie du Nyassa, désormais barrée par la civilisation, il les expédiait aux confins du pays de Moassi, où les caravanes arabes passaient à des époques fixes. Ne voyant plus de convois d'esclaves du côté du lac, le gouvernement du Nyassaland était persuadé que la traite avait disparu dans la région placée sous le protectorat anglais, alors qu'au contraire elle faisait rage dans l'intérieur du pays, comme je m'en suis assuré par moi-même.

Ce que j'ai constaté en 1891 dans la Maravie, en 1895 chez Mpéséni et Moassi, je l'ai retrouvé en 1896 au Bangouéolo, en 1897 au Tanganyika : partout la traite libre, presque au grand jour.

Je reconnais que les Anglais, en s'emparant du pays, ont fait tous leurs efforts pour entraver ce commerce infâme. Mais ils se trompent ou nous trompent quand ils prétendent l'avoir arrêté. Affirmer que l'on a aboli le commerce des esclaves, que l'on a rendu à la liberté des captifs enlevés aux esclavagistes, cela fait bien en Europe ; on réjouit quelques bonnes âmes de philanthropes en chambre. Mais quand on a vécu, comme moi, dans la brousse pendant des années, en entretenant des relations aussi bonnes avec les Arabes qu'avec les indigènes, on ne peut lire sans sourire de pareils appels à la popularité. De tous les peuples européens, le peuple anglais est celui qui déteste le plus cordialement le nègre ; il est négrophobe dans l'âme, et, loin de vouloir protéger la race noire, s'il pouvait impunément l'anéantir, il le ferait avec joie. Les Livres Bleus ont beau, chaque année, détailler les résultats surprenants obtenus par les autorités locales dans la suppression de la traite au Nyassaland, celle-ci n'a fait que changer de quartier : le courant a rencontré un obstacle et s'est simplement détourné de son cours habituel.

En 1896, lors de mon retour au Barotsé, j'ai encore rencontré et photographié des convois d'esclaves sur le chemin du Bangouéolo ; j'ai causé avec les Arabes qui les conduisaient, je leur ai même racheté des captifs que j'ai rapatriés moi-même plus tard. Ils s'en allaient tout tranquillement vers Zanzibar ; or, pour s'y rendre, il leur fallait passer soit par le lac Nyassa, soit par le plateau Nyassa-Tanganyika, et ils passaient bel et bien.

J'ai déjà donné mon opinion sur l'esclavage chez les peuples africains (1) ; je réprouve la razzia, c'est-à-dire la façon barbare dont on s'empare de ces malheureux, dont on les arrache à leur pays, à leurs familles. Cette partie aiguë de l'opération accomplie et la douleur passée, ils ne se plaignent plus eux-mêmes, attendu qu'au bout de huit jours ils ont oublié père, mère, mari, femme ou enfants, et ils ont adopté leur position avec l'insouciance la plus parfaite. Les souffrances du voyage une fois surmontées, ils deviennent heureux et tranquilles, étant bien nourris, bien vêtus par un maître qui les soigne et qui finit par les considérer comme ses enfants. Le moral du noir est si différent du nôtre que nous

(1) *Le Dahomey*, p. 207.

ne pouvons comparer ses sensations à celles que nous éprouverions si nous étions dans sa position ; tel homme de chez nous qu'on arracherait brusquement à son foyer, à sa famille, à qui l'on ferait comprendre qu'il ne verra plus jamais les siens ici-bas, ou se briserait la tête contre une pierre, ou mourrait de chagrin. Le noir, lui, ne mourra que de faim, si son nouveau maître ne lui donne pas à manger ; mais qu'on le nourrisse bien, il ne tardera pas à recouvrer sa sérénité, oubliant cette nuit terrible où, à la lueur de l'incendie, saisi et ligoté, il aura entendu pour la dernière fois, au milieu de la fumée et des cris, la voix des siens égorgés ou emmenés en captivité, mais séparés de lui à tout jamais.

Donc, le nègre n'est pas à plaindre; mais il n'en faut pas moins déplorer les abus qui se commettent chez lui en plein dix-neuvième siècle.

Prendre à la mère l'enfant qu'elle portait dans ses bras, le tuer devant elle, ou bien, s'il est grand, le séparer d'elle, les vendre l'un et l'autre à des maîtres différents, tuer les vieux parents désormais inutiles, voilà les actes qui révoltent notre nature, qui soulèvent notre indignation. Aujourd'hui, la majeure partie de l'humanité, qui a proclamé la liberté, qui considère comme sacrés les liens de la famille, la propriété, l'indépendance de chacun, doit s'efforcer de secourir et de protéger ces malheureux peuples africains, si peu qu'ils le méritent. Mais ce n'est pas en un jour qu'on abolira l'esclavage : il faudra des siècles. On ne pourra enrayer le mal que lorsque tout le continent africain sera entre les mains et sous le contrôle effectif des peuples civilisés. Il est certain que les noirs ne nous en seront jamais reconnaissants; au contraire, le jour où nous les aurons émancipés, amenés à notre niveau, il faudra les combattre comme nos pires ennemis : ils prendront tous nos défauts, auxquels ils auront ajouté les leurs, qui seront toujours la fausseté, l'insouciance, l'ingratitude et, par-dessus tout, ce manque absolu de conscience et de scrupule qui, dans notre race, n'est fort heureusement qu'exceptionnel et qui conduit presque toujours, chez nous, au bagne ou à l'échafaud. Ah! ce sera un bien joli monsieur qu'un nègre complètement civilisé! Quelques beaux échantillons de ce genre qui promet se trouvent actuellement parmi les élèves des missions, habillés à l'européenne, les *british subjects* de Sierra-Leone, Lagos, les *msoungos* portugais, etc., tous ceux auxquels le blanc a dit : « Tu es mon frère; nous sommes égaux à tous les égards, » sans se souvenir qu'outre notre constitution physique, supérieure au point de vue de l'intelligence, nous avons derrière nous quinze siècles de civilisation graduellement accumulés, tandis que le noir, habillé aujourd'hui en gentleman, hier encore était anthropophage, avait les dents taillées en pointe, la tête coiffée de plumes, et qu'il égorgeait des petits enfants pour les offrir aux fétiches.

On trouve beaucoup moins d'arrogance chez les noirs mahométans ; tout en leur donnant le sentiment de leur position d'hommes libres, on a laissé subsister en eux celui de leur infériorité relative ; un noir mahométan osera rarement porter la main sur un blanc, tandis qu'un élève de la mission n'hésitera pas à provoquer celui-ci (1).

Le jour où l'ivoire aura disparu des marchés afri-

---

(1) Je n'ai constaté d'exception à cette règle que chez les missionnaires qui, au lieu de chercher à élever le

AROANGOUA MOYEN. — Convoi d'esclaves.

APRÈS LA RAZZIA. — A vendre!

cains, soit par suite de l'interdiction de la chasse à l'éléphant, soit parce que ce pachyderme aura été entièrement détruit, la traite des esclaves tombera en grande partie ; les Arabes cesseront leurs expéditions, dont le but est d'acheter de l'ivoire, et ils n'auront plus, par conséquent, besoin de porteurs pour le transporter à la côte.

O vous, femmes d'Europe, au cœur compatissant, lorsque de vos blanches mains vous caressez négligemment le clavier de votre piano, lorsque vous jouez avec votre coupe-papier ou le manche de votre ombrelle, vous ne vous doutez pas de la quantité de coups, de souffrances, de larmes que ce morceau d'ivoire a coûtés à la pauvre race noire ; vous ne vous faites pas une idée des crimes horribles, des abus sans nom auxquels il a servi de prétexte, de l'immense infortune dont il a été cause depuis le jour où il fut enlevé à la bête jusqu'à celui où il a quitté la terre africaine ! Quel récit navrant on pourrait écrire sous ce titre : *Histoire d'une défense d'éléphant !*

Selon la loi universelle, il faut qu'il y ait sur la surface du globe des opprimés et des oppresseurs ; la race noire a certainement souffert beaucoup plus qu'elle n'a encore à souffrir ; le siècle prochain verra très probablement la fin de ses misères, et les noirs vivront enfin tranquillement sous la protection, non plus nominale, mais effective et absolue, des nations civilisées. Il faut ajouter que ce jour-là ils auront perdu pour l'observateur, pour le voyageur, tout

---

moral du noir, s'appliquent simplement à lui apprendre un métier gagne-pain, tels les Pères Blancs et certains missionnaires de la côte occidentale : ceux-là seuls font œuvre vraiment utile.

intérêt ethnographique, ce qui sera d'ailleurs — et à bon droit ! — le moindre de leurs soucis.

En attendant que tous les nègres portent des chapeaux hauts de forme, voire même de simples « cronstadt », et que les négresses s'habillent à la dernière mode de Paris, continuons notre voyage dans la région de Moassi et notons l'état actuel des industries locales.

Les Azimbas, les gens de Mpéséni et de Moassi, les Ouïzas de l'Aroangoua, habitent une région où le fer est partout abondant : c'est bien le cas de dire qu'ils n'ont qu'à se baisser pour en prendre. A chaque pas, on trouve du minerai très riche, de la pyrite de fer ou du fer magnétique formant des montagnes soit isolées, soit en groupes, soit en masses rocheuses disséminées dans le pays.

J'ai déjà décrit la fonderie indigène (1) : j'ajouterai que c'est une grosse tour de pierre haute de quatre mètres, au sommet de laquelle est placé le creuset ou récipient à minerai; tout autour, et sous le creuset, on entretient pendant plusieurs jours un feu vif qu'on active avec des soufflets en peau de chèvre. Le métal en fusion s'échappe par le fond; des tubes qui y aboutissent le conduisent, à l'extérieur de l'édifice, dans les moules préparés pour le recevoir. Les morceaux de fer qu'on obtient ainsi ne dépassent guère la grosseur du poing, mais suffisent aux besoins des forgerons indigènes; ceux-ci en confectionnent des fers de sagaies, des pointes de flèches, des harpons, des couteaux, etc., qu'on vient leur acheter de fort loin. Ils travaillent également

---

(1) *Du Cap au lac Nyassa*, p. 322

le laiton, dont ils fabriquent des bracelets ; mais ce métal est d'importation étrangère.

Le coton d'Amérique est cultivé à peu près partout, mais en quantité minime ; l'indigène en sème quelques plants près de sa case. Lorsque le coton est mûr, il le convertit en un fil grossier à l'aide d'une quenouille et s'en sert pour réparer son pagne. Parfois il tisse des bandes étroites que les femmes portent en guise de ceinture ou que l'on coud ensemble pour en faire un pagne ; ces pagnes indigènes sont aussi rares que chers, à cause du travail considérable qu'ils nécessitent, à cause aussi de leur solidité, qui est très supérieure à celle des étoffes de fabrication étrangère importées dans la région. Les fibres de l'aloès ou de diverses plantes similaires (*condjé*) servent à faire du fil excellent, et certains végétaux (*bouazi*) donnent des ligaments qui ressemblent assez à du chanvre ; on en confectionne des filets de pêche ou de chasse. Dans les constructions, les toitures, bambous, traverses, etc., sont attachés solidement, soit avec la fibre des feuilles d'un palmier (*borassus*), soit avec des torsades d'une écorce prise à différents arbres, selon les régions.

La sculpture sur bois est tout à fait dans l'enfance ; à part quelques manches de couteaux grossièrement ornementés, je ne vois rien à signaler. En revanche, on travaille les bois avec assez de précision ; avec les essences tendres, on fabrique des écuelles de toutes les grandeurs, des cuillers à *ncima*, des supports de pots, des mortiers, des pirogues ; avec les bois durs, on fait même des tabourets, des casse-tête, des peignes, des... oreillers ! Le grand pan des laveurs d'or indigènes est assez curieux : c'est une immense écuelle en bois, presque plate, ayant au milieu une petite cavité circulaire où, pendant le lavage, les pépites viennent se réunir; on en fait de carrées, d'ovales et de rondes, selon les pays.

La plupart des rivières de la région charrient le précieux métal dans leur fond sablonneux, mais il n'y existe pas en quantité suffisante pour justifier l'établissement d'une industrie sérieuse. Aussi les laveuses d'or — car ce sont en majorité des femmes qui font ce travail — ont-elles à peu près complètement disparu ; seul le roi des Atchécoundas en avait encore quelques-unes qui lui rapportaient de temps à autre un peu de poudre d'or.

C'est à la culture que l'on se consacre surtout; on voit partout en quantité considérables le sorgho blanc (*sorghum vulgare*) et le maïs, qui forment la base de l'alimentation; les cucurbitacées : calebasses, courges, potirons, concombres, poussent généralement sur les mêmes terrains. La patate douce est moins répandue. Les arachides, le tabac, la canne à sucre, le petit millet (*penisillaria spicata*), sont plus rares, mais se rencontrent néanmoins dans chaque région, sauf peut-être chez les Azimbas.

L'imprévoyance est le grand défaut de toutes ces races ; à peine cultivent-elles ce qui leur est nécessaire, de sorte que l'ancienne récolte est toujours épuisée avant que la nouvelle soit mûre. On se « serre le ventre » pendant un mois ou deux de l'année. Plus de sorgho, partant plus de moa, plus de ncima (1) ; on mange des fruits sauvages, différentes

---

(1) Farine de maïs ou de sorgho, cuite à la consistance d'une pâte épaisse, qui sert de pain aux indigènes, dans la région.

MAGANDJAS. — Tisserands au travail.

espèces de *mourious*, plantes qui croissent naturellement dans les champs cultivés, dont quelques-unes ressemblent assez à nos épinards : pour mon compte, je les trouve excellentes (1).

La chasse aux éléphants occupait autrefois des milliers d'individus ; il a suffi de quelques années pour que, dans le nord du Zambèze, cette industrie tombât complètement ; les éléphants ont déserté les pays des Magandjas, des Atchécoundas et d'Oundi, sauf dans les parages du haut Kapotché et de l'Aroangoua, à l'ouest de Mpéséni et de Moassi, où on en trouve encore quelques-uns. On peut dire qu'ils ont abandonné la région à la suite de la guerre sans trêve qui leur a été faite.

Le tribut à payer au roi est d'une défense par éléphant tué. Lorsque la bête est tombée, la défense qui est du côté du sol est la propriété du chef du territoire ; en pays portugais, cet impôt s'appelle *dente da terra*. Devenu insignifiant dans les pays que je viens de citer, puisqu'ils sont dépeuplés d'éléphants, il constitue encore un revenu assez considérable chez Mpéséni et Moassi. Comme chasseur, je m'en suis généralement affranchi en payant au roi une indemnité que nous débattions ensemble. Le chef a droit, en outre, à une jambe de derrière, c'est-

---

(1) En voici l'énumération à l'usage des Européens. Le *matako-ia-tsano* seul peut se manger cru en salade ; il rappelle la mâche. Le *roum*, espèce de trèfle, est amer comme de l'endive cuite. Le *bouongoué*, une amaranthacée, rappelle exactement l'épinard. Enfin il y a diverses autres espèces comestibles, telles que la *nadzi*, le *niakaroukouaré*, le *nionkoloa*, le *mouanadoukoumoua*, la *doudoua*, le *soungouroungbé*, le *lirimé-ia-ngombé*, etc.

à-dire à un gigot d'éléphant. Chez les Atchécoundas, le roi seul peut manger la trompe : on la lui envoie immédiatement ; il s'approprie d'ailleurs les deux défenses et remet en retour à ses malheureux sujets une contre-valeur dérisoire.

Dans les rivières, les indigènes pêchent pour leur nourriture, mais ils ne font pas métier de vendre du poisson ; ils se servent, pour capturer celui-ci, de nasses, de filets, mais pas d'hameçons ; à certaines époques de l'année, à l'aide d'une plante spéciale dont on sature les eaux à leur source, tout le poisson est empoisonné et on dépeuple complètement les cours d'eau ; cette plante est nuisible au poisson, mais non à l'homme, ce qui permet à ce dernier de manger impunément le produit de sa pêche.

Comme potiers, les noirs de cette région n'ont rien de remarquable ; ils font toujours des pots à moa, des marmites, des écuelles grossières. Les Atchécoundas exécutent dans le même genre des travaux plus soignés.

Les industries se résument, comme on voit, à fort peu de chose.

Ayant donné plus haut quelques détails sur les croyances et les superstitions religieuses, il ne me reste plus qu'à quitter cette région. J'en suis parti en mai 1896, reprenant mon projet primitif, qui était de me rendre au lac Bangouéolo.

L'expédition repassa l'Aroangoua et s'enfonça dans le pays des Barotsés. Le début du voyage fut des plus agréables : le gibier était abondant, les populations assez bien disposées, le terrain facile. Mais plus nous avancions, plus les circonstances changeaient. Nous traversâmes bientôt des régions dévastées par la traite. Le recrutement des porteurs y était difficile. Le pays, cessant d'être montagneux ou accidenté, se transformait graduellement en une plaine monotone qui devenait de plus en plus détrempée. A peu de distance du lac Bangouéolo, ce n'était plus qu'un vaste marécage; nous étions alors à deux jours environ du vieux village de Tchitambo, où est mort Livingstone. Un voyageur anglais, grand chasseur en même temps, le capitaine Weatherly, était à cette époque en route vers le lac Bangouéolo, qu'il explora en août, comme je l'ai appris lorsque que j'eus fait sa connaissance au Tanganyika; il m'a dit avoir trouvé, lors de sa visite, le sud du lac à l'état de marécage, ce qui me porte à croire que cette région ne se dessèche jamais; quand j'y ai été, on aurait cru voir les suites d'une inondation récente, tellement le pays était humide. Une bonne attaque de fièvre qui nous prit, de Borely et moi, me décida à rebrousser chemin vers Moassi, où nous étions de retour en juillet.

Cette fois, je pris la direction du lac Nyassa et, traversant le pays des Angonis, je vins camper sur le Nidipé (1), qui se jette dans le sud-ouest du lac.

L'impression que j'ai rapportée de mon voyage dans le sud du Bangouéolo est que ce pays a dû être complètement ravagé par deux traitants arabes appelés Tchikouanda et Tchikouala, qui résident toujours dans le pays et y inspirent la terreur ; ceux des chefs qui avaient une certaine puissance leur ont seuls résisté. Les villages que l'on rencontre sont

(1) Et non Lintipé, comme on l'écrit sur les cartes.

entourés pour la plupart de fortes palissades ; les souverains indigènes qui paraissent avoir toutes ces tribus sous leur autorité absolue sont : Méri-Méri et Karonga dans l'ouest, Kabemba et Iomboué au nord. Toutes les populations du sud du Bangouéolo appartiennent à la race des Ouïzas, qui s'étend jusqu'à l'Aroangoua. Ce sont des gens pacifiques et d'un commerce facile, beaucoup plus hospitaliers, à mon avis, que les Sengas ou les gens de Mpéséni. Entre le Bangouéolo et l'endroit où nous avons rebroussé chemin, j'estime qu'il doit y avoir une étendue de 80 kilomètres de marécages ; j'aurais bien pu à la rigueur pousser jusqu'au Louapoula, qui n'était qu'à deux jours de voyage dans l'ouest, mais, voulant visiter le lac Nyassa, je ne devais pas perdre de vue que marcher dans cette direction m'eût, pour toujours peut-être, éloigné de mon but.

Au cours de cette expédition, nous avons visité une région assez élevée appelée par Thomson, je crois, le pays d'Ilala (1), puis nous avons passé à quelques heures du lac Moir ; de ce côté encore nous avons rencontré force marécages jusqu'au pied des monts Iroumis, que nous avons franchis. A part notre mauvais état de santé pendant le retour vers l'Aroangoua, ce voyage n'a été coupé par aucun incident notable ; mais, après, il n'en fut plus ainsi.

A peu de distance du fleuve, nous fûmes arrêtés en chemin par une trouvaille que firent les porteurs : c'était un buffle tué par des lions et que des nuées de vautours nous avaient signalé ; son dépeçage ayant duré fort longtemps, nous dûmes nous ré-

---

(1) Les indigènes m'ont donné ce nom comme étant celui d'un grand village disparu.

soudre à ne pas atteindre l'Aroangoua ce jour-là, et on campa au bord d'un ruisseau. Nous avions avec nous deux moutons et une chèvre achetés aux indigènes, et le soir, comme d'habitude, on les attacha à un piquet au milieu du camp ; pendant la nuit, les lions prirent leur revanche et, avec une audace extraordinaire, vinrent enlever un mouton au milieu des dormeurs ; les appels désespérés de l'animal mirent tout le monde sur pied, mais trop tard. Je m'installai à l'affût en mettant le deuxième mouton bien à portée des fauves, mais ils jugèrent prudent de ne pas recommencer.

Le lendemain, l'arrivée à l'Aroangoua fut attristée par un accident horrible : un de nos porteurs fut saisi par un crocodile pendant qu'il se baignait, et, malgré nos efforts, nous ne pûmes le sauver ; la bête l'avait saisi par une cuisse, et elle l'entraîna pendant que le malheureux criait au secours en se cramponnant à quelques branches peu solides, hélas ! Un de ses camarades parvint à lui saisir la main, mais le crocodile donna une violente secousse qui fit casser les branches et lâcher prise au sauveteur ; on tira des coups de fusil, on poussa des cris, on tendit une perche, mais ce fut en vain ; le malheureux, se débattant de ses membres restés libres, s'en alla à la dérive, luttant jusqu'à la dernière minute. Il finit par disparaître pour toujours. Vous ne sauriez vous imaginer combien il est navrant d'assister à un tel combat. Rien n'est plus terrible que cet ennemi invisible, inexorable, qui peuple les rivières africaines.

Quelques jours plus tard, un *mouanamambo* (1) de Mpéséni, sous prétexte que le cadeau que je lui

(1) Ministre représentant ; textuellement : fils de roi.

avais fait était insuffisant, me laissa dix jours sans porteurs; puis, voyant que je ne cédais pas, il me donna 150 hommes qui prirent la fuite après m'avoir conduit 40 kilomètres plus loin. Je trouvai bientôt d'autres hommes, grâce à l'intermédiaire de Samba-Mropa, le ministre de Mpéséni; mais ce fut alors une autre histoire : les charges étaient trop lourdes, il fallut les diminuer; il y avait huit étapes à faire, on n'en voulut accomplir que quatre.

La vérité de tout cela, la voici : nous étions à la saison de l'abondance, époque où les indigènes aiment mieux danser et boire du moa que travailler. Quand ils ont les greniers pleins, les noirs ne veulent se donner aucune peine parce qu'ils n'ont aucun besoin; quand leurs greniers se vident, ils refusent de se déplacer parce que c'est la saison des défrichements; arrive le moment des pluies, où ils refusent d'accomplir de longs trajets; pendant la famine, enfin, ils n'ont pas la force, disent-ils, de porter les charges; on passe sa vie à palabrer, à discuter.

Quand on mène la rude vie comme nous, on finit par tout considérer comme sans importance; on est blasé par la lutte journalière contre les hommes et les choses, et on accepte les événements comme ils viennent, sans avoir l'idée de protester. Dans les moments de souffrance, de privations et de soucis, comme j'en avais eu autrefois, comme j'en eus plus tard, je devenais insensible, indifférent à tout; c'est la conséquence naturelle de cette existence faite d'ennuis, de contrariétés et d'imprévu. On a bien pour se consoler quelques bons moments de joie, de bonheur, qui sont les seuls dont on se souvienne une fois rentré en France, mais à quel prix ne les a-t-on pas achetés!...

Vers la fin de 1896, après avoir encore fait une assez longue visite à nos amis les Agonis, nous allâmes camper sur les bords du lac de Nyassa, à l'embouchure du Nidipé ; nous nous rendîmes ensuite à Mponda, en plein Nyassaland, avec l'intention de continuer notre route vers le nord, en quittant définitivement les peuples que j'ai essayé de faire défiler devant le lecteur.

À cette époque, je tombai gravement malade ; la fièvre intermittente s'était emparée de moi depuis le Bangouéolo, et je ne pouvais parvenir à m'en débarrasser ; mes forces baissaient chaque jour davantage, et je finis par être réduit à l'état de squelette. Je ne pouvais plus marcher qu'en me traînant appuyé sur deux cannes, et le jour semblait approcher où je serais forcé de m'aliter, peut-être pour ne plus me relever. Les soucis de l'expédition, la crainte de ne pouvoir désormais accomplir mes projets, me mettaient le moral à la torture ; mon caractère s'aigrit : je m'en pris à tout et à tous. D'après ce qu'on me dit plus tard, j'étais devenu effrayant ; avec ma figure pâle et amaigrie, dans mes vêtements devenus trop lâches, soutenu par mes domestiques et appuyé sur mes cannes, j'arpentais le camp comme un cadavre ambulant ; la nuit, le sommeil m'abandonnant, un demi-délire me prenait, pendant lequel je proférais des menaces et des imprécations. J'avais moi-même vaguement conscience de mon état ; je me sentais sur le bord de l'abîme : encore un pas, et c'en était fini. Il fallait aviser : de docteur, il n'y en avait pas ; rentrer en France, il ne pouvait en être question. J'avais ma tâche à achever, et je l'achèverais !

Un jour, je rassemblai mes esprits, je concentrai

mes efforts, et je me donnai à moi-même une consultation sérieuse ; ma bonne étoile m'inspira l'idée d'essayer de l'arsenic et de l'antipyrine ; le sulfate de quinine était devenu désormais impuissant. L'antipyrine diluée à dose faible et continue parvint à abaisser ma température, qui s'était maintenue, presque sans interruption depuis quinze jours, entre 40 et 43 degrés, tandis que l'arsenic commença à détruire le poison de la malaria. Ce fut une véritable résurrection. Dès le lendemain, un mieux sensible se fit sentir; sollicité avec mesure, l'estomac recommença à fonctionner; la fièvre, la hideuse fièvre, se mit à battre en retraite emportant avec elle la tristesse et le découragement ; les forces revinrent bientôt, je pris possession de moi-même, et aussitôt... en avant !

Oui, en avant ! à la recherche d'impressions nouvelles, de pays nouveaux, de gens nouveaux, et peut-être aussi de nouveaux déboires ! Mais, bah ! l'avenir se chargeait bien de nous l'apprendre.

LES MEMBRES DE L'EXPÉDITION.
G. Bertrand.   Édouard Foà.   E. de Borély.

CHAPITRE III

LAC NYASSA — PLATEAU NYASSA-TANGANYIKA-OUBEMBA — LES SOURCES DU CONGO

Arrivée au lac Nyassa. — Le *Pionneer*. — Départ de de Borely et des porteurs. — Monkey-Bay. — Description du lac. — Tribus qui habitent ses rives. — Les Souahilis. — La campagne antiesclavagiste. — Fort-Maguire. — Poires à poudre indigènes. — Kota-Kota. — Nkata. — Nuées de mouches comestibles. — Rouaroué. — Forme des cases. — Voyages de M. Sharpe. — Karonga. — Poissons et coquillages. — Langenburg. — Les Ouankondés et leurs mœurs. — Souédi, « l'homme-canon. » — Les monts Moungamba. — Accidents aux bagages : un chronomètre cassé. — Faïence et fer émaillé. — Le plateau Nyassa-Tanganyika ; sa température, ses productions ; l'émigration européenne y est possible. — Les montagnes de la Lune. — Limite du Nyassaland. — Les sources de l'Aroangoua. — Les Asséoués. — Boucles d'oreilles des femmes. — Les Ouanyikas. — Costumes de perles. — Les Inamouangas. — Les Ouanamamboués. — Mœurs de ces différentes peuplades. — Les Aouembas; leurs coutumes et leur histoire. — — Exploration de la Tchozi et de la Tchambézi. — Les Pères Blancs. — Gisements de fer. — Difficulté de mesurer les indigènes. — Accueil méfiant fait dans l'Oubemba. — Les ponts rustiques. — Les villages fortifiés. — A propos de chiens morts. — Retour au plateau. — Les sources du Congo.

C'est en 1893 que, pour la première fois, j'avais aperçu le lac Nyassa, point terminus de ma précédente expédition. Nous avions bien fait une tentative dans le pays des Makouangouaras (1) pour gagner Zanzibar, mais elle avait été infructueuse, non qu'elle fût impossible, mais plutôt parce que nous étions las de nos trois années de marches entremêlées de misères et que nous n'avions plus guère le courage de nous attarder pendant plusieurs mois dans des palabres avec les indigènes.

Du haut de notre camp, situé sur une petite colline en face du cap Maclear, nous avions contemplé pendant quelques jours les eaux bleues du lac; le surnom de « Lac des Tempêtes », que les anciens lui avaient donné, me semblait un peu exagéré, rien n'ayant l'air plus calme, vu de loin, que cette nappe d'eau à peine ridée. J'eus l'occasion de revenir sur ce jugement en 1897.

Campés à Mponda, à quelques minutes du bord, nous cherchions en vain un moyen de transport, lorsque mon ami M. Alfred Sharpe, consul général et gouverneur du Nyassaland, eut l'extrême amabilité de mettre à notre disposition une canonnière, le *Pionneer*. Il chargea le capitaine Rhoades, qui la commandait, de nous faire visiter les diverses localités du lac et de nous conduire ensuite à Karonga, à l'extrémité nord.

Le *Pionneer* est un joli navire à hélice, de très petite dimension, filant dix nœuds et tenant fort bien la mer; je dis « la mer » avec intention, car aussitôt entrés dans le lac Nyassa, nous en avons l'illusion complète : de grosses vagues aux reflets verts qui se couronnent d'écume brisent tout autour

---

(1) Sur la rive orientale du lac.

de nous, tandis que notre petit bateau tangue et roule de son mieux; le vent est modéré; des îlots rocheux passent lentement, et au large, jusqu'à l'horizon, on voit paraître et disparaître de petites lignes d'écume.

A l'est, de hautes montagnes bordent le lac; à l'ouest et au sud, par-dessus des collines de verdure, on aperçoit la cime bleuâtre du mont Zomba.

En quittant Mponda, nous avons été obligés, à notre grand regret, de nous séparer de notre camarade de Borely. Son état de santé était de plus en plus inquiétant : l'anémie le minait lentement et son poids s'était réduit de quatre-vingts kilos à cinquante-sept. Le docteur d'une canonnière du Chiré lui ayant conseillé de ne pas continuer, il se décida à revenir en France; il était si affaibli qu'il n'aurait plus été en état de supporter les fatigues du voyage. Je dois ajouter qu'il est bien rentré et que, peu de temps après son retour, il était complètement remis.

Le gros des porteurs de l'expédition a été congédié à Mponda; nous gardons néanmoins, avec mes chasseurs et nos domestiques, quelques hommes qui nous ont été fidèles. Un nouveau capitan, James, a été engagé sur le haut Chiré; ancien élève de la mission, il lit et écrit couramment et paraît devoir nous être utile. Chasseurs, porteurs, domestiques et capitans sont comme le petit navire de la chanson : ils n'ont jamais navigué et ont le mal de mer; moi-même, quoique à l'épreuve de ce mal, je suis assez incommodé par les brusques coups de tangage.

Enfin les secousses cessent, le calme succède à la tempête, et nous entrons par une fente de falaise dans une petite anse tranquille : c'est Monkey-Bay. Encadré de tous côtés, sauf au nord, par de hautes montagnes, le golfe est protégé contre les vents habituels du sud-est ; au fond, un village échelonne ses cases sur une petite colline ; il est bordé d'une jolie plage de sable. Un vieux boutre arabe échoué et brisé, épave du temps où florissait la traite, jette du pittoresque sur cet ensemble charmant. Nous sommes encore chez les Angonis et on parle magandja, mais quelques milles plus loin commencent d'autres peuplades.

Le lendemain, nous reprenons le large et nous dansons d'autant plus que l'eau est plus profonde ; les vagues sont plus grosses mais ne brisent pas.

Pendant que nous voguons vers sa côte orientale, disons quelques mots du lac Nyassa.

Sa longueur est de plus de 300 milles (480 kilomètres) et sa plus grande largeur, de 60 (96 kilomètres) ; sa profondeur, considérable en certains endroits, n'a pu être mesurée. Il constitue, on le voit, une étendue d'eau respectable, exposée à tous les vents et encaissée dans une ceinture de montagnes. Rien d'étonnant donc s'il ressemble à une mer.

Son écoulement dans le Zambèze forme d'abord un petit lac, le Malombé, et ensuite la rivière Chiré.

Sa côte occidentale seule est connue, étant d'un abord plus facile que l'autre et habitée par des indigènes moins belliqueux.

Les tribus riveraines sont nombreuses : au sud-ouest et au sud, les Angonis mêlés de Magandjas ; au sud-est, les Yaos et les Adjaouas ; à l'ouest, les Atongas (race d'Angonis), les Ouanyassas, les Ahengas ; à l'est, les Makouangouaras.

Les territoires du lac appartiennent à trois nationalités diverses : anglais au sud et à l'ouest, portugais à l'est, allemands au nord-est et au nord. Sauf du côté anglais, ces territoires ne sont pas occupés effectivement (1).

Avant l'arrivée des Européens, des noirs de la côte de Zanzibar (Souahilis), que l'on appelle à tort Arabes et que nous avons déjà rencontrés chez Moassi, s'étaient établis sur le lac Nyassa et dans l'ouest. Ils y faisaient la traite des esclaves, comme partout, d'ailleurs, dans l'Afrique centrale. Leurs chefs avaient pris dans le pays une grande influence. A l'époque où les Anglais y arrivèrent, il y avait dans leurs territoires quatre de ces potentats, entre autres, qui étaient fort puissants : Molozi au nord, Zarafi au sud, Makandjira au sud-est, Jumbé à l'ouest. Sauf Jumbé, qui a fait sa soumission et s'est mis au service des Anglais, tous ont été traqués, battus, tués pendant les hostilités ou pendus ensuite. Quant à Jumbé, il est mort il y a deux ou trois ans.

Au Nyassaland, on est persuadé que cette campagne philanthropique, qui n'a en somme servi aux fonctionnaires anglais qu'à acquérir des grades, des décorations et des titres, a arrêté la traite des esclaves. C'est au moins discutable. D'après moi, cette campagne n'a guère eu pour résultat que de faire changer la traite de quartier : ce n'est pas avec un Européen tous les cent milles et deux petites canonnières pour garder une étendue de 350 milles que l'on peut surveiller les côtes du lac, surtout

(1) J'ai établi ailleurs que les Portugais ont découvert le lac Nyassa et en ont été les premiers occupants dans les temps anciens. (Voir *Du Cap au lac Nyassa*, p. 333.)

quand on considère que la rive orientale est presque dépeuplée d'indigènes et non occupée par les Européens. J'ai dit, dans le chapitre précédent, que la traite est loin d'être abolie dans ces régions, et j'ai donné plusieurs fois mon avis sur cette question. Quand on me parle de l'influence européenne empêchant le commerce des esclaves, je ne puis m'empêcher de rire : la suppression de l'esclavage chez les peuples africains est une grosse révolution à faire : il faudra encore un siècle pour qu'elle s'accomplisse et pour qu'on puisse parler sans exagération des résultats acquis.

Au moment des hostilités avec les chefs souahilis, le gouvernement du Nyassaland a bâti en plusieurs endroits des forts ou ouvrages retranchés. Fort-Maguire en est un. C'est là que nous nous rendons en quittant Monkey-Bay ; nous n'y restons que quelques heures, le temps de faire une ou deux observations astronomiques (1).

Kota-Kota, où nous arrivons le lendemain, est l'ancienne résidence du chef Jumbé. La population y est fortement mélangée de Souahilis et d'Atongas. On fait dans le pays de jolies sculptures sur bois, mais elles sont du style arabe de Zanzibar et ne nous intéressent pas au point de vue indigène. On cultive du riz en quantité sur le bord du lac. La ville est basse, humide et malpropre ; les Européens y occupent une colline nue et aride à sept ou huit cents mètres du rivage ; des moustiques nombreux en font encore un de ces endroits où je ne voudrais pas finir mes jours !

(1) J'y ai remarqué de curieuses poires à poudre makouangouaras faites d'une longue corne de bœuf taillée.

La rivière Boua, que j'ai déjà citée, et qui prend sa source sur le territoire de Mpéséni, au nord de Tchipéta, se jette dans le Nyassa à quelques milles au nord de Kota-Kota, au milieu de terrains fortement marécageux.

Après Kota-Kota, en allant vers le nord, la côte change beaucoup d'aspect : les hautes montagnes que nous avions vues au troisième plan se rapprochent du rivage et exposent au soleil leurs aspérités et leur végétation épaisse. Le lac nous ballotte plus que jamais, et les gens de l'expédition commencent à maudire le jour où leur mauvaise chance les a poussés sur cette galère. Nkata nous offre un refuge provisoire dans son petit golfe tranquille à 85 milles au nord de Kota-Kota, et nous y passons une nuit. Le lendemain matin, nous reprenons le large... et en même temps notre vie agitée. Voici dans le lointain deux colonnes noires qui joignent l'eau au ciel. On dirait de la fumée; mais, renseignements pris, ce sont des bandes de mouches appelées *koungo;* quand leurs essaims énormes s'abattent sur un endroit habité, les indigènes les capturent en grand nombre avec la fumée d'une plante spéciale qui les étourdit : ils les réduisent alors en pâte et les mangent; c'est, paraît-il, excellent. Je n'ai pas eu occasion de goûter et de juger cette pâte de mouches ; je le regrette, car il y avait peut-être là une découverte à faire pour nos tables blasées, quelque chose d'analogue aux nids d'hirondelles chinoises, de quoi faire la fortune du lac Nyassa, qui manque d'articles d'exportation !...

Après Nkata, Rouaroué, endroit charmant, avec un petit havre où les indigènes nous voient arriver sans prendre la fuite, ce qui est fort remarquable. Les dames du pays sont excessivement peu habillées, leur costume consistant en une bande d'étoffe de peu de largeur. Les cases ne sont pas moins curieuses. Depuis que nous avons quitté le Chiré, les murs des huttes sont allés en diminuant. A Mponda, comme sur le Zambèze, ils avaient environ deux mètres de haut; à Fort-Maguire et Kota-Kota, un mètre cinquante seulement; à Nkata, ils sont réduits à soixante centimètres à peine, avec un trou pour porte ; à Rouaroué, enfin, ils disparaissent complètement, la toiture étant posée directement sur le sol. Ce genre de cases, en forme de tentes militaires (1), devient commun plus au nord; je crois qu'il est motivé par la température, qui est très basse à certains moments de l'année.

Les environs de Rouaroué sont fort pittoresques ; j'ai photographié là de jolies cascades et des points de vue charmants. Le lac est bordé de très hautes montagnes qui montrent à l'œil nu leurs moindres escarpements. Je ne puis mieux faire que de les comparer à celles de la côte d'Espagne, entre Alméria et Malaga. La ressemblance est parfaite : on se croirait en pleine Méditerranée.

A l'intérieur de Rouaroué, le pays est peu connu. Les éléphants y étaient fort nombreux il y a quelques années. M. Alfred Sharpe, autrefois grand chasseur, est peut-être le seul qui l'ait exploré ; il a accompli des voyages remarquables dans cette région, chez Mpéséni et au lac Moëro.

Lorsque j'aurai conduit le lecteur à Karonga, à l'extrémité nord-est du lac, j'en aurai à peu près

(1) C'est, à peu de chose près, celle des Zoulous.

LAC NYASSA. — Vue du lac à Rouaroué.

fini avec le Nyassa. Avant d'y arriver, nous avons dû encore chercher refuge une ou deux fois dans des criques. Nous atteignons le but de la traversée par un tel temps qu'il est impossible de débarquer pendant toute une journée. Le capitaine Rhoades a eu beaucoup de peine à trouver un abri dans la petite lagune de Kamboué, à deux milles au nord.

Le débarquement à Karonga est toujours difficile ; il n'y a plus là ni crique ni falaise : c'est une plage sablonneuse où déferlent les lames, un pays plat où l'on voit çà et là des palmiers à éventail et de grandes herbes parsemées de quelques rares bouquets d'arbres. Derrière Karonga, se dessine une chaîne de hautes montagnes, dont nous aurons bientôt à faire l'ascension.

A l'extrémité nord-est du Nyassa est Langenburg, point méridional extrême de l'Afrique orientale allemande. Les indigènes de cette région pêchent dans le lac quantité de poissons et même de coquillages qui sont fort bons.

Les Ouankondés peuplent le nord du lac ; leurs mœurs, différentes de celles de leurs voisins, méritent une description. Eleveurs de bétail, ils ne vivent que de laitage et de bananes ; ils ont de grands troupeaux et d'immenses plantations de bananiers ; depuis le Zoulouland, c'est le premier peuple de pasteurs que nous rencontrons. Le costume des femmes est assez succinct : quelques spirales de fil de cuivre autour des reins et une bande d'écorce battue ; pour tout vêtement, les hommes portent autour de la taille un de ces ressorts à boudin en cuivre. Quand ils viennent chez les Européens, ils arrachent en route une feuille de bananier, et ils la passent dans le devant de leur ceinture. Au physique, les Ouankondés ne sont pas laids ; hommes et femmes sont généralement gras et dodus, sans doute à cause de leur régime alimentaire ; la vie leur est si facile ! Les bananiers poussent sans exiger de soin, et le lait ne manque jamais. J'ai, de plus, déjà dit qu'ils ne se ruinaient pas en « complets ». Aussi ces gens sont-ils mauvais porteurs et mauvais travailleurs, mous et apathiques, n'aimant que le calme et le repos.

Leurs cases sont les mieux faites que j'aie jamais vues en Afrique, sans doute parce qu'ils ont tout le temps nécessaire pour les construire. D'une forme élégante, bien aérées et spacieuses, avec une porte où l'on peut passer sans s'accroupir, elles ressemblent de loin à des boîtes bien propres avec un couvercle en pointe ; la toiture de chaume est fort soignée et régulière. Les murs vont s'évasant du sol vers la toiture ; ils sont formés de lattes de bois reliées à distances égales comme un gros panier d'osier ; entre les lattes sont superposés des petits pains de glaise secs, bien égaux et parallèles ; l'ensemble est joli et propret. Ajoutons que les abords des villages sont toujours balayés. La plupart des Ouankondés construisent leur maison au milieu de clairières en pleines plantations de bananiers. C'est tout à fait le village exotique qu'on nous représente dans les romans d'aventures ; mais, je m'empresse de le dire, les mœurs et les usages ouankondés sont une exception en Afrique.

Après trois ou quatre jours employés à Karonga à recruter des porteurs, nous voici de nouveau prêts à nous mettre en marche avec 150 hommes, dont une vingtaine d'Ouankondés ; les autres sont des Ahengas, gens du sud-ouest de Karonga, bons porteurs. Une nouvelle recrue, un Zanzibarite nommé Souédi, s'attache ce jour-là à notre fortune. Ancien serviteur de Molozi, il s'est établi à Karonga à la mort de son maître et, sur bons renseignements, je le mets comme deuxième capitan à la suite de la caravane. Comme il est d'usage que les capitans portent un de mes fusils et ses munitions, les camarades remettent à Souédi celui qui est le plus lourd, naturellement : à titre de dernier arrivé, il a l'honneur de porter, sans compter quelques cartouches, mon calibre 8 double, qui pèse vingt-deux livres : de là son surnom d'« homme-canon », qui lui est resté dans l'expédition.

Une fois prêts, nous disons adieu au *Pionneer* et à son obligeant commandant, et nous quittons Karonga.

L'ascension des monts Moungamba (ou Moumboya) est péniblement accomplie en quatre jours ; c'est un morceau dur à avaler, pour les porteurs surtout. La différence de niveau entre Karonga et le plateau est de près de 1,300 mètres. En certains endroits, les hommes trébuchent sur les pierres roulantes dans une ravine presque à pic ; à chaque instant, j'ai peur de les voir tomber. En réalité, ma sollicitude s'applique moins aux porteurs qu'à leurs fardeaux. Les noirs sont toujours très soigneux de leur charge et adroits de leurs pieds ; mais, en pareille circonstance, si, malgré toutes ses précautions, l'homme tombe, ce qu'il porte en fait autant et le propriétaire n'a rien à dire : il y a... cas de force majeure !

Sur 160 hommes environ dont se compose l'expédition, 60 portent des ballots de calicot, 29, des caisses de boîtes de conserves; le reste, des objets divers de campement ou des bagages, et deux seulement, les caisses d'instruments. Pendant l'ascension des gorges, deux hommes tombèrent. Sur le nombre, on devait s'attendre à ce que ce fussent des porteurs de calicot, de caisses ou de campement. Eh bien, pas du tout : le hasard s'est chargé d'arranger cela au rebours du calcul des probabilités, hélas! car c'est précisément l'une des caisses à instruments qui est venue en contact avec les rochers! L'autre colis endommagé est une caisse contenant notre unique bouteille d'huile d'olive. Plus de salade!

Aussitôt arrivé sur le plateau, j'ouvre avec inquiétude la caisse d'instruments, dont un des coins est enfoncé. Désolation! le couvercle de la boîte du chronomètre a sauté et son verre est cassé ainsi que l'une des aiguilles; la pauvre montre marchera quelques heures encore, et elle s'arrêtera ensuite, pour toujours! Un thermomètre aussi est brisé. Pas d'avaries aux autres instruments. Rien ne pouvait m'ennuyer plus que la perte d'un chronomètre, mais en pareille circonstance il faut se résigner. Il m'en restait, d'ailleurs, encore un, qui, heureusement, a terminé le voyage sans encombre.

J'ai cité cet incident pour montrer les petites misères continuelles auxquelles on est exposé dans ces pays : il suffit que l'on tienne particulièrement à quelque chose pour qu'on le perde. Encore n'ai-je pas à me plaindre autant que d'autres voyageurs que j'ai eu occasion de rencontrer. Un d'eux, entre autres, avait un service de table en faïence et des verres ; plusieurs fois par jour un de ses domestiques se présentait devant lui avec une mine consternée, suivi d'un camarade qui se tenait un peu en arrière, en accusateur, ayant l'air de dire : C'est lui, cette fois ! Et le coupable montrait des fragments d'assiettes, de tasses ou de verres ; colère du patron, menaces et coups. Ce service de table n'a pas dû longtemps durer.

Le mien est toujours en fer émaillé, ainsi que mes timbales ; je mets toujours les liquides dans des bidons ; s'il m'arrive d'oublier une bouteille quelque part, elle est toujours sûre d'avoir le sort du flacon d'huile d'olive dont je viens de parler. La liste des objets perdus, cassés ou égarés dans la mieux réglée des expéditions formerait un total fort respectable ; quant aux vols, ils sont exceptionnels si la surveillance est bien organisée...

Le plateau Nyassa-Tanganyika, où nous amène notre ascension, est un dos d'âne qui sépare géographiquement le bassin du Congo de celui du Zambèze et des territoires de l'est ; il marque aussi la ligne de délimitation entre les possessions anglaises et allemandes.

Le plateau s'étend entre les deux lacs, comme le dit son nom, et il commence (ou se termine) à une vingtaine de kilomètres de chacun d'eux ; une pente rapide conduit ensuite de son niveau au leur.

A mon avis, c'est ce plateau, avec les régions montagneuses qui l'environnent près des lacs, qui portait autrefois le nom de montagnes de la Lune. Ah ! que de progrès et de découvertes ont été accomplis depuis qu'on nous enseignait, avec la géographie vague de l'Afrique, l'existence de ces mystérieuses montagnes !...

L'étendue du plateau atteint 230 milles environ (370 kilomètres), allant du sud-est au nord-ouest; sa largeur est de quelques milles seulement. C'est un des rares endroits en Afrique où les Européens pourront, je crois, s'établir et vivre en bonne santé. L'altitude varie entre 1,500 et 1,800 mètres, ce qui permet d'y acclimater la pomme de terre et le blé. Le bétail y est abondant et les deux ou trois Européens qui habitent le plateau ont ainsi l'avantage, unique en Afrique, d'avoir journellement du pain et du beurre frais. Les légumes y prospèrent. De mai à août, la température est assez basse (6 à 8 degrés) pour rendre le feu indispensable le soir; pendant le jour, elle ne dépasse pas une moyenne de 24° centigrades. Le pays est populeux, les gens maniables; peu de parties de l'Afrique présentent autant d'avantages réunis.

Au point de vue économique, je dois avouer que je ne vois aucun moyen pratique pour un Européen de gagner sa vie sur le plateau; s'il y produit du blé, personne ne le lui achètera : il n'y a pas assez d'Européens pour le moment dans ces régions, et rien ne semble encore de nature à en attirer davantage; la seule chose qui pourrait changer totalement l'aspect économique du pays serait la découverte de mines d'or « payables », c'est-à-dire assez riches pour justifier les frais énormes qu'une exploitation coûterait dans ces régions.

Les seuls Européens qui s'y trouvent actuellement sont les agents de la *British South Africa Company*, car les limites de la Rhodesia septentrionale commencent un peu après Tchitipa, frontière nord du protectorat du Nyassaland.

Nous allons retrouver l'expédition au moment où elle atteint cette frontière.

A Tchitipa, nous campons en face des monts Mafinga, au pied desquels l'Aroangoua prend sa source. Nous l'avons vue dans le haut Zambèze. Elle traverse le pays des Sengas, borde l'ouest de Moassi et de Mpéséni et se jette dans le Zambèze à Zoumbo. J'ai reconnu sa source quelques jours plus tard.

Mon intention en quittant Tchitipa n'était pas de suivre le plateau; le gibier y manque, tandis que dans l'ouest il est abondant. J'espérais aussi faire de ce côté quelques découvertes intéressantes. Aussi, en arrivant à Ikaoua, laissai-je Bertrand continuer par le plateau avec le gros de l'expédition, et j'entrai avec trente hommes dans le pays des Aouembas.

Avant de m'éloigner de ce promontoire, je ferai connaître deux ou trois peuplades qui l'habitent, à commencer par les Asséoués, qui en occupent la partie méridionale. Ils élèvent du bétail et mangent du laitage, mais, contrairement aux usages ouankondés, ils cultivent en même temps du sorgho, du millet, des patates et du manioc. Comme les Zoulous et les Ouankondés, ils ne consomment le lait qu'à l'état de fromage frais en y mélangeant du sel et du piment. Leur costume est très sommaire pendant le jour; le soir, ils se couvrent de pagnes d'écorce battue, la température étant, comme je l'ai dit, fort basse. La grosse verroterie commence à entrer dans la parure des femmes. Les Asséoués sont tous armés de fusils importés par les Arabes; ils ne se servent de la sagaie que comme parade. Leur physique n'a rien de bien remarquable, si ce n'est que les dames se mettent dans les lobes des oreilles des rondelles comme une pièce d'un franc. Ce n'est encore rien, et nous allons voir ce diamètre augmenter sans cesse au fur et à mesure que nous avancerons dans le pays.

Les villages asséoués sont remarquables par leur saleté ; les cases, fort basses, sont tellement rapprochées les unes des autres que l'on peut à peine passer entre elles. Les greniers à vivres, d'une forme spéciale, consistent en des tourelles sur pilotis hautes de plusieurs mètres et couvertes de chaume. La plupart des villages de ces régions sont entourés de palissades épaisses, et c'est peut-être la raison pour laquelle l'espace y est si mesuré.

Après les Asséoués, en remontant vers Ikaoua, sont les Ouanyikas (1), qui occupent le plateau et son versant oriental ; leur langue est différente. Chez eux, plus de bananes, mais du millet et un petit tubercule pris à l'état sauvage et transplanté, que l'on appelle le *nioumbou* ; cela ressemble assez à une mauvaise pomme de terre. Le physique de ces noirs est assez agréable ; les hommes sont beaux. Le trou des oreilles des femmes atteint le diamètre d'une pièce de deux francs ; ces dames y mettent des plaques d'étain concaves ; quelques-unes d'entre elles, dédaignant l'étoffe, s'habillent, pendant le jour, avec quelques bandes de perles, absolument comme les femmes zouloues : une bande autour du cou, une aux poignets et aux bras, une à la ceinture avec prolongement sur le devant, une aux genoux. Ce costume, qui sied admirablement

(1) Ou « habitants des plaines ». *Nyika* signifie plaine.

aux femmes bien faites, n'est permis qu'aux personnes riches, vu le prix élevé des perles et la quantité qu'il en faut.

Après les Ouanyikas, toujours allant vers le nord-ouest, nous trouvons les Inamouangas, qui ont à peu près les mêmes mœurs, avec un physique moins beau et une langue différente. Les femmes ont les boucles d'oreilles du diamètre d'une demi-couronne (4 centimètres) et le même costume que chez les Asséoués. Quant aux hommes, ils teignent leurs pagnes en rouge foncé avec une certaine écorce; ils portent autour des reins des lanières de peau de loutre tordues en forme de chenille et aiment à se mettre aux pieds et aux jambes des grelots, des clochettes et des fils de cuivre fin qu'ils confectionnent eux-mêmes.

Presque tous sont armés de fusils; ils font des sagaies assez bien travaillées et sont, comme leurs voisins que j'ai cités, des gens tranquilles. Tous cultivent du tabac et fument ou prisent. Ils habitent des villages palissadés.

Viennent enfin les Ouanamamboués, dont le pays s'étend sur le plateau jusqu'au Tanganyika; l'idiome qui leur est spécial est parlé jusque là. Leurs mœurs et leur costume sont d'ailleurs à peu près ceux des Ouanyikas. Les femmes ont des boucles d'oreilles qui atteignent la dimension d'une pièce de cinq francs. Elles ajoutent encore à la grâce de leur physionomie en s'enlevant les deux incisives inférieures du milieu. L'opération est fort simple. « On les fait sauter avec une hache, me dit une d'elles; c'est très vite fait. » Je le comprends. D'autres, pour augmenter encore le charme de leur bouche édentée, se liment les dents supérieures en pointes de scie, ce

8

qui s'harmonise heureusement avec les oreilles déformées ! Là ne s'arrêtent pas les dames ouanamamboués dans leur désir de plaire : elles achètent au Tanganyika des filigranes de cuivre fin enroulés autour d'un poil d'éléphant ou de girafe et elles s'en mettent de telles quantités autour des chevilles qu'elles paraissent avoir des bottes molles et ont de la peine à marcher. Quand j'aurai dit que leurs usages leur défendent de manger des poules ou des œufs, nourriture exclusivement réservée à leurs maris ; quand j'aurai ajouté qu'elles se poudrent alternativement les cheveux en jaune ou en rouge avec des écorces pilées, j'aurai à peu près décrit toutes les bizarreries de la partie féminine de cette population, et nous pourrons laisser le plateau Nyassa-Tanganyika ainsi que ses peuples étranges dont je crois que personne, avant moi, n'avait parlé.

En quittant Ikaoua, nous entrons chez les Aouembas, qui ne sont pas moins intéressants à étudier. Dans quelques années, ils seront connus, car, si je ne me trompe, les Anglais auront à les combattre lorsqu'ils voudront occuper leur territoire. Pour le moment, je ne crois pas que ce peuple curieux ait été remarqué. Leur pays, qui s'appelle l'Oubemba, s'étend du versant occidental du plateau Nyassa-Tanganyika au lac Moëro. Ils étaient autrefois les voisins des Baloubas, au sud-ouest du Tanganyika, mais ils se sont aujourd'hui retirés vers le sud.

Sous beaucoup de rapports, les Aouembas ressemblent aux Zoulous. Au physique, ils sont vraiment beaux, dans toute l'acception du mot ; les femmes sont pour la plupart jolies de visage ; la

PLATEAU NYASSA-TANGANYIKA. — Femmes de Tchitipa.

OUBEMBA. — Femmes aouembas.

taille est moyenne et le corps bien fait. Les enfants surtout ont, en général, une physionomie attrayante et sympathique. Le costume des hommes ressemble à celui des Ouanamamboués. Quant aux femmes, sauf pour les oreilles, où le diamètre de la boucle dépasse la pièce de cinq francs, elles ne s'abîment ni les dents ni les jambes; elles se contentent d'un peu de poudre rouge ou jaune sur les cheveux et d'une petite peau d'antilope qui leur couvre imparfaitement la partie sur laquelle elles s'assoient.

Au moral, les Aouembas sont d'un caractère difficile et indépendant; ni leurs mœurs ni leur langue ne permettent d'ailleurs de les rapprocher d'aucuns de leurs voisins.

C'est un peuple de guerriers qui ne possède ni bétail, ni chèvres, ni poules; naguère même il n'avait pas de cultures et vivait de pillage, se procurant de cette façon tout ce qu'il lui fallait, même des esclaves. Pendant les cinquante dernières années, il a été la terreur des pays environnants; il considérait le territoire des Ouanamamboués comme son grenier à nourriture. Depuis que les Européens ont commencé à arriver dans les régions voisines, les Aouembas ont dû cesser ce genre de vie, et, en ces dernières années, ils se sont mis à cultiver assez pour se nourrir; mais ils continuent à manger leurs poules et leurs chèvres dès qu'ils en ont, sans chercher à faire de l'élevage. Ils cultivent du tabac et prisent plus qu'ils ne fument; ils portent leur tabac en poudre dans de petites gourdes passées au cou, comme chez les Zoulous.

D'après les renseignements donnés par Lacerda, Livingstone et Giraud, qui ont chacun visité une partie de la région, et d'après ce que j'ai pu obtenir des indigènes et des Pères Blancs, je suppose que les Aouembas occupent le pays par droit de conquête depuis un siècle et demi. Leurs premiers chefs, Kétimkoulou et Nkolé, seraient venus de Kazembé (sud du lac Bangouéolo) et se seraient établis à l'est de la rivière Tchozi. Nkolé, qui mourut peu après, fut le premier chef enterré près de Mouarouli, et cet endroit fut réservé désormais aux tombeaux des chefs aouembas. Actuellement, ces sépultures sont à l'ombre de grands arbres, dans des cases entourées de palissades. Le village de Mouarouli est installé tout autour de ces tombeaux et son chef en est le gardien habituel. Les sacrifices humains qui accompagnent les funérailles des grands chefs aouembas rappellent à s'y méprendre les usages achantis : toutes les femmes et les esclaves des chefs les accompagnent dans la tombe.

Kétimkoulou finit par être vaincu par un autre chef aouemba, Potilé, qui prit sa place et son nom. Le nouveau Kétimkoulou chassa les Ouaïouas, premiers occupants du pays, ce qui explique leur disparition totale aujourd'hui, et il s'installa à Ngouéna, sur la rivière Kaloungou, qui est un affluent de la Tchambézi. C'est là que les chefs ont toujours résidé depuis.

De nos jours, deux partis politiques sont en présence chez les Aouembas : celui du chef Mouamba, qui n'est pas encore définitivement au pouvoir, et celui qui soutient l'héritier de l'ancien chef Moulenda. Les principaux sous-chefs de district aouembas se nomment Tchirinda, Mpanda, Tchinga, Elitouna.

Les chefs sont très puissants et ont, dans ce pays, une autorité considérable. Quand ils rencontrent des indigènes, ceux-ci se couchent et touchent la terre du dos pour marquer leur humilité, comme cela se fait chez les Atchécoundas. Chez les noirs, quand on n'assiste pas à ces démonstrations exagérées de la part des indigènes vis-à-vis du chef, on peut être certain que celui-ci n'a aucune autorité. Acquise à force de sévérité, d'injustice et souvent de crimes, l'influence des potentats nègres est en raison de la terreur qu'ils inspirent.

Les Aouembas ont des lois et des punitions très sévères pour certaines fautes, pour l'adultère, entre autres ; ils coupent les doigts, la main entière, les deux mains, le nez ou les oreilles à quantité de gens. Sur les bords de la Tchambézi, nous rencontrâmes une pauvre femme qui était amputée des deux poignets ; sa charge étant venue à tomber, elle avait passé la journée en efforts impuissants et elle attendait que quelque passant pût lui porter secours. Elle s'avança à notre passage en parlant un idiome incompréhensible ; on l'eût prise pour une mendiante, si la mendicité n'était chose inconnue en ces pays. On l'aida à reprendre son fardeau et, comme nous avions un but commun, elle nous accompagna jusqu'au soir. Un des porteurs, qui parlait sa langue, me servit d'interprète et je la questionnai sur son infirmité. Elle me raconta, tout en marchant, avec la résignation stoïque des peuples malheureux, une épouvantable histoire, si terrible dans ses détails de mutilations et d'horreurs que, sans la simplicité et le naturel avec lesquels elle la contait, on l'eût crue folle ou en proie à un horrible cauchemar. La cruauté des Aouembas m'a été confirmée par de nombreux témoignages ; on ne raconte partout qu'histoires sanglantes d'amputations, de ventres ouverts, de nez et d'yeux arrachés, d'oreilles coupées; on rencontre d'ailleurs des gens mutilés dans toute la région; ils sont certainement fort nombreux.

Très belliqueux et peu maniables, les Aouembas n'ont pas encore reconnu et ne reconnaîtront pas de si tôt l'autorité européenne; s'ils ont permis aux Pères Blancs de s'établir chez eux il y a deux ans et s'ils ne les ont pas molestés, c'est que ceux-ci ont eu la sagesse de ne pas se mêler de leurs affaires, à eux, Aouembas.

Presque tous les villages sont fortement palissadés à l'aide de gros poteaux enfoncés en terre les uns à côté des autres : on y laisse deux portes étroites, généralement une à chaque extrémité. Le soir, elles sont fermées avec des pieux mis en travers. Les gens sont armés de fusils et de sagaies, et la poudre (qui est de fabrication allemande) n'a pas l'air de leur manquer : toutes les tribus m'ont paru en être amplement approvisionnées. La vente de cet article étant prohibée dans ces régions, je prie les personnes qui croient à l'abolition de la traite de m'expliquer comment il en arrive d'aussi grandes quantités. Ne seraient-ce pas les caravanes arabes qui la passent en fraude contre de l'ivoire et des esclaves? Je crois bien que oui, et pourtant nous ne sommes pas loin du lac Nyassa!...

Au point de vue de la géographie, mon voyage dans l'Oubemba a été tout aussi intéressant qu'au point de vue de l'ethnographie. Il comblera plus d'un vide sur les cartes, tout en rectifiant le cours de deux importantes rivières. Un rapide résumé de notre itinéraire le montrera.

PLATEAU NYASSA-TANGANYIKA.
Oreilles des femmes ouanamamboués.

OUBEMBA.
Gens mutilés.

En quittant Ikaoua et le plateau Nyassa-Tanganyika, je me suis dirigé vers l'ouest, tandis que Bertrand, comme je l'ai déjà dit, remontait le plateau vers le nord-ouest ; la descente a été graduelle et le pays où je me suis engagé est devenu de plus en plus marécageux.

Deux jours après avoir quitté le plateau, nous avions à traverser des plaines humides où nous enfoncions jusqu'à mi-jambe. Il est très fatigant de marcher sur cette sorte de terrain ; il s'en dégage en outre des bulles de gaz pestilentiels que l'on aspire à pleins poumons sous un soleil torride, et quelques jours de ce régime suffisent pour vous donner de forts accès de fièvre. Plusieurs de mes hommes s'en ressentirent, car il ne faut pas croire que les indigènes africains soient exempts de la maladie de leur pays : ils ont la fièvre comme nous, mais plus bénigne ; elle se manifeste chez eux par des céphalalgies violentes et des nausées ; après quelques heures de haute température, l'accès est apaisé.

Mes hommes firent des difficultés pour avancer : ils se plaignaient du terrain, qu'ils trouvaient mauvais. En réalité, cette excursion chez les Aouembas leur souriait peu. Aussi avions-nous hâte de sortir de cette région.

Elle est toute hérissée de mamelons entrecoupés de plaines, ceux-là couverts d'arbres et pour la plupart habités, celles-ci recevant, au milieu de grandes herbes mi-aquatiques, des multitudes de petits ruisseaux venant du plateau. Peu de gibier en vue, mais de nombreuses traces d'antilopes.

Le troisième jour du voyage, nous nous tenons, pour éviter les marécages, sur une rangée de collines. Nous avons de là un coup d'œil magnifique. Quoiqu'en dessous du niveau du plateau, nous sommes encore à 1,200 mètres d'altitude, et la vallée de la Tchambézi apparaît dans le lointain deux jours avant que nous arrivions sur les bords de ce cours d'eau ; dans l'éloignement, à peine distinct, un massif montagneux se dresse isolé au milieu d'une plaine bleuâtre, ou du moins de ce qui nous paraît en être une : en réalité, c'est une immense étendue de forêts basses et de broussailles. A nos pieds, le fleuve Tchambézi, invisible encore dans la brume : on le devine à la végétation luxuriante et aux grands arbres qui le bordent, formant dans la vallée une ligne noire et sinueuse, dont les zigzags évoquent l'idée d'un gigantesque serpent endormi.

La rencontre de quelques antilopes réjouit mon cœur de chasseur, et bientôt les hommes commencent à penser qu'avec beaucoup de viande le pays des Aouembas ne sera peut-être pas aussi dangereux qu'ils l'avaient cru. Dans le but de les encourager, je campe le lendemain au bord d'un petit cours d'eau, à deux heures de la Tchambézi.

Après avoir perdu une matinée à poursuivre des éléphants, je me rabats le soir sur du gibier de moindre importance et tue trois bubales, qui portent au camp la joie et le confort. Le lendemain matin, au moment du départ, j'abats encore un buffle qui était venu se désaltérer à notre ruisseau, et, le soir, nous nous sentons plus heureux quand, sortis enfin de cette région marécageuse, nous campons sur les bords de la Tchambézi, à deux kilomètres de son confluent avec la Tchozi et du village de Mpanda.

OUBEMBA. — Porte d'un village fortifié.

SUR LA TCHAMBÉZI. — Une cascade.

Si j'avais pu disposer d'un mois au lieu d'une semaine, j'eusse fait dans ce district des chasses magnifiques : les lions y sont nombreux et nous ont rendu plusieurs fois des visites tout à fait courtoises, je dois le dire; ils se bornaient à manifester leur présence en conversant entre eux un peu plus fort que nous ne l'aurions désiré pour dormir; mais, comme les nuits étaient très noires, nous n'avons pu communiquer.

Dans les pays inconnus, nous campons toujours, avec une barrière d'abatis qui sert à nous protéger non seulement contre les animaux, mais encore contre les hommes. Dans l'Oubemba, c'était d'autant plus prudent que les naturels m'inspiraient beaucoup plus de méfiance que les hôtes des bois.

Nous avons, en général, été assez bien accueillis dans les quelques villages du pays que nous avons traversés ou visités pour y trouver des vivres. On y estimait plus la viande que les étoffes, celles-ci étant remplacées avec avantage, dans le costume indigène, par les peaux de petites antilopes.

Après avoir traversé la Tchambézi et remonté son cours pendant deux jours, l'expédition, bien approvisionnée de beltong, est revenue sur ses pas en suivant cette fois la rive gauche. A cet endroit la rivière a à peu près 70 mètres de large et 3 ou 4 de profondeur; son courant est assez rapide et ses abords sont tantôt sablonneux, tantôt couverts de roches ferrugineuses ou protégés par une végétation épaisse; le poisson y est abondant. J'ai vu peu de sites en Afrique empreints d'un caractère plus sauvage et plus calme que les rives de la Tchambézi. Malgré cela, j'ai aperçu fort peu de traces d'éléphants, sans doute à cause du grand nombre de gens armés de fusils qui parcourent le pays.

La Tchambézi reçoit une foule de petits cours d'eau dont nous avons trouvé les lits desséchés mais qui doivent lui apporter, pendant la saison des pluies, une quantité d'eau considérable. Toute la partie de ce fleuve que nous avons suivie se trouve indiquée vaguement sur les cartes les plus récentes par un pointillé ; c'est donc avec un double intérêt que je l'ai étudiée et que j'ai noté tous les détails qui s'y rapportent.

Après avoir déterminé des positions sur la Tchambézi à l'aide d'observations astronomiques, je voulais revenir sur mes pas pour reconnaître sommairement le cours de la Tchozi, son affluent. Nous sommes donc retournés vers l'est et avons remonté la Tchozi, tantôt en longeant ses bords, tantôt à distance, jusqu'à un village appelé Tendé, que je croyais être à proximité de la mission des Pères Blancs établie dans l'Oubemba. Renseignements pris, la mission se trouvait au village de Makassa, à une journée encore de marche (environ 17 milles) dans l'ouest. Pour ne pas imposer aux hommes une course inutile, j'envoyai une partie de l'expédition m'attendre en avant, pendant que je me rendais à la mission avec quelques hommes.

Les Pères Blancs de la mission antiesclavagiste d'Alger, fondée par le cardinal de Lavigerie, sont établis depuis plusieurs années déjà sur le lac Tanganyika mais lors de ma visite ils n'étaient dans l'Oubemba que depuis dix-huit mois environ. Les Pères m'ont fait excellent accueil, d'autant plus que parmi eux se trouvaient quatre de nos compatriotes.

Le Père Dupont, supérieur, nommé depuis évêque, me fit visiter les plantations et les travaux de la mission. Les cultures sont vraiment remarquables; dans l'espace d'un an et demi, la mission a su trouver le temps de planter et de faire prospérer tous nos arbres fruitiers d'Europe, et elle a obtenu assez de blé, de pommes de terre et de légumes pour se suffire. En outre, deux cents garçons et cinquante filles aouembas, tous, paraît-il, très intelligents, ont été confiés par leurs parents à la mission; ce résultat est des plus satisfaisants. J'ai constaté, au surplus, que les Pères Blancs se préoccupent surtout d'enseigner aux enfants à gagner leur vie : ils ne leur apprennent qu'accessoirement à lire et à écrire un peu. Cette méthode est, à mon avis, préférable de beaucoup à celle des autres missions, qui, cherchant à élever le moral des nègres par l'éducation, arrivent sûrement et régulièrement, chaque fois qu'elles réussissent, à en faire de parfaites canailles.

Ma visite à la mission de Kayambi (c'est le nom qu'elle porte) a été fort courte : une journée à peine. Outre un gros panier de légumes et de pommes de terre qu'ils m'ont donné au moment de mon départ et qui a fait notre bonheur pendant plus d'une semaine, les Pères m'ont procuré deux indigènes comme guides.

J'ai remarqué dans le pays des gisements de fer à une profondeur de trois ou quatre mètres et j'ai vu au travail des fonderies et des forgerons indigènes. Le fer ne se présente pas dans l'Oubemba, comme dans le Zambèze, en blocs de minerai formant des collines ou des montagnes. Ici, il est recouvert d'une épaisse couche d'humus ou de terre argileuse. Le métal se trouve mélangé à une espèce de granit, moins riche que le minerai du Zambèze, mais plus malléable. Les indigènes ont des fonderies et des forges primitives, comme celles que j'ai décrites dans le haut Kapotché.

Forcé d'abréger, je n'ai pas dit tout ce que j'aurais voulu sur cette intéressante peuplade des Aouembas et n'ai pu décrire ni tout ce que leurs mœurs ont de cruel et de barbare dans certaines coutumes religieuses, ni les palabres interminables qu'a occasionnées mon désir de les mesurer ou de les photographier. La plupart des noirs refusent de se soumettre à la mensuration ; cette opération leur inspire toujours une crainte inexplicable ; leur superstition naturelle s'effraye de voir un blanc prendre la longueur de leurs tibias ou le tour de leur taille et consigner ensuite ces données sur un carnet qu'il emporte : où va-t-il avec cela ? que compte-t-il en faire ? Telles sont les questions que ces gens se posent sans pouvoir les résoudre autrement que par ce qui est à portée de leur intelligence, c'est-à-dire en supposant quelque dessein suspect, en s'imaginant qu'on va leur préparer un maléfice, une médecine. La sincérité de l'accueil qu'on nous a fait partout a été fort douteuse ; la méfiance était dans l'air : aux approches de certains villages palissadés on venait nous recevoir dehors avec des visages de pierre. Si nous demandions à acheter des vivres, il fallait étaler d'avance les marchandises ou la viande que nous offrions en payement, et les guides ne nous donnaient qu'avec hésitation, et comme à regret, les noms des montagnes, des rivières, des localités.

Au fond, je n'avais nulle envie d'entrer à l'intérieur des villages ainsi transformés en forts ; on fermait soigneusement leurs portes à la nuit tombante et, vu les mauvaises dispositions des naturels, le fort se fût au besoin changé en souricière à notre intention. Je préférais de beaucoup camper dehors et me garder moi-même contre les bêtes féroces ou les hommes.

Une nuit que j'avais ainsi campé hors d'un village aouemba, les hyènes s'étant montrées en grand nombre et très entreprenantes, j'avais fait jeter autour du camp à leur intention quelques morceaux de viande garnis de strychnine; le matin, on en découvrit trois de mortes à peu de distance; mais on trouva aussi deux chiens du village, dont l'un, hélas! appartenait au chef. On leur avait ouvert la porte avant le jour, et, étant venus rôder autour du camp, ils avaient mangé les appâts destinés aux hyènes. Grand émoi dans le village, tambour de guerre, rassemblements et cris.

Pendant qu'on pliait bagage et que je prenais mon café, affectant de ne me douter de rien, une députation arrive et dépose devant moi les deux cadavres de chiens : on gesticule, on crie. Je laisse dire, tout en trempant mon biscuit; puis, quand le chef a bien parlé pendant au moins dix minutes, je fais demander par l'homme-canon : «Sont-ils à vendre, ces deux chiens morts? Je désire les acheter.» Mon calme (ce qui en impose toujours aux noirs) fait un effet énorme sur les orateurs, et aussi cette question inattendue qui n'a aucun rapport avec leur désir de savoir comment et pourquoi j'avais tué ces animaux. Ils se regardent... Ils n'avaient pas songé à vendre ces chiens... Au fait, maintenant qu'ils ne sont plus bons à rien, c'est tout bénéfice. Après un colloque, on me demande un prix (très modique, d'ailleurs), et je les fais payer. Mon déjeuner était fini ; je donne le signal du départ, emportant mes chiens morts, que je fais jeter cent pas plus loin, et je laisse les Aouembas tant soit peu étonnés de la facilité avec laquelle se règlent certaines complications.

J'ai trouvé une nouveauté dans l'Oubemba : aux endroits où ils sont coupés par des sentiers indigènes, les cours d'eau de quelque importance ont tous des ponts primitifs consistant en quelques pieux à fourche sur lesquels passent des branches à peine attachées et larges comme les deux pieds ; tout étroits et rustiques qu'ils soient, ces ponts évitent des pertes de temps. Au Zambèze, ce système est inconnu : à chaque instant il faut traverser sur les épaules d'un homme des rivières pleines de crocodiles ; si elles sont peu profondes, on entre soi-même dans l'eau, au risque de se mouiller jusqu'à la ceinture, de s'enfoncer dans la boue jusqu'aux chevilles ou de se blesser sur un fond de cailloux. A partir de l'Oubemba, nous allons trouver des ponts ou des arbres jetés en travers de presque tous les petits cours d'eau ; quant aux grandes rivières, on les passe toujours en pirogue.

Cette partie de mon voyage, que j'ai été obligé de résumer ici, comme d'ailleurs tout l'immense itinéraire parcouru, est une des plus intéressantes au double point de vue géographique et ethnographique. Bien rares sont aujourd'hui en Afrique les pays et les peuples que les voyageurs n'ont

Le problème de chaque jour : Où sommes-nous ?

pas encore décrits, et on devrait consacrer une monographie spéciale à chacun d'eux; mais quand on a entrepris de conter, dans la forme restreinte d'un petit volume, l'histoire, les détails et les études de quarante mois de marche, on ne peut malheureusement s'étendre comme on le voudrait, quels que soient la nouveauté et l'attrait du sujet.

Après notre visite dans l'Oubemba et aux Pères Blancs, nous avons repris le chemin du plateau, c'est-à-dire la direction nord-est; nous avons traversé la Tchozi, qui vient du nord-ouest à cet endroit, puis reconnu plusieurs affluents de cette rivière ou de la Saïssé; nous avons reconnu également la Saïssé elle-même, qui va vers l'est au lac Roukoua, et nous nous sommes retrouvés sur le plateau à Mbala (Abercorn).

Cette partie de mon voyage servira à préciser l'hydrographie locale. Tous les affluents et sous-affluents de la Tchozi ont été notés avec soin, et la partie principale du cours de la haute Tchambézi peut-être définitivement portée sur les cartes. C'est, en réalité, *la découverte ou plutôt la reconnaissance précise des Sources du Congo* qu'a faite notre expédition, car la Tchambézi et ses affluents forment et alimentent le lac Bangouéolo et en ressortent, vers le nord, sous le nom de Loualaba ou Congo supérieur. L'hydrographie de la Tchambézi constitue donc la source du puissant fleuve africain, et l'Oubemba était une des rares régions qui restassent à explorer dans cette partie de l'Afrique. Cela fera comprendre tout l'intérêt géographique du voyage accompli.

CHAPITRE IV

SUR LE LAC TANGANYIKA — VOYAGE DANS L'OUROUA

Intérêt scientifique de l'étude du lac Tanganyika. — Itinéraires projetés. — Difficultés de tous côtés. — Départ de Bertrand. — Je reste seul pour continuer le voyage. — Recherche de moyens de transport. — Sur un boutre arabe. — Voyage sur le Tanganyika. — Rapports avec les indigènes. — Visites à divers points du lac. — Une tempête. — Naufrages nombreux. — Impossibilité de passer par l'Ouvira. — Règlement administratif allemand. — Oudjiji; visite de la ville. — Retour vers le sud. — Querelle avec les indigènes. — Nous quittons le boutre. — Départ pour l'intérieur. — Les monts Mitoumbas. — Marche pénible et périlleuse à travers les gorges. — Les géants montagneux de l'Ouvira. — Construction d'un pont. — Arrivée à la Louizi. — Rencontre de Zanzibarites. — Chez les Baloubas : gens, coiffures et danses étranges ; chants tristes. — Attitude méfiante et mystérieuse des indigènes. — Chez les cannibales. — Abandon des porteurs. — Le plan de Chérif. — Chasse aux éléphants. — Un combat pour de la viande : dix blessés et un mort. — Le message de Chérif. — Inquiétude et départ précipité. — Poursuivis par 500 hommes. — La fuite de l'expédition dans les montagnes; fatigues et souffrances. — Le tambour à signaux et les feux. — Angoisses et insomnies. — Nouvelles de l'ennemi. — Il perd nos traces! — Arrivée à la Loukouga. — Retour au Tanganyika. Le *Good News*. — Nouveau voyage sur le Tanganyika. — Les Pères Blancs. — Arrivée à Mtova.

On n'avait fait aucune observation astronomique sérieuse sur le lac Tanganyika; il n'en existait pas de carte précise. Ses poissons n'étaient pas décrits; quoique ses coquillages soient connus en partie, il y avait peut-être encore du nouveau à trouver. Telles sont les raisons qui m'ont décidé à le visiter. J'y ai déterminé vingt-cinq positions astronomiques et j'en ai dressé une carte en cinq parties. La taille des poissons étant trop grande pour qu'il me fût possible de les emporter, j'ai exécuté leur portrait à l'aquarelle et relevé leurs dimensions exactes, formant ainsi la collection complète, je crois, des trente-quatre espèces qui s'y trouvent. Enfin j'ai réuni des coquillages, des polypes, des crustacés; j'ai pris des notes sur la climatologie, les abords et les populations : en un mot, j'ai recueilli tout ce qui est de nature à appeler l'attention sur cette mer intérieure de l'Afrique centrale.

Mon intention première était de parcourir le lac Tanganyika, en quittant le plateau Nyassa-Tanganyika et de me rendre ensuite au lac Moëro et au Katanga, en allant soit du Katanga au Kassaï (affluent du Congo), soit de la rivière Rouzizi (nord du Tanganyika) au haut Congo. Le premier itinéraire me conduisait, à travers le sud du Congo belge, presque jusqu'au Stanley-Pool, et il demandait trois mois de marche. Le second n'en demandait guère que deux : il coupait la région encore inconnue qui est au nord-ouest du Tanganyika et il traversait une partie de la forêt équatoriale; mais il était beaucoup moins intéressant que le premier. Mon choix, subordonné aux renseignements obtenus des divers côtés, devait être fait avant que je m'embarquasse sur le lac, car, dans le cas où j'aurais résolu de passer par le nord, j'avais à combiner mon itinéraire de façon à ne pas revenir vers le sud.

Malheureusement ces projets ont dû être abandonnés, comme on le verra plus loin, et j'ai été forcé, au dernier moment, d'en adopter un autre plus en rapport avec les circonstances.

Comme on le sait, l'Etat indépendant du Congo a eu récemment à combattre, dans ces régions, plusieurs révoltes d'indigènes. Les Belges ont toujours fait face avec beaucoup de ténacité aux mécontents, et ils sont arrivés, sinon à soumettre les belligérants, du moins à les apaiser. Il est même remarquable de constater (soit dit en passant, et sauf à y revenir plus tard) de quelle façon une minorité d'Européens a pu tenir en respect des peuples aussi puissants et d'un caractère aussi difficile que les Batétélas, les Bassongos ou les Bakoussous, par exemple.

Au moment où j'aurais voulu me rendre du Katanga au Kassaï, ce voyage était absolument impraticable ; tout le pays entre le Loualaba, le Louapoula et une partie du haut Kassaï était en guerre, et aucun des Arabes que j'ai consultés ne m'a conseillé de tenter le passage sans une grosse escorte armée. Les officiers belges eux-mêmes ne croyaient pas la chose prudente, et ils m'assurèrent que leur devoir était de m'empêcher de passer.

Engager une escorte était une opération fort difficile ; j'avais déjà assez de peine à trouver des porteurs, sans aller me mettre à recruter des soldats. Et quels soldats ! Des gens qui auraient peut-être pris la fuite au premier coup de fusil.

Une des raisons pour lesquelles je tenais à

prendre cette voie était mon vif désir de visiter le Congo ou Louapoula près de sa source ou, tout au moins, près du lac Moëro. Puisqu'il ne m'était pas possible d'y aller par le sud, je songeai à m'y rendre autrement. Avant tout, il fallait me renseigner et, pour cela, attendre le résultat de mon voyage sur le lac ; je me déciderais ensuite.

Mais mon séjour dans cette partie de l'Afrique ne fut qu'une suite non interrompue de déboires. Le premier fut le départ de Bertrand, mon dernier compagnon. Les fatigues et le climat l'avaient fortement éprouvé ; je craignais, en l'emmenant plus loin, que le sort ne lui fût fatal, et malgré le vif désir que j'avais de ne pas me séparer de lui, je dus céder à la raison et le faire rentrer en Europe alors qu'il était encore en état de le faire : plus loin, c'eût été trop tard, et il lui eût fallu coûte que coûte aller de l'avant.

Je me suis heureusement trompé dans mes pronostics sur la gravité de son cas, car il s'est si rapidement remis pendant son voyage de retour, qu'il renonça à rentrer en France, et il est resté au Nyassaland, où il fait actuellement des essais de plantation de café. Mais quand il fut rétabli, il était trop tard, hélas ! pour qu'il pût songer à me rattraper : j'étais déjà loin ! C'est bien regrettable, car si, d'un côté, je suis heureux aujourd'hui que les grosses fatigues et les misères que nous avons endurées lui aient été épargnées, en revanche, quelle joie c'eût été pourtant si nous avions pu achever le voyage ensemble !

On ne vit pas impunément l'un avec l'autre pendant des années, luttant pour la même cause, partageant la même existence, les mêmes joies, les mêmes peines, sans qu'il en reste quelque chose. Quand de Borely était parti, cela avait fait un vide, mais enfin Bertrand me restait. Et voici maintenant que celui-ci aussi s'en va! Cette détermination me porta un coup très rude. Tandis que mon compagnon retournerait vers le sud avec quelques hommes qui nous avaient suivis et que je rapatriais par cette occasion, moi, je songeais à me diriger vers le nord, environné d'étrangers. Il allait revoir les figures familières, les peuples amis, de braves gens, en somme, comme les Magandjas; moi, j'allais faire route vers l'inconnu, poussé par mon idée fixe, à laquelle je n'eusse rien sacrifié et qui m'entraînait, plus forte que moi. Fort malade et affaibli, je ne pensai pas un instant à rétrograder; eussé-je été sûr que la mort m'attendait au but, comme cet infortuné Glave, qui mourut avant de revoir la mer; comme Versepuy, qui succomba de fatigue et de maladie sur le sol natal, je n'eusse pas d'un jour retardé mon départ!... Je suivais du coin de l'œil les préparatifs de Bertrand. le matin où il me quitta. Je le voyais aller et venir, triste, mais cachant ses pensées sous un sourire forcé, criant après les hommes pour s'étourdir, comme s'il n'allait pas partir assez vite! Et, tout étant prêt, il vint à moi, affectant un air gai devant les étrangers qui nous entouraient; sans me regarder, car ses yeux étaient pleins de larmes, il me tendit la main, cette bonne main franche de vieux camarade, me disant simplement : « Adieu, Foà!» et il partit sans se retourner. Je n'avais pas besoin de voir son visage pour savoir ce qu'il pensait, et je rentrai précipitamment dans ma tente...

Il vous en coûte souvent beaucoup de quitter un ami sincère en Europe, mais quand on n'est que deux compatriotes au cœur de l'Afrique, c'est bien dur !...

Bertrand parti, j'eus à faire tout seul la besogne que nous nous partagions ; en plus des marches et des soucis de l'expédition, des menus détails à régler, des palabres interminables avec les indigènes, j'avais mes observations journalières, mes reconnaissances, ma cuisine à commander, les vivres à trouver pour le personnel : tout, en un mot, tout ! Ah ! cette année 1897, elle fut écrasante pour moi : malgré mon état de santé, je devais prendre sur mes nuits afin de pouvoir tout faire, et le camp sommeillait depuis longtemps par les froides nuits du plateau, que j'étais encore avec mon théodolite, ma lanterne et mon chronomètre, à attendre, enveloppé de mon manteau, qu'Aldébaran ou Antarès passât au méridien ; ou bien, à la lueur rouge d'une lanterne de photographe, je développais les vues prises dans la journée. Et le matin, au petit jour, il me fallait repartir en tête de l'expédition, n'ayant souvent dormi que la moitié de mon saoul...

Mais, revenons au lac Tanganyika.

Je quittai Mbala le lendemain du départ de Bertrand. A cet endroit, se termine le plateau Nyassa-Tanganyika proprement dit. Pour se rendre au lac, on descend continuellement pendant près de 16 kilomètres. Ce versant forme le pendant de celui que nous avions gravi en quittant le lac Nyassa, et où resta l'un de mes chronomètres ; mais il est moins abrupt, le plateau étant à 1,800 mètres d'altitude à Mbala et le niveau du Tanganyika à 720 environ. Je campe à Tchitouta, petit village de pêcheurs à l'extrémité sud du lac. Nous avons de là un coup d'œil magnifique : de hautes montagnes descendent brusquement de chaque côté d'une petite baie à l'eau tranquille, et, au loin, l'horizon se perd dans la clarté du soleil.

Les gens de Tchitouta sont en partie des Ouanamamboués, des Ouafipas (gens de l'Oufipa, sud-est du lac) et Ouaroungous, habitants de la rive sud. On pêche ici des poissons énormes; les coquillages abondent : on se croirait dans un de nos petits hameaux de la côte bretonne, avec les touristes en moins, fort heureusement.

Mais le tout n'est pas de contempler le lac Tanganyika. Comment le parcourir ? — En pirogue ? — Il n'y faut pas songer. J'ai appris plus tard que les Pères Blancs, qui possèdent des missions sur les deux rives, se servent de grandes pirogues et voyagent de préférence la nuit, à l'époque où le lac est calme; mais alors j'ignorais ce détail. Pour pouvoir visiter le Tanganyika, il n'y avait que les boutres arabes qui tinssent assez bien la mer, et je savais qu'à Oudjiji il y en avait plusieurs. Il existait bien un minuscule vapeur construit il y a quinze ans par le missionnaire anglais Hore et cédé ensuite à une maison de commerce écossaise, l'*African Lakes Company*, mais ce frêle esquif, fort vieux, me semblait peu pratique. Je fus néanmoins bien heureux de l'avoir un peu plus tard. Il s'appelait le *Good News*.

Je songeais donc à envoyer à Oudjiji demander un boutre, lorsqu'un hasard heureux en amena deux à Tchitouta. C'était vingt jours de gagnés. J'entrai en pourparlers avec les Arabes, et l'un d'eux, Ali ben Sliman, consentit, après de longues discussions, à me louer son bateau aux conditions suivantes : 12 roupies (1) par jour, avec faculté pour moi d'aller où je voudrais, à la condition, bien entendu, que le vent le permît; faculté pour l'équipage de se ravitailler et de séjourner à Oudjiji, ce qui entrait d'ailleurs dans mon programme; contrat résiliable ou susceptible d'être prolongé après un mois; avaries à mes frais; paiement en espèces ou en papier sur Zanzibar, au choix du propriétaire; en cas de danger, autorisation de jeter à la mer tout ou partie de mes marchandises sans réclamation ultérieure de ma part; engagement de ne pas emmener des indigènes de la côte allemande sans permis spécial des autorités. En outre, j'avais à ma charge, bien entendu, ma nourriture et celle de mes hommes. J'ajoute, pour ne pas y revenir, que ce contrat fut observé de part et d'autre et que les autorités allemandes d'Oudjiji me donnèrent toutes les facilités possibles en substituant à mon payement en espèces une traite sur Zanzibar, ainsi que mon Arabe me le demandait.

L'équipage du boutre se composait du pilote ou capitaine, de cinq mariniers noirs d'Oudjiji et d'un vieux Souahili, nommé Mourzouk, qui était à la fois cuisinier, calfat, voilier, charpentier et ivrogne. Il avait autrefois appartenu à l'équipage du *Lady Alice*, le bateau avec lequel Stanley fit la première circumnavigation du lac.

Quant au boutre, c'était une grosse embarcation massive en bois du pays, longue d'environ 12 mè-

(1) La roupie vaut à peu près 1 fr. 50.

tres, large de 4, haute à la poupe, basse à la proue, calant environ 6 pieds. Sur un mât légèrement penché en avant et étayé par de solides haubans, se hissait une immense voile latine dont la vergue était plus longue que le boutre et qui occupait à elle seule une partie du pont.

A l'arrière, un trou d'homme conduisait à un réduit nauséabond et sale où l'on pouvait se mettre six à l'abri, assis ou couchés ; au-dessus, une petite estrade où se tenait l'homme du gouvernail ; sur l'avant, un trou dans lequel se réfugiait l'équipage; au centre, une cale, plus ou moins étanche, où, avec force morceaux de bois, je parvins à entasser mon matériel sans qu'il trempât dans l'eau ; l'embarquement à l'aide de pirogues l'avait déjà assez fortement mouillé.

Un beau jour, tout étant prêt, nous montons à bord, et la grande voile, gonflée par le vent du matin, ne tarde pas à nous emporter, ma fortune et moi, vers d'autres régions. Adieu l'Afrique orientale, les races cafres ou zouloues, les affluents du Zambèze, adieu ! Nous sommes dans le bassin du Congo !...

La description que j'ai donnée du lac Nyassa s'applique, sous beaucoup de rapports, au Tanganyika, sauf que celui-ci est beaucoup plus grand encore : au lieu des vagues courtes et couronnées d'écume du Nyassa, voici la houle, plus grosse, plus profonde, creusant autour de nous des vallées, gonflant des collines qui roulent et s'éloignent, puis s'effacent sans écume, malgré le vent, ce qui est un caractère particulier aux grandes étendues d'eau.

Notre boutre tient fort bien la mer quand il vogue « grand largue » ; son pont est bien balayé par les vagues, mais ses planches raboteuses sont vite séchées par ce soleil éblouissant qui fait étinceler mille couleurs chatoyantes dans les replis de l'écume.

Après être sortis de Tchitouta, nous doublons les caps Kipimboui et Kassaoua, qui divisent en plusieurs golfes l'extrémité sud du lac, et six heures plus tard nous mouillons à Soumbo, le dernier point de la côte anglaise, à 60 milles de Tchitouta. Un petit village s'y trouve entassé sur une éminence.

Chaque fois que j'arrive dans une localité, les choses se passent à peu près de la même façon : à l'aide de la pirogue, je débarque du boutre pour prendre contact avec les indigènes. Ceux-ci s'enfuient souvent en nous voyant, peut-être à cause de la peur que ces populations ont des boutres et des Arabes ; d'autres fois, ils attendent, paisiblement réunis sur la plage, que nous les allions rejoindre. On finit toujours par faire connaissance : je demande à acheter des poissons et des coquillages, en montrant la verroterie et les étoffes que j'ai apportées à cet effet ; de leur côté, l'équipage et mes hommes achètent des vivres : un petit marché s'organise sur la plage. Les affaires terminées, j'emporte mon butin à bord et je reviens avec les instruments pour faire un tour aux environs ; j'escalade un promontoire afin d'étendre ma vue au loin et pour relever la côte en fixant les points culminants ; je prends des photographies, je cause avec les indigènes, les questionnant sur ce qui m'intéresse chez eux. Parfois je profite de la quantité de poissons qui nagent autour du boutre à l'ancre pour faire jeter des lignes ou pêcher à la dynamite, et je ramène ainsi une capture abondante et variée, au grand ébahissement des indigènes, qui ne tardent pas à affluer pour assister à cette pêche. Lorsque notre visite est terminée et que nous avons obtenu ce dont nous avions besoin, nous repartons pour aller recommencer plus loin.

Après Soumbo, nous visitons ainsi Mouliro, au cap Akalounga, 30 milles plus au nord, puis, traversant le lac, nous allons à Kala sur la rive est. La largeur du Tanganyika est ici d'environ 35 milles (56 kilomètres).

A Kala, je suis accueilli avec amabilité par les Pères Blancs, qui m'invitent à un dîner simple, mais entièrement fourni par les moyens du pays; on ne saurait trop louer ces missions de n'avoir recours aux conserves qu'à la dernière extrémité. La farine du plateau leur fait un pain grossier mais sain, et les Pères cultivent quelques légumes qui, avec les chèvres, les poules et les œufs, leur permettent de vivre fort bien.

Les habitants de Kala, presque entièrement composés d'Ouafipas, sont ichtyophages et s'occupent presque exclusivement de pêche, comme la plupart des populations riveraines que nous avons vues et verrons encore.

Depuis notre départ, la température se maintient à 30 degrés, en moyenne, le jour, et à 25 degrés la nuit ; dans l'après-midi, le vent souffle assez fortement du sud-ouest ; mais, la nuit et le matin, il y a des calmes.

Restant le long de la rive est à cause du vent, nous atteignons, à 55 milles plus au nord, Tchirando, autre crique abritée où se trouve aussi une mission. En route, nous relevons la position de nombreux rochers à fleur d'eau, dangereux pour la navigation. Depuis Tchitouta, il y a tout le long des côtes des montagnes plus ou moins couvertes de végétation et dont le flanc baigne dans le lac; l'effet que produit le paysage est des plus pittoresques et vraiment enchanteur; mais, comme il se reproduit partout, on finit par être indifférent à ses beautés.

A d'autres époques, le niveau du lac a dû être plus haut, car les rochers portent tous des marques anciennes et profondes à deux mètres environ au-dessus des eaux actuelles.

Continuant vers le nord, nous atteignons Mpimboui, 20 milles plus haut. C'est sur ce parcours que le lac Tanganyika est le plus étroit : il n'a que 16 milles (25 kilomètres) de large.

Au cours d'une excursion de chasse faite dans l'intérieur de Mpimboui, je tue deux antilopes et découvre des traces fraîches de girafes; mais je ne puis prolonger mon séjour et nous repartons vers le soir pour traverser le lac en diagonale, nous rendant au cap Kalounga, sur la rive opposée.

A peine sommes-nous en route que le vent devient violent.

Ali ben Sliman passe la nuit entière sur le pont; je reste avec lui et lui tiens compagnie; il craint une tempête : le ciel est noir, et quelques éclairs font prévoir un orage. La première partie de la nuit se passe sans aggravation, mais la mer est très grosse et l'ouragan arrive; le pont est balayé violemment par les vagues; le malheureux boutre est horriblement secoué; trempés jusqu'aux os, le capitaine et moi, nous nous cramponnons avec difficulté aux agrès : le vent ayant changé, force nous est de courir devant lui vers le sud, abandonnant notre direction première; nous essayons de rejoindre la côte est, notre seul refuge... Jusqu'à l'aube j'ai craint à chaque instant que nous ne fassions naufrage : un coup de barre malheureux, une rafale plus impétueuse, et l'expédition sombrait dans les profondeurs insondables du Tanganyika! Vers le matin, nos craintes se dissipent; la bourrasque se calme un peu, tandis que la côte est en vue; cahotés, désemparés, inondés et meurtris, nous gagnons à grand'peine une crique où vingt-quatre heures se passent à réparer les avaries. Nous ne repartons pour Kalounga que le lendemain par un temps plus clément. J'ai calculé que pendant cette terrible nuit la force du vent nous avait fait faire environ 70 milles (112 kilomètres) en un peu plus de six heures!

Ali me raconte qu'il a déjà fait naufrage une fois dans de pareilles conditions; il me cite dix-huit boutres qui ont coulé ainsi dans les quinze dernières années, surpris par une tempête, avec leur chargement d'ivoire et d'esclaves. Il est évident que ces embarcations, si bien qu'elles se comportent, doivent beaucoup souffrir par le gros temps.

Si l'on pouvait faire la statistique des désastres maritimes de cette mer intérieure, on arriverait à un chiffre important : le fond du Tanganyika doit être jonché d'ivoire naufragé! Dans plusieurs endroits, les indigènes, en plongeant, ont ramené des dents d'éléphants, et ces recherches deviennent une industrie exercée par certaines peuplades. Les crocodiles énormes que l'on trouve dans le lac doivent pourtant rendre fort dangereuses ces explorations sous-marines.

SUR LE LAC TANGANYIKA. — Visite des criques par notre boutre.

Après Kalounga, nous touchons encore à divers points de la côte où s'augmente notablement ma récolte de coquillages, de méduses et de poissons, et enfin nous arrivons à Oudjiji, où je rends visite aux autorités allemandes et aux Arabes influents.

Les renseignements qu'on m'y donne sont déplorables : tout le nord du Tanganyika est en révolte. Dans l'Ouvira, mon but actuel, il me sera impossible de trouver des porteurs. Les Allemands veulent bien m'autoriser à engager des hommes, mais moyennant un dépôt de garantie de 100 roupies par tête, soit environ 150 francs, ce dépôt ne devant pas m'être rendu pour ceux de mes hommes qui, après m'avoir quitté, ne retourneraient pas dans le pays.

Il m'était impossible d'immobiliser 15,000 francs à un moment où j'avais besoin de toutes mes ressources pour achever mon voyage. Une autorisation du gouverneur général de l'Afrique allemande, résidant à Dar-el-Salam m'eût exempté de cette formalité; mais je ne pouvais perdre six mois à la demander et à l'attendre. Obligé de renoncer à recruter des porteurs dans cette colonie, je décidai de continuer mon voyage jusqu'à l'extrémité nord du lac afin de voir par moi-même. A cet effet je m'étais muni de lettres d'introduction adressées par les Arabes d'Oudjiji à un des leurs, Sef ben Rachid, qui habitait Ouvira.

Au départ d'Oudjiji, Mourzouck, le vieux cuisinier, est introuvable; on passe la soirée et la nuit à l'attendre; enfin on le découvre ivre-mort dans une paillotte du village; on l'emporte et on l'embarque dans cet état.

A Ouvira, Sef ben Rachid me déclare qu'en ce moment il ne peut me donner personne : il est comme auxiliaire au service du gouvernement de l'Etat indépendant, et ses hommes risqueraient d'être massacrés par les révoltés qui infestent toute la région à l'ouest; il ajoute que nous éprouverons d'énormes difficultés à franchir les hautes montagnes qui bordent l'Ouvira, lesquelles, en effet, sont les plus élevées que j'aie jamais vues. Bref, il me conseille d'aborder le Congo par un autre point.

Je ne suis qu'à moitié convaincu, et je me fais conduire par Ali ben Sliman encore plus au nord, presque à l'embouchure de la rivière Rouzizi, où je compte prendre d'autres renseignements. Hélas! ils ne sont pas meilleurs : les indigènes se refusent à faire le voyage ; on m'oppose mille prétextes ridicules où je lis trois objections fondamentales : la crainte des révoltés, la peur de traverser un pays inconnu, les difficultés du trajet pendant les quelques premiers jours, à passer entièrement dans les montagnes.

Il me faut donc renoncer à exécuter mon projet! Je suis donc venu jusqu'ici en pure perte! Ah! c'est alors que j'eusse souhaité d'avoir des hommes à moi, pour ne pas me trouver à la merci des indigènes. Si Stanley, Cameron, von Gœtsen, Versepuy, Wissman, ont pu passer où ils voulaient, c'est à leurs Zanzibarites qu'ils le doivent. A peine sort-on des sentiers battus, à peine veut-on aborder les contrées inconnues ou réputées dangereuses, à tort ou à raison, l'indigène ne vous seconde plus; s'il y consent, c'est de mauvaise grâce, avec l'arrière-pensée de vous faire défaut à la moindre alerte.

J'avais si bien compris cela que j'avais cru indispensable d'engager à Oudjiji, pour un an, des Zanzibarites ; les Arabes étaient prêts à m'en fournir autant que je voudrais, mais on a vu que je me suis heurté à des formalités administratives sans précédent dans aucune colonie. (Avant de nous moquer de *nous-mêmes*, nous devrions voir ce qui se passe chez nos voisins !...) D'ailleurs, toute la réglementation qui régit l'Afrique allemande, depuis la soi-disant protection des indigènes jusqu'à celle des animaux (1), touche au ridicule le plus achevé.

J'admets que, dans certaines colonies étrangères, on cherche à entraver la marche d'une expédition politique dont on craint les empiétements à son détriment ; c'est tout naturel. Mais n'est-il pas absurde d'arrêter à plaisir une expédition scientifique envoyée par un gouvernement ami sur le territoire d'un tiers, alors que, dans un but pacifique, elle fait des recherches dont tout le monde profitera ? Dans une aucune colonie française, anglaise ou portugaise on n'agirait ainsi. J'ai vu, en général, manifester la plus grande amabilité aux étrangers, souvent même plus qu'aux compatriotes ; dans le cas où certains règlements prescrivent de contrôler l'émigration ou l'immigration des indigènes, j'ai vu exiger du chef d'expédition une promesse verbale ou écrite de les rapatrier, de les nourrir, de leur donner certains soins, etc. Je n'en citerai comme exemples que les engagements devant l'autorité française ou anglaise à la côte de Krou, à Zanzibar, au Nyassaland, etc.

(1) Voir mes *Chasses aux grands fauves*. (Appendice, p. 336.)

Mes doléances sont à l'adresse de l'autorité supérieure et non de ses représentants à Oudjiji, car ces messieurs m'ont fait une réception très cordiale. Malgré la façon dont j'étais accrédité par M. le ministre des Colonies et par la Société de Géographie de Paris, ils n'ont pu que m'exprimer leur regret de ne pouvoir enfreindre le règlement en ma faveur. Il était pourtant facile de le tourner, puisqu'un mois plus tard j'ai engagé, à Mtova, 80 Ouanyamouézis, tous sujets allemands, qui se sont présentés à moi et avec lesquels j'ai fait la traversée du Manyéma. Venus directement des environs d'Oudjiji, ils avaient traversé le lac; eussé-je voulu en engager 200, je l'aurais pu. C'étaient des porteurs excellents et de beaucoup supérieurs aux Zanzibarites. Comment expliquer que, d'un côté, on ait exigé 100 roupies de garantie à déposer par homme engagé, indépendamment, bien entendu, de tous les autres frais, tandis que, de l'autre, j'ai pu me procurer, sans le moindre versement, une bande de 80 hommes qui ont exécuté scrupuleusement les termes du contrat ?

Quoi qu'il en soit, il me fallait adopter un nouveau plan. Impossible d'atteindre le haut Congo par une ligne droite allant de l'Ouvira à Riba-Riba, parallèlement à l'itinéraire de von Gœtsen, et plus au sud. Passer par le lac Moëro était également irréalisable, pour les mêmes raisons.

Après plusieurs jours de réflexion, je m'arrêtai au parti suivant : tâcher d'éviter les territoires en révolte au nord et au sud, en passant au milieu; pour cela, couper à travers le pays pour rejoindre le Congo un peu au nord du lac Moëro ; à cet effet, débarquer sur la côte ouest du lac, au sud de l'embouchure de la Loukouga, c'est-à-dire à peu près entre celle-ci et le cap Kalounga, et marcher directement à l'ouest jusqu'au fleuve. Une fois arrivé là, prendre une nouvelle décision.

Au cap Kalounga, les gens m'avaient paru plus tranquilles et plus travailleurs que les autres, et certains d'entre eux m'avaient fait des offres de service ; j'avais donc l'espoir d'y recruter une caravane. J'estimais que pour atteindre le Congo il me fallait environ un mois ; je jugeai donc utile de compléter certains approvisionnements et, pour cela, de repasser par Oudjiji.

Je communiquai ma décision à Ali ben Sliman et, au grand contentement de l'équipage, mais à mon vif regret, nous dîmes adieu aux montagnes de l'Ouvira, tournant une seconde fois la proue du navire vers l'Afrique allemande. Le vent nous ayant fortement bousculés lors de notre séjour à Oudjiji, nous mouillâmes cette fois dans le petit havre tranquille de Kigoma, à 3 milles au nord. On y pénètre par une passe étroite et l'on se trouve dans un cirque calme, à l'abri de tous les vents. On se demande pourquoi les Allemands, qui construisent à grands frais des maisons à Oudjiji, n'ont pas choisi ce joli endroit pour en faire un port, de préférence à leur plage inabordable.

Oudjiji est une agglomération de cases qui ressemblent beaucoup à celles de Bagamoyo et autres lieux dans la patrie des Souahilis. Comme à Zanzibar, il s'y tient des marchés journaliers en plein air où les Ouangouanas (1) sont en majorité. Ils

---

(1) Nom indigène des Souahilis.

se distinguent partout des indigènes par leur grande robe blanche et leur simulacre de turban mal attaché. Tout est très sale chez eux, comme toujours; les rues sont mal tenues et les marchés exhalent une odeur *sui generis* qui provient d'un ensemble d'huile de palme, de poisson sec ou frais et d'épices.

En dehors de la population noire, il y a à Oudjiji quelques communautés d'Arabes blancs qui font du négoce à Tabora (1) et vont chaque année à la côte se réapprovisionner. Les étoffes et objets de consommation forment la base des transactions. Le trafic de l'ivoire a beaucoup diminué depuis l'installation des Belges sur la rive opposée. Le commerce, en général, est devenu presque nul.

Formé de plusieurs villages, dont les trois principaux sont Ougoé, Kassembo et Outalé, Oudjiji a été jadis un grand centre de traite, une des foires d'hommes où s'approvisionnait l'Afrique équatoriale tout entière. La présence des Européens à Zanzibar, des Belges au Congo et des Allemands dans l'Afrique orientale a modifié ce trafic de chair humaine et détruit l'organisation des marchés publics d'esclaves. Mais, pour ne plus être ostensibles, ils n'en existent pas moins aujourd'hui.

Roumaliza, chef arabe, était le roi d'Oudjiji; traqué par les Belges, gêné par l'arrivée des Allemands, il a cédé la place et il s'est retiré à Zanzibar, comme Tipou-Tib et tous les anciens potentats arabes du centre africain.

Les Arabes sont encore nombreux autour du

---

(1) Station, importante autrefois, à mi-chemin de Zanzibar.

Tanganyika, mais ils ne s'y maintiennent qu'en faisant alliance avec les autorités locales.

Sauf l'ancien palais de Roumaliza transformé en caserne, à part quelques tombeaux arabes et l'arbre sous lequel se rencontrèrent Stanley et Livingstone, arbre d'autant plus remarquable qu'il est seul dans la région ; à part aussi quelques cocotiers, il n'y a rien de bien curieux à Oudjiji. L'abord de la plage est jonché de crânes et d'ossements humains, épars dans les herbes, vieux souvenirs de la traite, restes d'esclaves morts de fatigue ou de maladie.

Oudjiji est un des seuls endroits du lac Tanganyika où les montagnes ne surplombent pas les bords ; la ville est perchée sur quelques collines basses. Lors du passage de Stanley, en 1876, le grand voyageur avait noté que le niveau du lac augmentait et que l'eau rongeait peu à peu la côte ; vingt ans plus tard, alors que j'étais à Oudjiji, le lac se retirait au contraire : une petite île située à l'ouest à une certaine distance du continent se transformait par le retrait des eaux en un véritable cap.

J'ai vu à Oudjiji une espèce de bœufs remarquable par ses cornes démesurées ; cette race vient, je crois, de chez les Ouanyamouézis et les Ouahéhés. Après le bétail du lac Ngami, aujourd'hui éteint, cité par Livingstone, et dont les cornes atteignaient jusqu'à $3^m,50$ de longueur de chaque côté de la tête, celui d'Oudjiji est sans contredit celui qui, en Afrique, offre le plus grand développement de ces appendices frontaux.

Nous ne séjournons à Oudjiji que quelques heures, et, le soir même, nous nous mettons en route vers le sud. Le vent, peu favorable, nous force à courir des bordées, et nous n'avançons guère. Vers le milieu de la nuit, il tombe complètement et nous gagnons à grand'peine une des criques du cap Matchazi, où le calme nous oblige à rester le matin suivant. J'en profite pour aller chasser, accompagné de mes deux domestiques et de l'homme-canon. Il m'arriva ce jour-là une aventure qui aurait pu avoir de fâcheuses conséquences.

Vers dix heures, nous étions assez loin du lac et n'avions pas vu la moindre trace d'habitants; je venais de tuer un bubale dans les hautes herbes sur les bords desséchés d'un ruisseau, le Rougoufou; mes hommes étaient occupés à découper l'animal et en avaient déjà détaché certaines parties, lorsqu'une troupe d'indigènes apparut à quelque distance et s'approcha de nous. Un d'eux nous fit comprendre en mauvais souahili que cette viande appartenait au chef, auquel je n'avais pas payé de *hongo* (tribut) pour me promener sur son territoire. Comme je me suis toujours refusé à cette formalité et, en général, à tout ce qui me paraissait humiliant pour ma dignité, je répondis, comme d'habitude, que je ne payais jamais de *hongo* parce que je suis blanc.

Avec un air des plus arrogants, l'indigène insiste, menace, et bientôt tous ses camarades se joignent à lui pour nous accabler d'injures; puis ils font mine de s'emparer du bubale.

Ma patience avait été mise à une dure épreuve par cette insolente attitude, mais je ne voulais pas amener de complications; nous étions armés de fusils et les indigènes n'avaient que des lances de jet et des flèches; ils étaient onze, nous étions quatre, et au premier coup de feu ils auraient pris la fuite. Mais je me contins et dis simplement à l'homme-canon : « Fais-leur comprendre avec de bonnes paroles (*maneno oua mzouri*) que, s'ils touchent à cette viande, je vais me fâcher. Je ne refuse pas d'en donner un peu, mais les blancs ne sont pas des Arabes ni des Ouangouanas, et on ne doit pas leur parler ainsi. » Souédi essaye de leur traduire ce que je viens de dire tandis qu'ils avaient déjà saisi l'animal, malgré l'opposition de mes hommes. Au lieu de l'écouter, ils nous insultent de nouveau; faisant alors signe à Msiambiri et à Souédi de les laisser, j'ajoute en langue du Zambèze : « Nous allons leur faire peur avec nos fusils. » Mes hommes sautent aussitôt sur leurs armes, et nous nous alignons dans la position du tireur debout. Cette démonstration fait aussitôt lâcher le bubale et, se reculant, les indigènes nous regardent tant soit peu ébahis, tandis que je contiens une forte envie de rire; mais, se ravisant bientôt, ils s'éloignent en proférant des menaces et se mettent à appeler à l'aide en criant, autant que je me souvienne : *Akané, akané*, ce qui veut dire sans doute : guerre, ou est un mot de ralliement quelconque. D'autres cris leur répondent, encore éloignés, tandis que le tambour se met à battre à coups redoublés, à sept ou huit cents mètres, dans un village invisible. — « Ah! vous voulez la guerre! Eh bien, vous allez l'avoir, » semblent-ils crier en brandissant leurs sagaies et en ricanant d'un air féroce. Ils se sont arrêtés à une vingtaine de mètres dans les hautes herbes; on ne voit que leurs têtes et leurs épaules, tandis que leurs bras s'agitent pour faire signe aux camarades de venir. Tout à coup une idée me vient : je dis à mes hommes : « Sortons d'ici, en emportant chacun un morceau de viande. Je vais mettre le feu. » En même temps, j'allume les herbes, tandis que nous nous retirons; chacun de nous prend une brassée de paille et, tout en marchant, nous semons partout le feu; activée par le vent et la chaleur, la flamme court avec rapidité; bientôt d'épais nuages de fumée nous dérobent la vue de nos ennemis; nous battons lestement en retraite. « Et maintenant, dis-je, s'ils veulent de la viande, ils la trouveront toute cuite. »

Nos adversaires ont dû être obligés de se mettre d'abord à l'abri du feu, ce qui nous donne un peu de temps. La plaine herbeuse est immense et s'étend à perte de vue; comme nous nous trouvons près de sa lisière, nous en sortons et, afin de n'être pas tournés, nous gagnons les points culminants. Nous apercevons bientôt le village, qu'un repli de terrain nous avait caché jusqu'alors. Il se compose d'une trentaine de cases. Il y règne une grande agitation : comme les herbes touchent presque aux huttes et que les flammes arrivent avec rapidité, une partie de la population cherche à éviter l'incendie en brûlant d'avance ou en coupant les herbes; le reste des habitants court de tous côtés, s'armant de lances et de boucliers, pour venir nous combattre; hommes et femmes poussent des clameurs tandis que le tambour continue ses appels, adressés sans doute aux villages environnants dont on aperçoit les toits dans le lointain.

Sans attendre la fin, nous dégringolons une falaise et, par la plage sablonneuse, nous nous rapprochons de l'ancrage du boutre, lequel doit être à peu de distance. Tout en marchant rapidement, nous explorons de l'œil les crêtes environnantes, nous attendant à chaque instant à y voir apparaître des lances et des boucliers; mais le feu nous a permis de prendre de l'avance, et nous apercevons bientôt, au détour d'une falaise, le boutre qui se balance dans une crique. A nos signaux, on envoie la pirogue à terre et nous nous embarquons au moment où sur la hauteur apparaissent les naturels de l'endroit; jugeant désormais la poursuite inutile, ils s'arrêtent et se contentent de nous crier de là-haut des injures, démonstration toute platonique à laquelle nous ne voyons aucun inconvénient.

Si nous en étions venus aux mains, je ne doute pas que le winchester, avec ses coups répétés de chevrotines, n'eût bientôt mis nos assaillants en déroute, mais je trouvais inutile d'avoir un conflit avec les indigènes pour une cause aussi futile. Nous avions encore bien du chemin à faire et je préférais garder mes forces et mes munitions pour la bonne cause. Les restes du bubale ont dû être certainement carbonisés dans l'incendie, et ces coquins ont peut-être compris que mieux eût valu en accepter un morceau de bonne grâce. Quelque autre voyageur bénéficiera un jour de cette leçon.

Reprenons le voyage. Nous en sommes arrivés à la dernière traversée à bord du boutre. Celui-ci nous ramène au camp de Kalounga, le lendemain; puis, sur l'avis des indigènes, il nous conduit dans une autre crique plus septentrionale, appelée Temboué, où nous débarquons avec armes et bagages.

Quelle joie de quitter le bâtiment où nous avons été si mal à notre aise et de revoir la brousse africaine! D'autant plus que le pays a un aspect sauvage derrière Temboué et qu'il prend des caractères particuliers auxquels le chasseur expérimenté devine la présence du gibier.

D'après les *renseignements* pris au cap Kalounga, il y a plusieurs villages aux environs. En effet, nous trouvons le jour même un sentier battu qui prouve la présence d'habitants. Aussi, le lendemain, Souédi part-il d'un côté, James de l'autre, chacun avec deux hommes, afin de recruter des porteurs. Ils rentrent le soir, accompagnés d'indigènes qui nous apportent quelques comestibles et viennent en même temps se renseigner sur mes conditions et mon itinéraire ; nous tombons bien vite d'accord et ils s'en retournent chercher des camarades. Le but de cette députation était surtout de s'assurer si le chef obtiendrait un cadeau pour nous fournir des hommes ; fidèle à ma coutume, j'en promis un, mais seulement pour le moment où l'expédition se mettrait en route au complet, d'après le principe en vertu duquel je refuse toujours de payer les gens d'avance, contrairement à une habitude invétérée que j'ai fini par faire disparaître au Zambèze, en ce qui me concernait.

Le lendemain, les gens arrivent, prêts à partir, avec leurs petits paquets de nourriture : ce sont des Ouabembés qui habitent les territoires montagneux longeant le lac. Ils doivent nous conduire jusque dans l'Ouroua, où les Baloubas (1), gens de ce pays, prendront leur place.

(1) On les nomme aussi Barouas ; mais, en règle générale, j'adopte toujours pour les noms la prononciation des indigènes épelée et rendue aussi exactement que possible dans notre langue. En ce qui concerne les Baloubas, ceux-ci articulent distinctement l'L et le B du mot Baloubas.

Je peux alors congédier le boutre, que j'avais gardé par précaution, et, pendant qu'il se prépare à appareiller et que les hommes virent au cabestan en chantant un air de Zanzibar, nous grimpons en haut d'une éminence d'où nous verrons le lac pour la dernière fois. Arrivé au faîte, je contemple avec regret cette immense nappe bleue et je songe un instant à cet inconnu vers lequel je dirige mes pas. Mais voici qu'en bas, tout petit, le boutre hisse sa voile; elle grimpe le long du mât par saccades, et le vent nous apporte les « ohé ! hé ! ohé ! hé ! » des matelots tirant à l'unisson. Le petit navire, sa voile enflée, sort bientôt de la crique, faisant sauter l'écume devant lui à chaque coup de tangage, et il s'éloigne, penché sur le côté, tandis que l'équipage, réuni à l'arrière, nous crie adieu en chœur. Nous répondons du haut de notre colline par une longue acclamation et, chacun reprenant sa charge, nous redescendons le versant opposé, perdant de vue le Tanganyika.

Nous voici donc encore une fois en marche. Si le pays et les porteurs ont changé, me fournissant ainsi deux éléments nouveaux d'étude, c'est toujours de la même façon que se passe le voyage. Les débuts en sont assez fatigants; nous franchissons des collines ininterrompues couvertes d'une végétation basse; à la saison des pluies, les herbes doivent être hautes ici. Les arbres sont rares ; de temps à autre, autour d'un cours d'eau, quelques ombrages ; mais tout ce pays prend un aspect plus désert au fur et à mesure que nous avançons; les traces de gibier aussi disparaissent de plus en plus depuis que nous nous éloignons du lac. Plus loin, le paysage aride et abrupt, les montagnes de granit, vont faire place aux collines couvertes de végétation.

Ce terrain accidenté est des plus pénibles à parcourir; on s'y fatigue beaucoup pour faire, en somme, peu de chemin ; pendant la première journée de marche, nos ascensions se sont bornées à des collines plus ou moins élevées, mais dès midi nous apercevons de chaque côté et devant nous les hautes cimes des montagnes. Les porteurs hochent la tête en les montrant. « Attendez à demain à pareille heure, me disent-ils, et vous comprendrez pourquoi nous vous avons demandé double paie. »

Nous campons à Mtéché, petit village au pied de la chaîne. Une rivière, la Kanga, dont nous avons traversé deux affluents, court vers le nord, faisant une série de chutes ; l'eau en est limpide et fraîche.

Le lendemain l'ascension commence. Je n'ose pas demander s'il y a encore d'autres montagnes derrière celles-ci, mais je serai bientôt fixé. Nous montons pendant deux heures entrecoupées de haltes, sans aucun sentier tracé, ayant à choisir le terrain qui nous semble le meilleur, éparpillés au milieu de la végétation rabougrie et décrivant de nombreux zigzags pour éviter les parties trop raides. Nous arrivons enfin au sommet de la première montagne, d'où la vue s'étend à vingt kilomètres à la ronde.

Le spectacle que j'ai sous les yeux me cause une sensation d'immense découragement : figurez-vous des montagnes de toutes les formes et de toutes les grandeurs dont la plus petite a mille mètres, une succession sans fin de pics, d'arêtes, de cols, entremêlés de précipices, tout cela sans qu'on y aperçoive une interruption, une vallée; c'est une infinité de pains de sucre dans les positions les plus variées et serrés les uns contre les autres. Ce tableau rappelle d'une façon triste, sinistre même, les sites les plus sauvages, les plus abrupts, des Alpes ou des Pyrénées; mais ici, hélas! point de clochettes de pâtres, point d'hôtelleries ni de costumes pittoresques ou de sentiers à mulets; partout des profondeurs que l'on devine par certains replis sombres comme des coupures, de grandes murailles lisses et inaccesibles, sans un sentier, sans un arbre! Partout un air de solitude calme, partout une apparence désolée et morne! Ce rude paysage, d'aspect volcanique, a dû être autrefois le théâtre d'un affreux bouleversement. A en juger par le temps que nous avons mis à grimper sur la première montagne, il faudra quinze jours pour franchir cette chaîne, si toutefois elle se termine là où se borne notre vue! On va voir quel travail inouï ce devait être, en effet, pour nous, et combien inutile!

Si, à ce moment, les porteurs avaient refusé d'aller plus loin, je crois que je n'eusse pas fait la moindre objection; mais, après s'être reposés un moment, ils descendirent bravement dans l'abîme, et je suivis sans mot dire. La journée s'écoula à chercher les cols et les passages les moins impraticables, et on campa près d'un ruisseau, au fond d'un trou, ayant de chaque côté des géants de granit de 1,200 mètres de haut. Tout le monde était harassé, bien que je n'estime pas à plus de six kilomètres, à vol d'oiseau, la marche accomplie ce jour-là.

Le lendemain, la première partie de la matinée se passa à quatre pattes; je dus à plusieurs reprises me déchausser afin de ne pas glisser et m'exposer à des dégringolades mortelles. Entre autres lieux dangereux, on longe un précipice sur une corniche de quarante centimètres de large et longue de plus de cent mètres : un chamois y aurait eu le vertige. Bien que peu sujet à ce mal, je regardai le mur tout le temps que dura la traversée; je craignais autant pour mes gens que pour moi, et au moindre bruit je tressaillais, croyant à une chute. Comment les Ouabembés purent, debout, avec une charge sur la tête et face au mur, c'est-à-dire les talons sur le bord de l'abîme, accomplir ce tour de force, je ne puis me l'expliquer. Toujours est-il qu'on passa la redoutable corniche. Un petit accident insignifiant fut le seul à déplorer : une outre de farine dégringola de la ceinture d'un des porteurs, lequel, j'en suis certain, ne fit pas le plus petit mouvement pour la retenir. Il faut ajouter que les Ouabembés sont des montagnards experts : jamais des gens de la plaine n'eussent osé accomplir pareil trajet. Et dire qu'en cas d'accident je n'avais même pas de cordes : j'étais préparé à tout, sauf à cette gymnastique dangereuse.

Une fois en lieu sûr, je plongeai mon regard dans le fond, et j'essayai de le sonder; mais je ne vis qu'un vide béant, large d'une centaine de mètres et rempli d'une buée opaque. Avait-il 100 mètres de profondeur ou 500? L'un est aussi possible que l'autre. A coup sûr, nul n'y descendit jamais de sa propre volonté.

Aussitôt le dernier homme passé, on fit halte : on avait bien gagné ce repos. Comme dédommagement nous eûmes un admirable spectacle sous les yeux : un paysage calme et grandiose, un indescriptible mélange de précipices et de falaises, de sommets

DANS LES MONTS MITOUMBAS (OUROUA).
Passage d'une corniche par l'expédition.

et de pentes alternativement sombres ou éclairés par les rayons du soleil, cadre immense où nous nous trouvions tout petits, petits, imperceptibles.

Je voudrais montrer ce tableau à ceux qui se représentent l'Afrique comme un désert de sable avec, par-ci par-là, quelque cocotier isolé; je voudrais les mener sur les pics couverts de neiges perpétuelles qui se trouvent dans ces massifs montagneux du centre de l'Afrique; oui, je répète, couverts de neige, tels le Rouenzori, qui a 5,300 mètres, le Kilimandjaro (6,500) le Kilimaouenzi (5,500) ou le Kénia (6,000), patriarches à côté desquels le mont Blanc, avec ses 4,800 mètres, n'est qu'un jeune blanc-bec prétentieux. Quant à ceux qui croient au cocotier isolé, je serais bien aise aussi de les conduire dans la grande forêt équatoriale, où l'on marche pendant des mois sans, pour ainsi dire, voir le soleil à découvert.

Tels autres, qui rêvent de l'alpinisme inédit, seront amplement satisfaits en visitant, dans l'Ouroua, les monts Mitoumbas, qui m'inspirent ces réflexions, ou bien les monts Livingstone, au nord du Nyassa, et tant d'autres dont l'énumération serait trop longue : il n'y a que l'embarras du choix. Personnellement, je n'en ai nullement la vocation; l'idée ne m'est jamais venue de tenter l'ascension d'un pic élevé pour la satisfaction d'avoir été le premier à l'accomplir; je l'ai faite souvent, mais uniquement par obligation de métier, tantôt pour pouvoir examiner les environs ou explorer la faune ou la flore de ces altitudes, tantôt pour procéder à des observations spéciales; mais c'est toujours en maugréant, je l'avoue, que je m'y suis décidé, aimant mieux, lorsque ce n'était pas indispensable, contourner les montagnes que passer par-dessus. Quant aux coups d'œil pittoresques et aux tableaux admirables, on en voit tellement dans ces régions que, pour les enregistrer tous, il faudrait prendre cinquante photographies par jour : on finit par se blaser du beau, lorsqu'on en voit à profusion...

Je reviens à notre marche. Elle se continue à travers les gorges le deuxième jour et le troisième. Je craindrais de fatiguer le lecteur en lui décrivant tous les arrêts, tous les détours inutiles, auxquels nous forcent ces gigantesques accidents de terrain. A une certaine ravine, les hommes passent sans fardeau, descendant au fond et regrimpant de l'autre côté en s'aidant des mains, grâce aux aspérités et à quelques touffes de plantes; arrivés là, on leur jette les charges qui ne craignent rien, telles que le calicot, mais les objets plus délicats doivent être descendus attachés par les pagnes, et on perd ainsi deux heures. Plus loin, la montée est si rapide que nos hommes se mettent à deux pour porter un paquet, l'un tirant avec la main tandis que l'autre pousse avec la tête, et *vice versa* à la descente. Dans d'autres endroits, tout le monde, assis sur son postérieur, se laisse glisser, quelquefois un peu plus vite que de raison, et on rit pendant un instant. Vers le soir, un obstacle infranchissable se présente et nous arrête; c'est une fente énorme qui serpente entre deux montagnes, ayant des bords à pic, avec une largeur variant de sept à quarante mètres, selon les endroits; impossible de la tourner. Il faut construire un pont; mais comment? La nuit tombe sur ces entrefaites, et nous la passons sans eau, avec quelques misérables feux de broussailles, impuissants à nous réchauffer. J'ai oublié de dire, en effet, que la température est très basse dans ces montagnes; j'enregistre de 20 à 22 degrés le jour et de 6 à 7 degrés dès que le soleil est descendu. Je me couvre autant que je le peux, mais, n'ayant que deux couvertures d'été et une pèlerine légère, je grelotte. Les malheureux indigènes, à moitié nus, passent la nuit à aller chercher des brassées d'herbe qu'ils font flamber à défaut de bois sec; personne ne dort. On décide de construire un pont le matin, si les arbres que nous avons découverts sur la montagne derrière nous sont assez grands pour cela. Cette montagne a 1,300 mètres au-dessus du niveau de la mer et 700 au-dessus du camp; c'est presque au faîte que nous avons aperçu les arbres. Dès l'aube nous montons voir ces végétaux; le ciel a pitié de nous, car ils sont fort grands, droits et pas trop épais; de plus, leur écorce nous fournira les éléments nécessaires à la confection de câbles. Les haches se mettent au travail, et bientôt deux arbres sont abattus; un troisième, dépouillé de son écorce, nous approvisionne de cordes. La descente commence; comme la pente est raide, on se borne à faire dégringoler les deux troncs en les poussant de temps à autre; c'est un amusement pour les indigènes. Et nos matériaux arrivent ou plutôt ils tombent bientôt au camp.

A l'endroit le moins large, nous creusons sur le bord du ravin une petite brèche; nous assujettissons solidement l'extrémité d'un des troncs avec des cordes fixées à des piquets afin qu'il ne puisse glisser dans le ravin, et, l'ayant posé dans la brèche et dressé à grand'peine, nous le laissons retomber en travers du précipice ; il se place assez bien pour permettre à deux hommes de passer ; ceux-ci rectifient sa position, se mettent à cheval dessus, soutiennent le deuxième arbre avec des cordes et le conduisent sur le bord opposé. On amarre les deux troncs solidement à chaque bout, on remplit l'interstice de terre, et à midi l'expédition franchit le précipice. Comme je propose de laisser le pont pour le retour des porteurs, ceux-ci m'assurent que, dût-il leur en coûter un détour de huit jours dans le sud, ils ne repasseront en aucun cas par cette route ; je leur dis alors que, si j'avais été prévenu, j'aurais préféré également un chemin moins direct, mais aussi moins dangereux. Aussitôt que l'expédition a passé, les hommes culbutent notre pont dans l'abîme, en vertu de ce principe qu'on ne doit pas travailler pour les autres.

Le quatrième jour est sans contredit le moins pénible : les montagnes s'abaissent ; les obstacles sont plus faciles à franchir et notre parcours est trois fois plus considérable. Nous rencontrons deux emplacements d'anciens villages et passons à côté d'un pic isolé, le mont Mtété, qui a environ 600 mètres. La Louizi, affluent de la Loukouga, prend sa source à son pied. A partir de cet endroit, nous ne rencontrons plus que des collines boisées qui, pour dures et fatigantes qu'elles soient, nous paraissent des mamelons insignifiants à côté des énormes masses granitiques que nous venons de quitter.

Ici au moins la vie se manifeste ; quelques oiseaux, quelques animaux commencent à se montrer ; la température se fait plus clémente. Nous descendons insensiblement, mais sans arrêt, depuis la veille. Arrivés à la Louizi, nos porteurs veulent nous quitter. « Depuis hier, disent-ils, nous sommes chez les Baloubas. » En vain je leur demande d'aller plus loin, au moins jusqu'à ce que nous rencontrions un village; ils refusent de rien entendre : « Nous voulons nous en retourner, répètent-ils; nous n'irons pas plus loin. » Après une longue palabre et des cadeaux supplémentaires, ils consentent à rester jusqu'à ce que je trouve des Baloubas, mais impossible de les décider à faire un pas de plus ou à aller chercher un village.

Ces gens ont été jusqu'à présent très obéissants; ils viennent d'accomplir sans murmurer un voyage périlleux, inouï, qui paraît fantastique quand on s'en remémore les péripéties, et, en somme, ils ont accompli leur engagement, qui était de m'amener de l'autre côté des montagnes. Je n'insiste donc pas. Je fais avec mes domestiques quelques excursions aux environs, à la recherche de sentiers. Nous ne tardons pas à en trouver un qui remonte vers le nord, et bientôt un bruit de voix nous annonce du monde : c'est une caravane de commerçants de Zanzibar venant du sud. Elle se compose d'une trentaine d'hommes conduits par trois Souahilis. L'un de ces derniers connaît Souédi, mon homme-canon; cette rencontre amène la nouvelle caravane à camper auprès de nous, et les Ouangouanas nous donnent quelques renseignements utiles, à savoir qu'il y a, à quelques heures d'ici, dans le sud, un très grand village où nous trouverons des porteurs, mais que, dans l'ouest, nous aurons probablement des difficultés, car le bruit court d'une guerre entre indigènes, les Bagoyas et les Baouimas.

Ces Ouangouanas ayant l'air de connaître fort bien le pays, dont ils parlent d'ailleurs la langue, je leur propose de nous accompagner jusqu'au Louapoula en nous prêtant l'aide de leur expérience, leur offrant pour ce service un paiement de nature à les indemniser de leur perte de temps ou de l'arrêt de leur commerce. Souédi joint ses exhortations aux miennes, et ils finissent par accepter. Ils partent aussitôt pour nous trouver des porteurs.

L'idée fort simple que j'eus de m'adjoindre ces modestes auxiliaires décida tout bonnement du sort de l'expédition. Celle-ci était vouée, comme on va le voir, à une destruction totale ; l'avenir qui nous était réservé était le pillage des bagages, la fuite des indigènes et peut-être une fin misérable pour moi et mes quelques fidèles. Mais je vais relater les vicissitudes de ces quelques jours dans l'ordre où elles se sont produites.

Chérif, le chef de nos nouveaux Ouangouanas, revient bientôt avec 80 Baloubas qui, joints à ses propres hommes disponibles, remplacent mes 105 montagnards ouabembés. Aussitôt ceux-ci prennent congé de nous avec un empressement qui indique qu'ils sont dans les plus mauvais termes avec les maîtres de céans, ce dont je me doutais, d'ailleurs, par leur répugnance à parcourir le pays.

Les Baloubas que nous engageons ne consentent que conditionnellement à nous servir ; ils prétendent que le pays est mauvais, c'est-à-dire troublé, — par la guerre, je suppose ; — qu'ils marcheront deux, trois ou quatre jours, selon les circonstances; que peut-être ils ne pourront nous conduire plus loin que chez les Baouimas (autre tribu balouba), c'est-à-dire à 15 milles dans l'ouest ; enfin ils se refusent absolument à nous fournir aucune explication sur toutes ces restrictions : à nous de deviner.

Marchons toujours, me dis-je, ils prendront confiance et en diront peut-être davantage demain. Il est entendu avec Chérif, qui a parmi ses hommes deux esclaves du pays, que nous chercherons par tous les moyens à nous renseigner. Nous continuons donc notre voyage vers l'ouest, en plein Ouroua toujours, mais dans la partie peuplée et relativement plate (1) qui succède à l'Ouroua montagneux et désert. Nous apercevons des villages de chaque côté de notre route, et nous commençons à rencontrer du monde.

Ici, les gens font une impression étrange : on voit des guerriers armés d'un très grand bouclier carré en paille tressée; ils portent des sagaies, un arc et, dans des carquois de paille, de petites flèches; pour vêtement ils n'ont qu'un morceau de peau d'antilope; comme ornements, des gris-gris nombreux au cou. Chez les femmes, les coiffures offrent des dessins pittoresques et des formes que je n'ai jamais vues que dans ce pays : les unes ont les cheveux divisés en côtes bien définies, les autres en petites boules; d'autres encore, les plus étranges, donnent à leurs cheveux la forme d'une marmite dont le fond serait appliqué sur la nuque et dont le bord s'en irait en arrière : de derrière, on voit un trou noir qui correspond à l'intérieur du récipient; tout cela entremêlé de cire et de terre rouge, ce qui donne aux cheveux la consistance et l'aspect d'un paillasson crasseux. Chez quelques-unes d'elles, le corps est partiellement peint à l'ocre rouge; d'autres se bar-

---

(1) Le jour suivant, nous avons trois fois traversé la Louizi.

bouillent de craie. Les hommes portent des cheveux longs et hérissés. Au physique, tous ces anthropophages — car nous sommes en plein pays de cannibales — sont excessivement laids et maigres, plutôt malingres.

Le soir de notre arrivée dans le village d'Iambo, j'assiste à une danse du pays. Autour d'un brasier qui éclaire la scène, les indigènes exécutent, au son de plusieurs tam-tams, une ronde accompagnée de chants ; hommes et femmes se suivent à la file indienne et au pas cadencé. Ces corps, alternativement éclairés par une flamme incertaine ou laissés dans l'ombre, ces peintures rouges, ces cheveux hérissés, ces rictus, — bouches édentées grandes ouvertes ou lèvres pincées des chanteurs, — ces physionomies étranges, cette musique macabre et cette clameur triste, tout donne à la scène un je ne sais quoi de diabolique : on croirait assister à quelque sarabande d'outre-tombe, à quelque supplice infernal, tandis que le bruit et l'odeur, hélas! font deviner dans l'ombre une multitude assise, battant des mains ou chantant à l'unisson par intervalles.

Je vais me coucher dans la case que j'occupe, en compagnie d'innombrables rats tellement entreprenants qu'ils grimpent à ma bougie pendant que j'écris mon journal. J'essaie de dormir, mais ces chants tristes, mélopée lugubre qui ressemble à une plainte plutôt qu'à une musique, me poursuivent jusque dans mon sommeil, et je rêve de multitudes agonisantes, geignantes, rongées par les rats. Ceux-ci me chassent bientôt hors de la case, et je vais chercher le repos dehors, au milieu de mes hommes, qui campent à quelques mètres. Les chants nocturnes des Baloubas m'ont rappelé, avec l'harmonie en moins, les cantiques bas et lugubres de ces confréries de pénitents qui, la nuit, dans certaines villes d'Italie, défilent lentement à la lueur des torches et vous laissent sous le poids d'une indéfinissable tristesse. Mes hommes avaient la même impression, car j'entendis Msiambiri qui disait : « *Adza ti passa marodza!* Ils vont nous porter malheur. »

Le lendemain, à l'aube, nous reprenons notre route. Nous continuons à croiser de temps à autre des troupes de guerriers en armes qui s'arrêtent à nous regarder curieusement jusqu'à ce qu'ils nous aient perdus de vue, intrigués par ce blanc qui marche tranquillement sur leur territoire. Il en est qui demandent aux porteurs des renseignements sur notre direction, sur mes intentions, etc. Nous trouvons une troupe de chasseurs d'éléphants installée dans un village, et je fais halte pour causer avec eux. Ils chassent à la sagaie et non au fusil. Ils ont chacun trois sagaies qu'ils lancent dans le flanc de l'animal ; c'est pour avoir plus de force dans le jet, disent-ils, qu'ils se garnissent le bras droit d'un nombre considérable de bracelets d'ivoire, de corne ou de fer ; ils en ont jusqu'au coude. Ils affirment qu'il y a des éléphants à huit ou dix jours de marche vers l'ouest, mais ils se gardent bien de m'expliquer pourquoi ils sont ici où il n'y a rien. Je l'apprendrai bientôt.

Pendant la journée, nous parcourons un pays ondulé où des sentiers nombreux, qui s'entre-croisent dans toutes les directions, indiquent la présence de nombreux villages; mais tous ceux que nous trouvons sont brûlés ou déserts. Des têtes humaines se rencontrent çà et là, les unes à moitié desséchées, d'autres fraîches, ne « datant » que de quelques jours. Comme je demande où peuvent être les corps, on m'explique qu'ils ont été mangés par l'ennemi qui a détruit ces villages. Il est d'usage de laisser toujours les têtes et les intestins ; ces derniers ont disparu, dévorés par les vautours qui planent aux environs, et au bec aigu desquels il faut attribuer également l'aspect taillad et déchiqueté de toutes ces têtes, que je croyais à tort avoir été abîmées par les lances et les couteaux du vainqueur. Quelques amas de cendres avec des morceaux de bois à moitié consumés confirment l'exactitude des explications que l'on vient de me donner, car on aperçoit, épars tout autour, à moitié carbonisés, des tibias, des côtes et d'autres os humains.

Vers le soir, nous trouvons un convoi de femmes et d'enfants qui se reposent sur le bord du chemin, entourés d'ustensiles et de paquets ; nous questionnons ; mais, avec la méfiance naturelle aux noirs la première fois qu'ils voient un blanc, personne ne nous renseigne. C'est pourtant là un village qui déménage. — Où sont donc les hommes ? — Ils viennent, nous répond-on. La nuit tombe sans que nous rencontrions un endroit habité ; nous campons au milieu d'un amas de cases brûlées où quelques têtes humaines sont tout ce qui reste des habitants; je les fais enlever et jeter plus loin. L'usage du pays, paraît-il, est de manger sur place les blessés, les morts, les prisonniers de guerre inutiles, comme les vieillards ou les malingres ; les autres sont emmenés en captivité par les vainqueurs, qui les dévoreront plus tard après les avoir nourris comme des volailles à l'engrais, ou qui les vendront aux caravanes pour un peu d'étoffe, de verroterie ou de sel.

Les Baloubas me racontent tout cela, le soir, autour du feu, comme la chose la plus naturelle du monde.

— Mais, leur dis-je, ces gens que vous combattez, les Baouimas, sont des Baloubas comme vous, de la même race, du même pays : ce sont vos frères. Vous vous mangez donc entre vous ?

— Les Baouimas ne sont pas nos frères : ils sont du même pays, c'est vrai, mais nos ennemis ; nos pères se faisaient la guerre, et nous faisons comme nos pères. Voyez comme ils traitent nos villages ; les têtes que vous avez vues sont des têtes de Baloubas. En agiraient-ils ainsi si nous étions frères ?

— Pourquoi vous faites-vous la guerre ? Est-ce pour la possession du territoire ?

— Non ; il y a chez les Baouimas un chef, Makié, qui veut nous gouverner ; il est fils d'esclave, et nous ne voulons pas le reconnaître : le seul, le vrai chef des Baloubas, c'est Chilamala, qui habite sur le bord de la Louvoua. (Nom balouba du Louapoula.)

— Et jusqu'où s'étendent vos pays ?

— Là-bas, là-bas (montrant le sud-ouest), jusqu'au Kamolondo. (C'est le nom indigène du Loualaba.)

— Et par ici ? (J'indique l'ouest et le nord.)

— Ici les Baloubas étaient autrefois, mais c'est fini ; vous voyez bien que ce sont les Baouimas qui sont aux environs ; c'est pourquoi nous ne pouvons aller chez eux. Et puis, chez eux, le blanc va avoir la guerre si c'est nous qui l'y conduisons.

Après ce préambule, mes Baloubas m'annoncent qu'ils veulent leur paiement le lendemain, parce qu'ils n'iront pas plus loin. Je ne fais aucune objection; je promets même un cadeau; je cherche à tout prix à obtenir quelques éclaircissements comme complément aux renseignements qui précèdent, mais je n'obtiens que des propos sans importance, des allusions que je ne comprends pas et que l'on ne veut pas m'expliquer. Une seule chose est à peu près clairement exposée, c'est que les Baloubas ne pillent jamais les caravanes d'Ouangouanas, qu'ils ne mettent pas la tête de leur chef au bout d'une perche et que ces caravanes peuvent voyager librement chez eux si elles ne font de mal à personne.

Que conclure de cela? Est-ce à dire que les Baloubas ne font pas de mal aux caravanes, mais que les Baouimas leur en font? En admettant que ces derniers aient pillé, à titre de représailles, un convoi d'esclavagistes, dont les chefs se livrent généralement à toute espèce d'abus, dois-je en conclure qu'un blanc pacifique puisse craindre le même sort, alors qu'il paie aux indigènes tout ce qu'il leur prend et qu'il se garde bien de les maltraiter?

Il y a dans tout ceci un je ne sais quoi de louche, et mes soupçons commencent à naître ; je dors mal, à partir de ce soir-là, mes inquiétudes étant plus fortes que la fatigue : ces gens, me dis-je, cachent quelque chose, mais qu'est-ce? En veut-on à mon expédition et une trahison se prépare-t-elle? Convoite-t-on mes marchandises? J'ai trop l'habitude du noir pour ne pas deviner immédiatement lorsqu'il ment, et depuis plusieurs jours on ment partout : tout le monde ment! Serais-je venu ici pour tomber dans un guet-apens?... Quoi qu'il en soit, du calme, et observons.

J'observe, en effet, cachant avec soin mes pensées

secrètes sous mon visage habituel ; mes hommes ne se doutent pas de mes idées, mais je sais qu'ils font des réflexions analogues : le moment va bientôt venir où nous tiendrons conseil.

Chérif me dit ce soir-là : « Si nous restons ensemble, on croira que je suis de vos gens, et je ne saurai jamais rien; je vais vous faire mes adieux devant tout le monde; je prendrai comme prétexte une discussion avec Souédi et j'emmènerai dix de mes hommes, y compris les deux esclaves baloubas. Dès que je saurai quelque chose, je vous ferai prévenir ; je vais faire semblant de continuer mon commerce et me tiendrai à un ou deux jours en avant de vous. Comme vous, je suis persuadé qu'il y a une guerre entre les indigènes, mais il y a autre chose encore qu'on nous cache; je le saurai bientôt. »

J'approuve ce plan de tous points, et le lendemain Chérif, emmenant Zaïdi et quelques hommes, quitte ostensiblement l'expédition. Afin de lui donner de l'avance, je prends pour prétexte le désir de chasser l'éléphant et campe trois jours à la Louizi, la région étant assez peuplée de ces pachydermes. La veine, par ironie sans doute, ou pour compenser l'affreuse malechance qui allait me poursuivre dans ce voyage, me favorise étrangement : j'abats plusieurs éléphants, parmi lesquels le plus grand et le plus beau que j'aie tué ou vu; il mesurait $3^m,69$ de hauteur et portait une paire de défenses dont chacune atteignait $2^m,41$ et pesait 52 kilogrammes. Je résolus de garder la tête entière de ce monstre, ce qui ne demanda pas moins de onze porteurs supplémentaires : deux pour chaque défense, un pour la mâchoire inférieure et six pour le crâne.

Pendant mes absences, les hommes de Chérif,

une quinzaine environ, avec Souédi et James, gardaient le camp; j'avais pris avec moi le compagnon de Chérif, nommé Kaniki, qui parlait la langue du pays. La poursuite des éléphants m'avait malgré moi entraîné fort loin. Au cours d'un détour que j'avais ainsi fait dans le sud, je pris contact avec des Baloubas; ceux-ci m'avaient paru de braves gens tranquilles : quelques-uns d'entre eux, de leur propre mouvement, me suivirent à la chasse, d'abord avec crainte, car ils n'avaient jamais vu un blanc dans ces pays, puis peu à peu ils avaient repris confiance. Le chef d'un grand village m'envoya une députation pour me prier de venir le voir, ce que je fis, et j'en profitai pour lui demander des porteurs; il me les promit à mon retour de la chasse. Le premier éléphant tué fut pour lui : voulant l'amadouer, je lui fis ce cadeau princier. Deux cents hommes vinrent déchiqueter le colosse, et, en deux heures, le chef était en possession de la totalité. Les Baloubas m'ayant dit que la viande était pour eux le régal le plus recherché, ce dont je me serais douté en voyant partout des crânes humains, je leur demandai s'ils prendraient de la viande comme paiement au lieu d'étoffe; on me répondit affirmativement avec enthousiasme; aussi, le lendemain matin, ayant abattu deux éléphants, je fis dire au chef de m'envoyer les porteurs qu'il me destinait afin que je pusse leur remettre leur paiement en nature.

Il paraît qu'on se battit pour être compris dans les bienheureux qui allaient recevoir cette aubaine. Je vis arriver vers midi, sous le commandement d'un *niampara* (1), une véritable armée composée de

---

(1) Capitan indigène, chef de caravane.

180 hommes destinés à être mes porteurs, plus un nombre considérable d'amis, de féticheurs, de sous-chefs et autres utilités, portant tous le grand bouclier national, la lance et les armes sans lesquelles un Balouba ne quitte jamais son village.

Je choisis les 80 hommes qui m'étaient nécessaires, je pris leurs noms et je leur adjoignis, sur leur demande, un niampara, un docteur pour les soigner pendant le voyage, un féticheur pour éloigner les sortilèges, quatre ou cinq enfants pour porter les boucliers, quatre pour les marmites. Jamais caravane, dût-elle entreprendre un voyage au bout du monde, ne fut plus complète. Personnellement, je n'y voyais aucun inconvénient, puisque le paiement se trouvait là sous forme de deux éléphants et qu'il ne m'en coûtait ni plus ni moins; mais les porteurs n'avaient pas l'air de se douter qu'à chaque individu qu'ils ajoutaient ils diminuaient leur propre part. Lorsque, par l'intermédiaire de Kaniki, j'eus expliqué à la centaine d'enrôlés que, sauf les défenses, le cœur et un morceau pour mes hommes, toute la viande qui était là leur appartenait comme étant le paiement d'avance de huit jours de voyage dans l'ouest, il y eut un murmure parmi les « nombreux camarades » qui étaient venus prendre part à la curée et qui se virent frustrés dans leurs espérances. Il y eut d'abord une palabre qui, peu à peu, s'envenima. Sans comprendre tout, on voyait que les porteurs, c'est-à-dire les légitimes possesseurs des éléphants, se resserraient graduellement autour des animaux de façon à les défendre contre une agression qui se préparait ; les figures s'animaient, les injures se devinaient déjà : le sang allait couler.

Quand on a vu des peuples pacifiques, calmes,

pusillanimes même, comme les Magandjas ou les Azimbas, en venir aux mains autour d'une carcasse d'animal; quand, à chaque instant, les Atchécoundas, relativement polis et civilisés, se battent au couteau pour le même motif, comment douter un instant de l'issue de cette discussion entre deux cents cannibales avides de viande, ivres de convoitise, armés de flèches empoisonnées et de lances, tous gens appartenant au plus bas échelon de la race humaine ?

J'essayai de m'interposer ; on finit par m'écouter. Je promis un autre éléphant aux mécontents s'ils laissaient leurs camarades disposer en paix de ce que je leur avais donné. Comme on refusait avec des cris, je proposai alors aux porteurs de prendre seulement un éléphant et de donner l'autre, quitte à en être indemnisés plus tard avec un autre animal ou bien en étoffe, si la chasse ne me favorisait pas. Non seulement cette proposition n'eut aucun succès, mais on ne me laissa pas le temps de trouver mieux : une immense clameur retentit et les deux partis se séparèrent aussitôt, les mécontents s'éloignant à reculons d'une centaine de mètres, tandis que les autres se portaient devant les éléphants, entre ceux-ci et leurs nouveaux ennemis. En même temps commençaient les danses de guerre.

Impuissant à empêcher le conflit, je me retirai à distance avec mes trois hommes du Zambèze, les Baloubas qui m'avaient accompagné à la chasse ayant pris parti pour les défenseurs du droit. Je choisis un endroit où, à l'abri des flèches, je pourrais comme un arbitre juger des phases du combat. « Puisque ces forcenés, pensais-je, ne trouvent pas moyen de se calmer autrement qu'en s'entre-tuant, laissons-les faire, mais restons neutre; si je tire sur l'ennemi, j'aurai tort, parce qu'ils sont envoyés par le chef pour être mes porteurs et que, somme toute, ces gens sont tous du même village (1); peut-être ne se feront-ils pas trop de mal à cause de cela, et le combat se bornera-t-il à une démonstration : attendons. »

Les danses de guerre consistent en contorsions, gambades ou sauts divers ; tout en faisant des « monômes » qui s'entre-croisent, on brandit des sagaies et des arcs, on frappe en cadence sur l'osier des boucliers; derrière chaque groupe, plantées en terre, se dressent les grandes lances, qui ne paraissent pas devoir être utilisées pour le moment.

On entonne des chants de guerre ou plutôt des vociférations prolongées... En fermant les yeux, il me semble que j'assiste, à Paris, à l'ouverture de la Bourse du midi; en réalité, jamais scène africaine ne fut plus tragique : ces deux phalanges de sauvages sur le point d'en venir aux mains, les cadavres des éléphants, la plaine tranquille, les monts Mitoumbas, qui s'élèvent au fond dans le ciel, tout donne à ce tableau un caractère inoubliable.

Tout à coup une autre clameur éclate et les danses s'arrêtent ; les Baloubas se font face et, au pas de course, se précipitent les uns contre les autres. A vingt mètres à peu près, chaque homme s'arrête, bien dissimulé derrière son immense bouclier, qui le protège admirablement, et, se portant soit à droite, soit à gauche, lance, au moment où il le croit propice, une sagaie sur son ennemi ; on voit ainsi des bras qui s'élèvent et s'abaissent, des

---

(1) Je me trompais : je sus plus tard qu'ils appartenaient à des villages différents.

gens qui se courbent ou se redressent, selon qu'ils attaquent ou parent, et à cinquante mètres on entend le crépitement des lances sur les boucliers d'osier, comme le bruit d'une fusillade éloignée, le tout entrecoupé de cris et d'exclamations.

Chaque homme ayant épuisé ses sagaies ou lances de jet, les ennemis se reculent, car le corps à corps va commencer avec les grandes lances baloubas qui traversent bouclier et homme. Nous voyons plusieurs blessés, mais ils se relèvent bientôt, à l'exception de deux qu'on traîne de côté afin de débarrasser le champ de bataille.

Au deuxième choc, les lances ne sont plus plantées en terre; elles sont en main et tenues horizontalement, tandis que nos gens s'avancent les uns sur les autres, chacun essayant d'éviter par des sauts l'arme de son voisin et cherchant à atteindre celui-ci avec la sienne; peu de coups sont échangés, sans doute à cause du poids des hampes; un homme, cependant, est traversé de part en part, quatre autres sont blessés sérieusement; le combattant qui a transpercé son adversaire cherche, par des secousses, à dégager son arme, et, à chaque coup, le corps du blessé fait un soubresaut; le malheureux tâche de saisir de ses mains cette lance qui le torture, enfoncée dans le creux de l'estomac; longtemps il n'y peut parvenir; enfin, une dernière saccade, et elle ressort! Horrible spectacle!

Jugeant que la colère doit être calmée, je descends au milieu des belligérants, et Kaniki leur dit de ma part que, si on ne cesse pas les hostilités, je vais faire feu sur tout le monde et tuer vingt personnes, pour commencer, avec mon fusil à éléphant; il ajoute que ceux qui n'ont pas été inscrits peuvent se retirer, car je ne les laisserai pas approcher de la viande, trouvant suffisant d'avoir vu blesser dix personnes et tuer un homme pour une chose pareille. En effet, le malheureux transpercé expire comme on prononce ces mots.

La vue de cette mort inutile, mes paroles, mon attitude calme peut-être, font impression sur cette foule, et les fauteurs du désordre se retirent lentement, emportant le mort et suivis des blessés qui leur appartiennent.

Plusieurs éclopés qui font partie de notre bande se pansent rapidement ou se font aider par un camarade pour prendre plus vite leur part de la curée. Leurs blessures semblent faites par des coups de sabre; l'un est touché à la joue, l'autre à l'avant-bras, un troisième à la cuisse. Le procédé de pansement consiste en l'application d'un peu de terre glaise mouillée, avec quelques feuilles et un morceau de peau ou de corde emprunté à un arc. Bientôt tout le monde est au travail, et, au crépuscule, la viande est distribuée sans plus de quatre ou cinq discussions avec injures. Chaque homme emporte à peu près trente kilogrammes de viande. Le niampara a mis de côté un cadeau pour le chef. Nous arrivons au village de celui-ci vers onze heures du soir, à cause des vingt-cinq kilomètres qui nous en séparaient.

Le lendemain, troisième et dernier jour de chasse, je tue vers le soir le gigantesque éléphant dont j'ai parlé ; j'en abandonne la viande moitié au chef, moitié aux indigènes qui s'étaient crus frustrés la veille, et j'arrive dans la nuit, avec cent porteurs et ma tête d'éléphant, à mon camp de la Louizi, où Souédi me fait un rapport satisfaisant en ce sens qu'il n'a rien de fâcheux à m'annoncer :

à part quelques hyènes, la nuit, et les vautours, le jour, mes hommes n'ont pas vu âme qui vive.

Cette même nuit, deux heures après ma rentrée, un des esclaves de Chérif arrive avec un message pressé, et Kambombé m'éveille. Je fais asseoir l'envoyé près du feu, à côté de ma natte. A son air fiévreux, à ses pieds poussiéreux et meurtris, je comprends que l'émissaire vient de loin et que les nouvelles sont mauvaises ; appuyé sur mon coude, j'écoute son message. Il me l'a donné en mauvais souahili et je l'ai transcrit avec ses incohérences et ses obscurités :

« Bouana (1), Chérif est arrivé chez Makié, le chef des Baouimas; celui-ci lui a demandé pourquoi il n'avait pas d'étoffe pour acheter de l'ivoire et des esclaves ; Chérif lui a répondu qu'il en attendait. Makié a voulu savoir ensuite s'il te connaissait et s'il savait où tu allais. Chérif, qui avait entendu beaucoup de mauvais bruits, dit : Non, je ne le connais pas et j'ignore où il va.

— Es-tu son ami ou son ennemi ?
— Je suis son ennemi.
— Rien ne me le prouve.

« Chérif lui a alors raconté qu'il vous avait rencontré, que vous n'aviez rien voulu lui donner, qu'il vous avait quitté mécontent et vous avait laissé sans porteurs. Makié a eu l'air très satisfait et lui a dit : Retourne près de ce blanc, et sois son ami ; si tu me l'amènes ici, je le forcerai à me payer un gros *hongo* (tribut) et nous partagerons. Tu dis qu'il est sans porteurs ; je vais te donner des hommes et tu deviendras son ami en les lui amenant. Une fois

(1) *Bouana*, maître.

ses charges dans les mains de mes enfants, tu n'as pas à craindre qu'il s'échappe, car il devra venir les reprendre ici; tu dis qu'il n'a que dix fusils, je ne le crains pas.

« Bouana Chérif a répondu que, s'il vous arrivait malheur, il ne pourrait jamais retourner dans son pays, et que si l'on devait faire du mal au blanc, il préférait ne pas se mêler de l'affaire; qu'il conseillait à Makié de ne rien tenter de pareil, car les blancs viendraient en foule brûler les villages et tuer les Baouimas pour venger la mort de leur frère. Makié a alors déclaré qu'il n'avait jamais pensé à vous tuer, mais qu'il voulait seulement vous obliger à lui payer un gros *hongo*.

« Bouana Chérif m'a dit de vous répéter bien fidèlement les paroles que voici : « Qu'il parte tout
« de suite vers le nord parce qu'au sud on va lui
« couper le chemin; qu'il s'éloigne le plus tôt qu'il
« pourra; s'il n'a pas de porteurs, va lui en chercher,
« qu'on les paye double ou triple, qu'il cache sous
« terre ce qu'il ne pourra emporter, on ira le re-
« prendre plus tard; les cases brûlées et détruites
« sont de très bonnes cachettes : personne n'y
« touche. Moi, Chérif, je pars demain pour aller soi-
« disant à sa rencontre là où il est campé aujour-
« d'hui, envoyé par le chef avec les porteurs; j'irai
« lentement; j'y serai dans trois jours; il faut qu'à
« ce moment il soit loin, très loin déjà, entends-tu,
« parce qu'on se mettra sûrement à sa poursuite;
« qu'il marche la nuit et qu'il fasse alliance de
« guerre avec X... et X... (Ici les noms de quelques
« petits chefs indigènes de la région.)

« Va, et qu'Allah le protège! »

Et le messager ajouta :

« Bouana Chérif a dit que je prenne chez vous immédiatement deux de ses hommes, que je vous demande dix pièces d'étoffe et que j'aille en avant faire alliance de guerre. »

Pendant qu'on prépare de l'ougali (1) pour ce malheureux qui a très faim, il m'apprend qu'il est parti la nuit et ne s'est arrêté que quelques minutes pour boire aux divers cours d'eau rencontrés en chemin; il avait fait dans sa journée 110 kilomètres! Je lui conseille d'aller se reposer et de partir de grand matin, ce à quoi il consent; je lui fais prendre un bain de pieds dans un seau d'eau tiède, et si grande est sa fatigue qu'il s'endort dans cette position.

Que viens-je d'apprendre? Qu'il faut partir vers le nord quand c'est au sud, au contraire, que je voulais aller! Si je persiste dans mon idée et que je rencontre l'ennemi, mes Baloubas vont m'abandonner; je serai donc tout à fait à la merci des gens de Makié. En allant au nord, les Baloubas marcheront et me conduiront chez des amis; mais le nord, c'est le retour, c'est l'abandon de mes projets, c'est encore le Tanganyika! Tout à recommencer!

Mes hommes du Zambèze ont écouté dans le plus grand silence le message de Chérif. Je crois le moment venu de les consulter et je les réunis autour de moi. L'instant est solennel : de la décision que nous allons prendre dépend peut-être notre sort à tous.

Souédi me donne tout d'abord quelques rensei-

(1) *Ougali* en souahili (*noima* en atchécounda) est de la farine cuite à la consistance d'un mortier épais dont les indigènes font leur nourriture. Au Zambèze nous ne l'appelions du reste entre nous que le « mortier ».

gnements sur Chérif : « Il a le cœur droit, dit-il, et tu peux croire tout ce qu'il te dit ; ce que tu commanderas, nous le ferons, mais tu ne voudras pas nous faire tuer pour rien, car que pouvons-nous cinq ou six contre des centaines de machenzis (1) ? »

Msiambiri, à son tour, donne son avis : « Si nous mettons les ennemis en fuite, nous arriverons à nous sauver peut-être avec le *mzoungo* (blanc) dans la brousse. Mais que deviendront nos charges et avec quoi continuerons-nous notre voyage, puisque tu dis que nous en avons encore pour quatre ou cinq mois ? Tu reviendras au Tanganyika dans la misère. Mieux vaut y revenir de ton bon gré avec tout ce que tu possèdes ; on pourra repartir d'un autre point moins dangereux. » — « D'ailleurs, ajoute avec raison le jeune Kambombé, au premier coup de fusil, tous les porteurs fuiront et tu resteras seul ; si, au contraire, tu veux fuir, les hommes te seconderont de toutes leurs forces, car c'est aussi leur vie qui est menacée, et c'est pour sauver leur tête et non la nôtre qu'ils t'obéiront. »

« Mais, mes enfants, dis-je, vous savez bien que nous n'avons pu passer à Mpouéto (Moëro) à cause des troubles et que l'Ouvira est fermé pour la même raison. Où passerons-nous alors ? »

« Le mzoungo connaît le pays, dit l'homme-canon ; nous, nous ne le connaissons pas, nous ne sommes que des noirs ; mais, à ta place, je ne resterais pas une minute de plus ici et je voudrais que les Baouimas enragent en voyant que je me suis sauvé. »

(1) Indigènes en kisouahili et dans tous les idiomes du Zambèze ; *kitchenai*, leur langue.

« Allons, me dis-je, depuis Tchitouta, la malchance me poursuit ; il n'y a rien à faire. Puisqu'il faut fuir, fuyons, et avisons aux moyens à prendre pour que du moins cette fuite ait quelque succès. »

Le jour commençait à poindre comme je prenais cette décision, et, après une dernière lutte avec moi-même, désespéré, la rage au cœur, je donnai l'ordre de la mise en marche : « Capitans, on part tout de suite : amarrez et distribuez les charges, recommandez le silence, faites alimenter les feux pour qu'on nous croie ici jusqu'à ce soir, et envoyez-moi les émissaires qui doivent nous devancer. »

Ceux-ci reçoivent aussitôt des étoffes et se mettent en route pour négocier l'alliance de guerre avec les chefs que Chérif a indiqués, pour que, moyennant cet acompte, plus la promesse d'un cadeau que je donnerai en passant, ils gardent mon passage secret et me tiennent au courant, aussitôt qu'ils en seront prévenus, de tout danger qui me menacera.

Je doute que l'on puisse compter de la part des indigènes sur un appui aussi intelligent ; je me raccroche à toutes les branches ; mais, d'un autre côté, il n'est rien qu'un Balouba ne fasse pour « embêter » un Baouima.

A partir de ce moment, commença notre déroute : malgré mes marches forcées de jour et de nuit, les trois jours que je croyais avoir d'avance sur l'ennemi se réduisirent bientôt à deux, puis à un et demi. Chérif m'envoyait émissaires sur émissaires pour me tenir au courant. J'appris ainsi et qu'on avait presque immédiatement su que j'avais changé de localité, et qu'on forçait les étapes pour me rattraper. Au lieu des 100 hommes que j'avais demandés, il y en avait plus de 500 à mes trousses, armés en guerre et résolus à tout pour s'approprier mes richesses; le roi avait dit aux chefs que, s'ils ne ramenaient pas mes charges, il les ferait exécuter. Un petit chef balouba, voulant gagner le cadeau que je lui avais remis, avait réussi à donner le change sur ma direction et à lancer nos ennemis sur une fausse piste; après quoi, il s'était enfui lui-même de peur de représailles; ce brave homme me fit ainsi gagner une demi-journée. Un autre employa une trentaine d'hommes à piétiner à dessein un sentier que nous n'avions pas pris, afin de montrer les prétendues traces que nous y avions laissées; grâce à cette ruse, il envoya les gens de Makié à travers les montagnes.

Comme toujours, en pareil cas, les indigènes qui m'aidaient cherchaient à profiter de ma situation : deux fois par jour ils posaient leurs charges, déclarant qu'ils n'iraient pas plus loin si je n'augmentais leur paiement. Je finis par payer chaque homme quatre *dotis* (16 mètres de calicot) par jour, somme fabuleuse dans un pays où l'on paye un doti pour un mois de travail et où, pour deux dotis, on achète l'homme lui-même. Mais, en revanche, ces gens ont fait preuve d'une endurance, d'une ténacité, d'une énergie extraordinaires; c'était en réalité pour sauver leur propre vie qu'ils fuyaient ainsi, se mettant en route à toute heure, sans repos, sans nourriture, toujours prêts à marcher sans un murmure, sans une plainte.

Les poursuivants trouvèrent définitivement notre piste à une dizaine de milles de la rivière Tounda; ce fut, d'après ce que j'appris plus tard, les marques de mes souliers sur le sol qui nous trahirent; ils redoublèrent de vitesse, ayant encore sur moi à ce moment deux jours de retard, c'est-à-dire environ 70 kilomètres.

Au village de Magoué, ils brûlèrent toutes les cases, les indigènes ayant pris la fuite pour ne pas les rencontrer. A partir de ce moment, nous étions dans les collines, et Chérif, surveillé de près, ne trouva plus moyen de m'envoyer d'émissaires. C'est à l'aide du tambour et de feux que nous fûmes renseignés sur les agissements de l'ennemi.

L'usage du tambour à signaux s'étend dans ces régions depuis l'Ouroua et le Maniéma jusqu'au Congo moyen. Cet instrument est un énorme tronc d'arbre ou bien un bloc de bois évidé intérieurement, n'ayant pour toute ouverture qu'une fente longitudinale, par laquelle je suppose qu'on passe les outils destinés à le creuser. Bien isolé du sol par deux montants, il résonne avec sonorité lorsqu'on le frappe à l'aide d'un morceau de bois au bout duquel est adaptée une boule de caoutchouc. Le son de ce tambour se répercute au loin et s'entend distinctement la nuit à plusieurs kilomètres; les indigènes s'en servent pour se communiquer toutes les nouvelles et ce système d'informations est tout à fait curieux; le code de signaux diffère selon les régions, mais il se compose à peu près uniformément de coups secs et de roulements ou coups longs différemment espacés. Je raconterai plus loin les expériences que j'ai tentées pour étudier ce genre de communications; mais, à ce moment, je me bornai à en profiter sans chercher à me l'expliquer.

Cinq jours s'étaient écoulés depuis que, sur l'avis de Chérif, nous avions quitté le village brûlé (celui où nous avions trouvé des têtes humaines et dont j'ignore le nom), lorsque, retraversant les affluents de la rivière Nyamba, nous entrions de nouveau dans la chaîne des Mitoumbas, en sens inverse cette fois et à une quarantaine de kilomètres au nord de notre chemin d'arrivée. Ici, les montagnes étaient encore difficiles et d'aspect sauvage, mais beaucoup moins qu'à l'endroit où nous les avions traversées dix jours auparavant; nous y rencontrâmes nombre de villages avec lesquels je faisais en passant un traité d'alliance.

Il y avait cinq nuits que je n'avais pas dormi, cinq jours que je marchais : j'étais exténué. Pendant les rares repos, je mettais ma natte à l'ombre d'un arbre et je sommeillais une heure; je m'alimentais uniquement avec de l'extrait de viande et du lait, me contentant de mâcher, tout en marchant, un peu de beltong que je prenais dans ma poche. A la faveur de la lune, on voyageait jusqu'à une ou deux heures du matin sans désemparer; puis, après une courte halte, on repartait; ces ascensions de nuit, ces descentes dans les vallées sombres, ces fardeaux sous lesquels les hommes peinaient, le froid intense qui recommençait à se faire sentir à cette altitude, tout rendait ces parcours nocturnes lents et pénibles; enfin les hommes demandaient grâce et on s'arrêtait, toujours sur une crête. On voyait les feux que nos alliés allumaient sur les montagnes voisines comme signaux; nous placions les nôtres bien visibles et isolés sur le sommet, tandis que les hommes faisaient leur flambée sur le versant, à l'abri de quartiers de roche.

Un feu voulait dire : tout va bien; deux signifiaient : danger. Dans l'un et l'autre cas, le tambour annonçait de village en village la marche de l'ennemi. C'était autant pour les indigènes que pour nous que ces avertissements étaient donnés ; tous ces montagnards, à la moindre alerte, se seraient réfugiés dans quelque caverne, dans quelque souterrain connu d'eux seuls, où ils gardaient déjà leurs semences et leurs objets précieux ; l'ennemi n'eût trouvé en arrivant que des villages abandonnés.

Aussitôt arrêté, j'eusse voulu me coucher et dormir. Impossible, hélas ! Je quittais bientôt ma natte et, assis à côté du foyer, je surveillais à la lorgnette les feux en vue sur les autres crêtes, les uns rapprochés et distincts, d'autres plus éloignés et se voyant comme de petites lueurs jusqu'à sept ou huit kilomètres. Le tambour résonnait-il, j'appelais immédiatement auprès de moi un ou deux indigènes ou l'esclave de Chérif, et l'on écoutait en silence les boum-boum, qui s'entendaient distinctement dans la nuit. Combien de fois, pendant cette retraite, la caravane ne s'est-elle pas arrêtée dans sa marche pour prêter l'oreille ? On traduisait. C'était le plus souvent des communications de village à village, lesquelles ne nous concernaient pas : alors on repartait aussitôt, rassuré.

C'est au moyen de ces signaux que j'appris que l'ennemi avait passé la deuxième eau, c'est-à-dire la rivière Tounda (la première étant le cours inférieur de la Louizi ; la troisième, les affluents de la Nyamba). Il pouvait être deux heures du matin lorsque là-bas, là-bas, tout à l'horizon, sur le faîte le plus éloigné, un deuxième feu apparut à côté du premier. Aussitôt toutes les collines environnantes de répéter le signal. En même temps le tambour envoyait la nouvelle, qui fut transmise de village en village et enfin, à la sixième fois, arrivait à 1,500 mètres de nous sur la montagne voisine. La « dépêche » nocturne disait : « La guerre vient : beaucoup d'hommes ont passé la deuxième eau au coucher du soleil; ils y ont campé. »

Voyons, me dis-je en prenant mon journal : 15 milles avant-hier et 18 hier font 33 milles que nous avons parcourus : l'ennemi n'est donc plus qu'à 50 kilomètres de nous; il gagne visiblement. (Je commençais à mettre un certain amour-propre à ne pas me faire prendre...) Attention! voilà encore l'infernal tambour!... Ecoutons!... Les Baloubas traduisent : « L'ennemi s'était arrêté pour manger; il reprend sa marche. »

En avant nous aussi! m'écriai-je, donnant le signal du départ, et nous voici qui repartons par la nuit noire à travers les gorges; la lune est couchée et quelques torches de paille guident la caravane dans les endroits difficiles.

Le jour se lève sur ce tableau de misère : des hommes, las de fatigue, amaigris par le manque de nourriture et de sommeil, grimpent lentement au flanc escarpé des montagnes : c'est le dernier effort. Je les suis, mécaniquement, comme en un rêve; mes forces ne tarderont pas à me trahir; une irrésistible envie me prend de me jeter à terre, n'importe où, et de dormir longtemps, longtemps, longtemps...

Vers le milieu de la journée, on se repose deux heures à l'ombre, tandis que des sentinelles veillent sur la cime voisine dans l'attente d'un signal. A trois heures, on repart; je suis pris de vomissements : à la fatigue viennent encore s'ajouter des nausées et des étourdissements. Enfin, la nuit, je m'arrête avec l'intention de prendre coûte que coûte quelques heures de repos. A cet effet je fais étendre ma natte auprès d'un bon feu, je me réconforte avec du lait. Mais le sommeil ne vient pas; la surexcitation nerveuse est telle qu'au premier coup de tambour je me lève en sursaut, je vais voir et j'écoute. Depuis la veille, je suis en proie à une obsession terrible : il me semble que je vais tout perdre, je vois l'expédition dispersée et mes projets définitivement ruinés; mon énergie, qui s'endort sous la fatigue, cette idée la fouette à un tel point, que je suis incapable de prendre le repos qui m'est nécessaire, et je repars à minuit, aussitôt que les signaux m'apprennent que les poursuivants ont passé Lakassa à la nuit.

Lakassa! un petit village sur la Nyamba, à trente kilomètres à peine! Ils ont, par conséquent, gagné sur nous vingt kilomètres, plus notre parcours d'hier, que j'estime à quinze. Décidément la rencontre est pour demain! Toute la nuit se passe en marche, sans faire malheureusement beaucoup de chemin à cause de l'obscurité et de la difficulté du terrain; il faut se souvenir que nos ennemis n'ont que leurs armes à porter, et, dans ces conditions, un indigène accomplit des parcours considérables, tandis que mes hommes sont chargés. Quant à moi, je suis à moitié mort par suite de manque de sommeil.

Ma plume est impuissante à décrire ces jours de misère, à analyser les souffrances physiques et morales que j'ai endurées. C'est dans ces circonstances que j'ai connu cette sensation de profond découragement, cette insouciance absolue de la vie qui s'appellent le désespoir!...

Mais je reprends mon récit.

Après Lakassa commencent les montagnes élevées, nues et granitiques ; il n'y a plus de sentiers où l'on puisse trouver notre trace ; nous avons fait disparaître tout indice de campement, dispersant les cendres au vent, emportant les tisons à mi consumés pour les jeter dans la première ravine venue; les Baloubas affirment qu'on ne peut nous suivre dans ces gorges où le pied ne laisse aucune marque. C'est peut-être le salut; mais je n'y compte plus; je fais un effort néanmoins pour mettre entre moi et mes poursuivants quelques kilomètres encore; je n'ai plus d'espoir : je sens que, si je tombe, je ne me relèverai plus : je m'acculerai dans quelque coin... et j'y attendrai l'ennemi. Pour comble d'infortune, nous sommes peut-être privés désormais d'auxiliaires : je n'ai vu depuis le matin aucun village; tous ces jours derniers, chaque fois que nous en avons aperçu, j'ai envoyé un cadeau et fait raconter mon histoire; mais aujourd'hui les yeux exercés des indigènes n'ont rien découvert sur les aspérités rocheuses, et ce soir nous n'aurons pas de signaux.

La nuit venue, nous faisons, en nous traînant, l'ascension d'une cime élevée d'où l'on découvre les environs, et, à ma grande joie, j'aperçois plusieurs feux appartenant à des villages que nous avons laissés, sans le savoir, à notre gauche et où nous n'avons pas envoyé d'émissaires; ces feux prouvent que ces gens correspondent pour leur propre sécurité et non pour la mienne : mes Baloubas étaient donc dans le vrai en disant que, jusqu'à la Loukouga, on savait jour par jour qu'une expédition ennemie était en marche ainsi qu'un blanc.

Dès huit heures, nous vîmes comme d'habitude les deux feux, et le tambour commença un signal que nous n'eûmes pas le temps d'interpréter, car au même moment l'un des feux était supprimé; de cime en cime, de crête en crête, nous vîmes graduellement une des petites lueurs disparaître, ne laissant subsister partout qu'une seule flamme, et le tambour raconta bientôt une histoire qui me remplit d'émotion et de joie :

« L'ennemi a tourné vers le sud en arrivant aux montagnes; revenant ensuite sur ses pas, il est entré dans les gorges, puis en est redescendu et enfin a rebroussé chemin vers midi! Il campe à la Nyamba ce soir! »

On avait perdu nos traces! Les cent Baloubas de l'expédition poussèrent un hourra auquel je me joignis de tout mon cœur, malgré mon peu de disposition à la gaieté, et les échos des environs répercutèrent à l'infini ce grand cri de soulagement et de liberté.

Cette retraite de l'ennemi lui faisait perdre trente kilomètres. En y ajoutant notre étape du jour, c'était cinquante kilomètres qui nous séparaient de lui, dans le cas, fort douteux, où il eût voulu reprendre la poursuite.

Le lendemain soir, chacun de nous put contempler avec un soupir de satisfaction la pente graduelle qui indiquait la fin des montagnes, et un dernier effort nous amena sur les bords de la Loukouga, où le chef d'un grand village, au courant de mes misères, nous réservait un fort bon accueil, ce qui signifie qu'il ne se fit pas trop prier pour nous vendre des vivres.

En cet endroit, la Loukouga est encaissée par de hautes montagnes; entre celles-ci et le fleuve se trouvent de grandes plaines marécageuses et

LAC TANGANYIKA. OUDJIJI. — Bétail à longues cornes.

LOUALABA (CONGO SUPÉRIEUR). — Tambour à signaux.

des villages assez nombreux. Deux petites étapes le long de la rive droite nous conduisent à son embouchure et enfin à Kapemba, au bord du lac Tanganyika, et à 55 milles au nord de l'endroit où nous l'avons quitté vingt et un jours auparavant.

J'installai mon camp sur une colline élevée. Un accès de fièvre violent fut le résultat de tous les soucis et de toutes les contrariétés que j'avais éprouvés; je me remis néanmoins après deux ou trois jours de repos complet; mais je n'en avais pas fini avec les ennuis : devant moi se dressaient d'autres désappointements.

Qu'allais-je faire maintenant ? A quel parti m'arrêter ? J'avoue que j'étais excessivement embarrassé.

Chérif arriva sur ces entrefaites, ayant brûlé la politesse à messieurs les Baouimas la nuit même où ils perdirent nos traces et campèrent à la Nyamba ; il me félicita de la rapidité avec laquelle nous avions fait notre chemin : à chaque instant il avait craint de nous rencontrer. Parmi les bandits, la famine s'était mise de la partie, ce qui avait contribué à ralentir leur poursuite; on avait attrapé trois malheureux indigènes qu'on avait mangés : bien maigre repas pour 580 hommes! Deux jours plus tard, on avait perdu nos traces et le découragement s'était emparé des chefs; des palabres avaient eu lieu, suivies de rixes, et Chérif avait jugé le moment venu de se dérober aux responsabilités qu'on allait faire peser sur lui. Il avait abandonné ses effets et avait perdu deux charges d'étoffe que le roi lui avait fait laisser en lui disant qu'il les retrouverait à son retour. Je l'indemnisai largement, car j'avais contracté envers ce brave garçon une dette de reconnaissance : sans lui, c'en était fait de l'expédition. Il déclara qu'il resterait avec moi quelque temps, car lui aussi ne savait plus que faire, sa petite tournée de commerce étant désormais compromise.

De mon côté, j'avais eu sept désertions pendant le cours du voyage. La conséquence en avait été l'abandon d'un nombre égal de charges; je fus donc forcé d'abandonner la tête de mon grand éléphant (1) afin d'en utiliser les porteurs, et le crâne du colosse restera pour toujours dans une ravine des monts Mitoumbas.

Au moment de notre arrivée au lac, je fus témoin d'une trombe. Le vent était violent, le ciel gris, mais le lac peu agité : la colonne d'eau, presque invisible au centre, semblait se relier aux nuages; un instant, elle parut stationnaire, puis elle s'éloigna vers le sud avec une rapidité extrême; un gros orage éclata au moment où elle se mettait en mouvement. Ce phénomène est assez fréquent, paraît-il, à certaines époques de l'année.

Le quatrième jour de l'arrivée au Tanganyika, on vint me dire que le petit vapeur que nous avions vu à Tchitouta, le *Good News*, s'approchait de la côte vers le sud, sans doute pour faire du bois. C'était une aubaine inespérée pour moi, qui cherchais des moyens de transport. J'écrivis immédiatement au capitaine pour lui demander de me conduire avec mes hommes sur deux ou trois points de la côte ouest du lac. Le capitaine Gibson me répondit affirmativement et m'annonça qu'il vien-

---

(1) Mais non ses défenses, que j'ai encore et qu'on peut voir à l'Exposition universelle avec les résultats de ma mission. (*Ministère de l'Instruction publique, classe III.*)

…drait me voir le soir même à ce sujet; en effet, il jeta l'ancre devant la baie et descendit à terre, où je lui offris un frugal dîner. Il fut convenu que, moyennant une somme fixée d'avance, il se chargerait de me transporter sur les divers points où je comptais trouver des renseignements.

Le *Good News* était un minuscule vapeur, beaucoup trop petit pour naviguer sur les eaux mouvementées du Tanganyika; aussi s'était-il borné, depuis quinze ans qu'il existait, à voyager pendant les calmes, en se mettant à l'abri aux heures du vent. C'est donc de préférence la nuit et le matin qu'il effectuait ses parcours.

J'épargnerai au lecteur les nouvelles pérégrinations au cours desquelles je revisitai plusieurs points déjà vus; je me bornerai à mentionner la visite que je fis aux Pères Blancs à Mpala. Le Père Guillemé, un des plus anciens dans le pays, m'y donna avec amabilité quelques renseignements précieux dont je le remercie. Je dois, du reste, l'expression de ma vive gratitude à tous les religieux de cet ordre, si utile et si dévoué à la cause africaine, pour l'accueil cordial qu'ils m'ont fait dans leurs stations.

A Mtova était le capitaine Debergh, représentant de l'Etat indépendant du Congo sur le Tanganyika. Il commença par me déclarer que son devoir était de m'empêcher de passer, mais que, si je tenais absolument à le faire à mes risques et périls, il voulait de cette décision prise par moi une déclaration écrite où je mentionnerais en même temps qu'il avait fait pour me dissuader tout ce qui était en son pouvoir; il ajouta que, si je persistais à passer par le Manyéma, il me donnerait une petite escorte, car les révoltés infestaient la région; mais il me renouvela toutes ses réserves et me montra qu'à Mtova on exécutait en toute hâte des travaux de fortification passagère : on construisait sur le sommet d'une colline une redoute où la garnison pût se réfugier en cas de danger. Révolte au nord, au sud et au centre! Je donnai à cet officier toutes les satisfactions qu'il désirait. Venant d'échapper aux Baouimas, je voulais tenter de me dérober aux Bakoussous. Et puis, on ne meurt qu'une fois! Si ma destinée était de mourir au Congo, je ne serais ni le premier, ni surtout le dernier; quant à revenir sur mes pas, jamais!

Le 7 août 1897, le *Good News* me quitta à Mtova, où je me mis à faire, pour la troisième fois, mes préparatifs de départ vers l'intérieur.

CHAPITRE V

DANS LE MANYÉMA

Limites du Manyéma et de ses différentes tribus. — Le baron Dhanis et la campagne arabe. — La révolte des soldats indigènes : sa cause, ses suites. — Départ de Mtova. — La route des caravanes arabes. — Commencement de la grande forêt équatoriale. — Les Ouanyamouézis. — La musique en Afrique. — Quelques peuplades étranges. — Les Bangos-Bangos. — Reste de population arabe. — Appréciations indigènes sur mes fusils. — Première rencontre avec les Pygmées. — Produits naturels et faune de la forêt : le café sauvage, le caoutchouc ; les mouches cartonnières ; la tsétsé ; les antilopes diverses. — Passage à Kabambaré. — Kassongo. — Nyangoué : son histoire, son rôle à venir. — Le baron Dhanis, vice-gouverneur de l'Etat indépendant du Congo, et ses lieutenants. — Remerciements. — Départ de Nyangoué. — Impression générale sur le Manyéma.

Nous sommes sur le confin oriental de l'Etat indépendant du Congo. Le Manyéma est tout le territoire compris entre le lac Tanganyika et le cours supérieur du Congo. Il semble se limiter à la rivière Loukouga, au sud, et n'atteindre, au nord, que la latitude de l'extrémité septentrionale du lac. Les Arabes ou Souahilis l'ont baptisé ainsi du temps de Stanley : *nyama* signifie viande, *manyama* ou *ouanyama* veut dire mangeur de viande ou anthropophage et, par extension, le pays qu'il habite. D'autres prétendent que Manyéma se traduit par : pays des forêts, dans un des idiomes locaux (1). Mais, d'après mes renseignements, cette acception n'est connue d'aucun indigène.

La région est d'ailleurs peuplée par plusieurs races bien distinctes : au nord, à hauteur de la pointe du lac, en pleine forêt, et sur les bords du Congo, les Bassongolas ; sur la lisière orientale, les Ouarégas ; plus au sud, les Ouazimbas, les Ouatoussis ; au sud-est, les Ouahorohoros, les Ouabembés (ceux qui m'avaient mené dans l'Ouroua) ; au centre, les Baboudjouis, les Bangos-Bangos ; à l'intérieur et sur la rive gauche, les Bakoussous, les Batételas ; au sud, les Ouarouas ou Baloubas, que nous connaissons déjà, et dont le territoire commence sur les rives de la Loukouga, où finit le Manyéma. Enfin, disséminés çà et là, toujours dans les forêts, les Tinguis-Tinguis ou Pygmées, à l'existence desquels bien des gens ne croient pas et qui sont pourtant assez nombreux.

Entre le lac Tanganyika et le Louapoula ou haut Congo, de Mtova à Nyangoué, il y a exactement 502 kilomètres par la route que j'ai suivie. La forêt ne commence que vers la deuxième moitié du parcours et s'étend vers le sud, formant un éperon dans le nord de Kabambaré et de Lambo. Elle s'éloigne ensuite vers le nord et va rejoindre le

(1) C'est, en effet, au milieu du Manyéma que commence la grande forêt équatoriale qui longe le Congo et ne se termine qu'à Bangala, à deux mille kilomètres en aval.

L'expédition arrivant dans le Manyéma.
Trente-troisième mois du voyage.

OROUA. — Danse d'anthropophages.

fleuve à 30 ou 40 kilomètres au nord de Nyangoué. Sur la durée de mon voyage, qui a été de quarante-deux jours, nous avons passé plus de deux semaines au nord de la Lougoumba à voyager dans la forêt ou sur la lisière.

C'est là un des voyages les plus intéressants, les plus instructifs que j'aie accomplis : tous les peuples que j'ai nommés sont on ne peut plus curieux, et je ne crois pas qu'il existe de pays où l'ethnographie et l'anthropologie soient aussi étranges, aussi variées et aussi peu connues, malgré tout, que le Manyéma. Il y avait du danger pour un Européen à s'aventurer chez ces gens, et il y en a encore incontestablement, comme l'ont prouvé de récents massacres; mais ils n'en inspirent que plus de curiosité au voyageur avide d'étudier les peuples primitifs. Comme on l'a vu, la situation, au moment de mon passage, était encore compliquée par une révolte. Je crois utile d'en rappeler sommairement les causes.

Au moment des voyages de Stanley et de Cameron dans le Manyéma, les Arabes de Zanzibar y étaient implantés et y jouissaient d'une influence considérable. Mtova, Kabambaré, Nyangoué et les points intermédiaires étaient de gros centres de traite : de véritables villes arabes s'y étaient élevées. Placés au beau milieu de populations sauvages et guerrières, les Arabes favorisaient les mauvais instincts des indigènes, et ils en profitaient pour échanger des étoffes ou d'autres marchandises venues de Zanzibar contre des prisonniers de guerre ou de l'ivoire. Lorsque les Belges arrivèrent au Manyéma, en 1885, et qu'ils voulurent prendre possession effective du territoire, ils eurent à lutter contre les Arabes ligués avec les indigènes ; il s'ensuivit une longue guerre que l'on nomma la « campagne arabe ». Secondé par des hommes de la trempe du commandant Lothaire (1), de Ponthier, de Tolback, de Van Kerkoven et d'autres vaillants Africains, le baron Dhanis, vice-gouverneur de l'Etat indépendant du Congo, homme d'une énergie et d'une ténacité rares, arriva enfin au succès ; mais ce ne fut pas sans des pertes énormes, sans que de nombreux combats eussent été livrés, où plus d'un parmi ses courageux auxiliaires a laissé la vie. Cette campagne coûta cher aux Belges.

La pacification une fois faite, il se produisit dans le parti arabe une scission nette : ceux qui n'acceptaient pas la domination belge partirent définitivement, s'en retournant à Zanzibar ; ceux qui firent leur soumission devinrent les plus précieux auxiliaires de l'Etat indépendant du Congo. Avec leur aide, celui-ci pacifia les indigènes, et, la tranquillité une fois revenue dans le Manyéma, il songea à d'autres conquêtes.

Jusqu'alors, il avait fait usage, en les encadrant d'Européens, de milices provenant du bas Congo ou de la côte occidentale. Après la pacification du Manyéma, on recruta des gens du pays même et on en fit des soldats de la « force publique ». Cette transition était peut-être un peu brusque pour des

---

(1) On se souvient de l'incident diplomatique soulevé par les Anglais lorsque le commandant Lothaire fit arrêter et pendre le bandit Stokes. Au fond, les Anglais en étaient enchantés. Tout Africain impartial ne peut que féliciter le commandant Lothaire d'avoir débarrassé le pays de cette canaille.

sauvages et la suite prouva aux Belges qu'elle n'était ni sage ni raisonnée. Prendre dans sa case un anthropophage, un barbare, le revêtir d'un uniforme, lui donner un fusil et vouloir le transformer du jour au lendemain en un défenseur du droit, en un représentant de la loi, en un soldat obéissant auquel on paye un salaire, c'est au moins téméraire ; il est à craindre que le naturel ne reprenne le dessus, que l'instinct, endormi en apparence, ne se manifeste, surtout si l'indigène est en nombre.

Si, de plus, vous aigrissez votre nouveau soldat par de mauvais traitements, accidentels ou voulus ; si vous comblez la mesure en obligeant cet homme à des privations que ni le patriotisme ni la raison ne lui fait comprendre, vous vous exposez à le voir se révolter, jeter son fusil aux... orties et reprendre son existence sauvage. Quel cas fera-t-il alors de votre vie, du respect que vous voulez lui inspirer, de l'influence que vous croyez avoir prise sur lui, l'anthropophage et sanguinaire habitant du Congo, habitué à tuer et à manger ses semblables comme des animaux de boucherie? Aucun assurément. Et voilà bien quelle fut la cause de la révolte des soldats du baron Dhanis.

En 1896, une importante expédition belge se dirigeait pour la première fois vers la haute Ouellé. Elle se composait en majeure partie de milices engagées chez les très anthropophages Bakoussous, Batétélas, Monguélimas et Likouangoulas (1).

Si le baron Dhanis avec sa grande expérience des

---

(1) Les Monguélimas et Likouangoulas étaient les féroces opposants de Stanley lors de son passage à l'embouchure de l'Arouimi.

noirs, sa souplesse et sa douceur à les manier, avait eu le commandement des troupes, il est probable que bien de fâcheux événements auraient été évités ; mais les milices étaient en grande partie sous les ordres d'officiers nouvellement venus d'Europe, sans aucune expérience des noirs, et qui voulaient « faire du service ». Un ou deux d'entre eux surtout, sévères, inexorables, n'avaient jamais pris part à des expéditions et traitaient ces sauvages affublés d'une giberne comme ils auraient traité des Européens raisonnables rompus à la discipline.

Partout en Afrique, le soldat indigène se fait suivre par sa femme ; elle lui porte une partie de son bagage, sa nourriture ; elle lui prépare ses aliments. Dans l'expédition de la haute Ouellé, on supprima les femmes : premier sujet de mécontentement. Après des marches forcées, à l'arrivée au bivouac, on faisait l'exercice pendant plusieurs heures : autre motif de plainte. A ces griefs s'ajoutèrent la rareté des vivres, quelques punitions trop sévères, des haines et des rancunes personnelles (1). Un beau jour la bombe éclata. La colonne, après avoir remonté l'Arouimi (2), se trouvait alors dans l'Itouri, en pleine brousse. Il y avait là 4,000 hommes avec peut-être vingt-cinq Européens ! L'avant-garde se révolta et bientôt entraîna le reste de l'armée ;

---

(1) Un des chefs les plus aimés des Batétélas, Gongo Lutéti, avait été l'année précédente exécuté militairement par les Belges (1895), et les Batétélas n'ont jamais pardonné cette exécution.

(2) Le nom de cette rivière est Louhali, et personne ne lui en connaît d'autre ; je ne sais où Stanley a trouvé ce nom d'Arouimi.

les officiers d'avant-garde furent massacrés ; le baron Dhanis, surpris par l'insurrection, ne put tenter un apaisement ; il eut à peine le temps de se jeter, avec quelques compagnons, dans le plus épais de la forêt. Alors commença pour cette poignée d'Européens, dont plusieurs étaient blessés, une vie d'affreuse misère ; il n'est pas d'épopée plus poignante, de drame plus émouvant que cette fuite de plusieurs semaines, sans vivres, sans vêtements, où ces malheureux vécurent de feuilles et de racines ; d'un côté, des rebelles sans merci les recherchaient, tandis que, de l'autre, ils risquaient de tomber entre les mains de tribus cannibales impitoyables. L'infortuné frère du baron Dhanis mourut dans des circonstances terribles, pendant cette dure épreuve ; plusieurs de ses compagnons succombèrent également par suite de privations, de blessures ou de fatigues. Les survivants parvinrent enfin aux avant-postes belges.

Pendant ce temps, que faisaient les révoltés ? Aussitôt les Européens massacrés ou en fuite, les chefs de l'émeute s'étaient mis à la tête des troupes ; un d'eux s'était affublé des vêtements et même des décorations du vice-gouverneur, dont il avait pris la tente et les effets ; ses sous-ordres avaient fait de même avec les uniformes des infortunés officiers. Bientôt le désaccord apparut et la faim se mit de la partie. Craignant les représailles, ces quelques milliers d'hommes n'osèrent point revenir sur leurs pas et s'éparpillèrent dans la contrée en quête de rapines. Tout le haut Manyéma en était infesté. Leur but était de repasser le Congo et de rentrer chez eux sur la rive gauche, mais les Belges firent tout ce qu'ils purent pour les en empêcher et les forcer à rester dans un pays misérable. Ils comptaient sur les dissensions et la faim pour décimer ces bandits.

Quelques échappés vinrent raconter plus tard toutes les atrocités, toutes les horreurs commises par les rebelles. Les vivres manquant absolument, les quelques peuplades locales ayant fui devant cette armée, les révoltés en furent réduits à manger les Européens, les boys ou jeunes domestiques, puis les femmes, enfin les porteurs qui appartenaient à une autre race et formaient dans l'expédition une malheureuse minorité. Plusieurs mois s'écoulèrent pendant lesquels ces bandes apparurent à diverses reprises sur tous les points du territoire; mais, repoussées de tous côtés, elles continuaient à désoler le pays entre la Loukouga et le lac Kivou.

Telle était la situation lorsque j'étais arrivé au nord du lac Tanganyika, cherchant à traverser le pays pour me rendre au Congo; les indigènes signalaient alors la présence des révoltés à trois ou quatre jours du lac et se refusaient à m'accompagner dans ces dangereux parages; ne pouvant trouver de porteurs, j'avais dû renoncer à mon projet.

L'état des choses n'avait pas changé pendant mon séjour à Mtova; les Belges se fortifiaient partout, craignant une invasion. Quant aux rebelles, ils se décimaient eux-mêmes : la faim, les privations, les combats, entre eux ou contre les indigènes, les avaient réduits à 2,000 hommes environ; bien approvisionnés de fusils et de munitions, possédant des canons et sachant s'en servir, ils avaient compris la nécessité de rester ensemble pour frapper le grand coup qui devait leur permettre de passer le Congo; aussi s'attendait-on tous les jours à une attaque sur un point quelconque dans le sud du Manyéma.

On comprendra mieux maintenant les scrupules du capitaine Debergh à me laisser m'aventurer avec des marchandises-monnaie et de l'ivoire dans un pays aussi peu sûr. Je ne pouvais pourtant pas rester indéfiniment au lac Tanganyika. La saison des pluies approchait ; j'avais encore devant moi un voyage considérable ; d'autre part, rien ne me faisait prévoir que l'insécurité du pays ne durerait pas un an encore ; je décidai donc de risquer le tout pour le tout.

Aussitôt arrivé dans le Manyéma, j'essayai d'y recruter des porteurs de la région ; mais c'était impossible. Les Baboudjouis qui habitent le pays et leur sous-tribu, les Bamouingués, n'avaient pas la moindre envie de tomber entre les mains des rebelles ; ils refusèrent énergiquement mes offres les plus brillantes. Je commençais à entrevoir encore un séjour forcé ou la nécessité d'adopter un nouveau plan, quand la mauvaise fortune se lassa enfin de me poursuivre, et une circonstance fortuite vint à mon secours.

J'appris par hasard que des Ouanyamouézis étaient arrivés de l'intérieur et qu'ils se préparaient à retourner chez eux de l'autre côté du lac, dans l'est d'Oudjiji. Je leur fis demander si, moyennant un bon paiement, ils consentiraient à me conduire à Kabambaré ; ils vinrent me voir, se consultèrent, réfléchirent deux jours, et, à ma grande joie, acceptèrent ma proposition. Le capitaine Debergh me promit vingt hommes d'escorte de la petite garnison de Mtova. C'est tout ce dont il pouvait disposer. Avec mes dix fusils environ, si ce n'était guère brillant comme défense, c'était, du moins, de quoi donner confiance aux porteurs. En expédition, il faut souvent soigner le moral des gens autant que leur physique. Les vingt hommes m'escortèrent jusqu'à Kabambaré, où se trouvait un autre poste belge. Mtova n'est pas précisément à deux pas de Kabambaré; 300 kilomètres les séparent, et on supposait que les rebelles se tenaient sur plusieurs points de ce parcours.

Comme il y avait sur le trajet quelques villages indigènes amis, j'envoyai un porteur et un soldat avec vingt-quatre heures d'avance pour se renseigner et, en cas de danger, me prévenir en se repliant sur l'expédition. Deux Ouanyamouézis et deux soldats furent chargés de se relever mutuellement dans ce service d'éclaireurs pendant les quinze jours que devait durer la route. Toutes mes dispositions étant arrêtées, je pris congé du capitaine Debergh ainsi que de ses aimables officiers, et l'expédition se mit en route le 12 août 1897, tournant le dos au lac Tanganyika, définitivement cette fois. A deux milles au sud, et en vue de Mtova, je passai devant le *modeste monument qui marque la tombe de Popelin, un des premiers pionniers, et aussi un des premiers martyrs de la pénétration belge en Afrique.* Une simple colonne en briques surmonte cette tombe isolée sur un petit promontoire qui domine l'immensité du lac. Le beau ciel d'Afrique, le calme de la nature environnante, que le bruit des vagues est seul à troubler, tout donne à ce lieu un aspect de tranquillité absolue, d'infini repos. Le chant des Ouanyamouézis s'arrête, la longue procession défile en silence, jetant un regard sur le tombeau du blanc, et je salue ce souvenir élevé à la mémoire d'un Européen tombé à l'ennemi, car c'est bien l'ennemi, le climat de l'Afrique, de même que son sol est notre champ d'honneur à nous autres, explorateurs du Continent noir...

La route que nous suivons est celle des caravanes, celle de Stanley et de Cameron, mais nous la quittons parfois en faisant quelques crochets dans le nord pour plusieurs motifs : la recherche de villages (1), la chasse pour assurer la nourriture, la reconnaissance d'une partie du cours de la rivière Louboumba, enfin le désir de voir et de visiter la forêt qui est à proximité.

Les trois premières étapes s'accomplissent au milieu d'un pays accidenté, formé, à perte de vue, de collines boisées ; quelques grandes montagnes apparaissent dans le nord. Des sous-tribus, de race et de langue baboudjouis, peuplent la région : ce sont les Moulolons, les Kabambas, les Kitemboukas. Les bouquets de forêt, d'abord clairsemés, deviennent au nord beaucoup plus nombreux; nous faisons journellement 20 à 25 kilomètres entre quatre heures du matin et onze heures; l'après-midi, je chasse aux environs.

Le 16, les grandes montagnes nous apparaissent sur notre gauche, faisant suite, selon toute apparence, aux ramifications de l'Ouroua qui bordent la Loukouga. Nous trouvons difficilement des vivres

---

(1) Les villages se sont retirés presque partout du chemin suivi par les caravanes, parce que celles-ci les mettaient constamment à contribution pour des vivres, des porteurs, un abri; elles y amenaient des persécutions continuelles, y occasionnaient des vols, etc.

pour les porteurs. Nous rencontrons de nombreux emplacements d'anciens villages dont l'abandon ne doit pas remonter à plus de deux ou trois ans.

La situation générale se maintient tranquille : pas de nouvelles des révoltés aux environs.

Le 17, nous marchons vers le nord pendant presque toute l'étape; l'approche de la forêt devient de plus en plus évidente.

A part les arbres de haute futaie, la végétation ordinaire nous est tout à fait familière ; nous reconnaissons entre autres le *foula*, le *poundou*, le *mtchengé*, arbres très communs dans le haut Zambèze; le pays présente l'aspect des paysages du Moassi, de l'Oubemba : Msiambiri et Kambombé cueillent des fruits qui leur rappellent leur patrie.

Nous longeons la Louboumba, qui s'appelle plus loin la Louama ; c'est un affluent du Congo qui prend naissance près du Tanganyika.

Le 18, quelques palmiers à renflement (*hyphænæ*) coupent la monotonie du paysage. Le pays devient plus plat ; de nombreux ruisseaux l'arrosent. La forêt se dessine devant nous comme une masse noire qui couvre l'horizon ; quelques rares villages, loin de la route, se cachent dans l'intérieur. Plus de sorgho, mais des cultures de manioc. Nous rencontrons une source d'eau chaude qui est surplombée par du brouillard, vapeur condensée par la fraîcheur du matin ; une végétation luxuriante s'épanouit tout autour.

Le 19, première marche dans la forêt pendant cinq heures; appuyant vers le nord-ouest, nous en ressortons un moment pour traverser encore un pays de collines avec de grandes montagnes en vue de tous côtés ; puis nous rentrons de nouveau sous le dôme de feuillage.

L'expédition arrive enfin à Kabambaré sans encombre. Les révoltés ont été signalés sur divers points, mais ils se bornent à des démonstrations.

Ce voyage est peut-être le seul dans mes souvenirs où je n'aie pas eu d'ennuis avec les porteurs : les Ouanyamouézis ont vaillamment marché. Quelques malades n'ayant pu porter leurs charges, leurs camarades ont simplement ajouté celles-ci aux leurs, accomplissant ainsi les étapes avec un double fardeau, c'est-à-dire avec 60 kilos, sans une réclamation, sans un murmure ! Et ils ont fait le parcours dans le même laps de temps que les autres ! Les Ouanyamouézis sont une belle race d'hommes en même temps que des porteurs modèles ; au campement, ils s'attendaient pour arriver ensemble, entonnant en chœur un air de leur pays : un d'eux disait les couplets, les autres répétaient le refrain à l'unisson.

Ce chant des Ouanyamouézis a marqué profondément dans mes souvenirs, non qu'il eût par lui-même rien de remarquable, mais il était d'une harmonie nouvelle pour mes oreilles et chanté dans un milieu nouveau où tout me semblait intéressant. Et puis, j'aime la voix du noir dans son pays ; le décor donne à son chant une poésie, un charme tout particuliers. Il y a de la musique triste, comme la mélopée lugubre des Baloubas, et de la musique gaie, comme les airs endiablés des danses de Kroumens ; il y a les chœurs des Minas et autres peuples de la Côte d'Or, qui seuls ont le sentiment véritable de l'harmonie avec la première, la seconde et la tierce; il y a encore les hymnes de guerre des Zoulous. Ces divers chants recueillis à l'aide d'un phonographe formeraient une suite de documents très curieux pour l'étude des mélodies primitives (1).

Bien primitives aussi et bien curieuses sont toutes ces peuplades anthropophages du Manyéma, dont j'ai déjà donné les noms et indiqué la situation géographique. Les unes, en contact avec les Arabes, possèdent quelques fusils; mais les autres, et c'est la majorité, sont armées de lances, de sagaies, d'arcs, de flèches de leur fabrication. Elles se distinguent toutes par quelque particularité.

Les Bassongolas, moitié pêcheurs et moitié canotiers sur les rives du fleuve, sont dans l'intérieur chasseurs et habitants de la forêt. Ils appartiennent à une race robuste, mais laide. Ils se peignent le corps en rouge et portent les cheveux courts. Les hommes s'habillent très sommairement; les femmes, pas du tout. Dans les endroits arrosés, ils cultivent des bananes et du manioc.

Les Ouarégas ressemblent aux Bassongolas sous beaucoup de rapports; mais ils s'en distinguent par une teinte de peau très foncée, aussi noire que de l'ébène mat; armés de lances, de flèches et de boucliers, les Ouarégas sont guerriers et chasseurs. Les femmes portent des peaux de bêtes.

Les Ouazimbas sont peu connus jusqu'à présent; on sait seulement qu'ils fabriquent eux-mêmes des tissus de paille dont ils se recouvrent, et qu'ils se

---

(1) On trouvera à la fin de cet ouvrage quelques airs africains qui donnent une idée de la musique indigène. M. Gaston Serpette, le distingué compositeur, a bien voulu essayer de les noter.

servent de flèches. Ils habitent en grande partie la forêt.

Les Ouatoussis tressent et portent également de la paille ; plus travailleurs que les Ouazimbas, ils cultivent d'assez grandes étendues de manioc et de bananes.

Les Ouahorohoros et les Ouabembés représentent les montagnards de la région, comme les Azimbas ceux du haut Zambèze ; on voit chez eux les mêmes armes et les mêmes cultures que chez les peuples précédents.

Les Baboudjouis, encore très primitifs, se font remarquer par leur taille exiguë et un physique laid. Ils construisent des cases de forme ronde et écrasée. Ils cultivent peu.

Plus avancés, les Bakouangués ont été, dès le début, en contact avec les Arabes. Ils habitent les rives du Congo et les abords du Nyangoué ; ils se couvrent à partir de la ceinture avec de grands pagnes en paille faits d'une réunion de petits carrés semblables à des mouchoirs de poche qu'on appelle des *madibas* et qui constituent la seule monnaie du pays, tout comme le calicot est celle des gens du Zambèze. Ils forgent le fer indigène et en font des *chokas*, sortes de houes, qu'on utilise comme monnaie courante en aval du fleuve. On remarque chez les Bakouangués quelques coiffures bizarres et chez les grands chefs, surtout, une façon de draper leur vaste pagne qui les fait ressembler de loin à des femmes en crinoline. Ce peuple cultive du manioc, des bananes et un peu de riz. Quant au sorgho et au maïs, nous n'en voyons presque plus depuis que nous avons quitté le sol du Tanganyika.

De toutes ces tribus, les Bangos-Bangos, qui habitent la région de Kabambaré, peuvent être considérés comme les plus intéressants; la race, plus belle que ses voisines, a aussi l'air plus intelligente et plus affinée. Le costume des hommes n'a rien de remarquable; mais chez les femmes l'habillement et la parure sont à la fois des plus succincts et des plus compliqués. Leurs cheveux tressés très fin et ornés tout autour de cauris (1) affectent la forme d'un véritable petit chapeau avec des ailes et une pointe en arrière : une arête bien nette en représente le fond; elle se dessine sur la tête et se prolonge jusque sur le cou. Par derrière, la pointe forme un excellent couvre-nuque, comme on en voit à certains modèles de casques coloniaux. Une telle coiffure représente un véritable travail de patience et d'art. Le costume, lui, se compose de quelques bracelets de cuivre aux bras et aux jambes, d'une ceinture de cauris et d'un petit paquet d'anneaux de fer qui remplace la feuille de vigne de nos statues antiques.

Avec les Bangos-Bangos se termine la nomenclature des peuples étranges du Manyéma.

En dehors du tam-tam, j'ai remarqué dans ce pays peu d'instruments de musique : quelques violons à une corde au son à peine perceptible et des guitares primitives. Les indigènes des deux sexes charment leurs loisirs avec une « guimbarde » en bois composée d'un petit arc en bambou que l'on

---

(1) *Cyprea moneta :* petit coquillage blanc univalve que l'on pêche dans l'océan Indien et qui sert de monnaie aux peuples de la Guinée. Il est si rare dans le haut Congo qu'il y sert de bijou et a une grande valeur.

MANYEMA
Coiffure et costume bango-bango.

MANYEMA
Coiffure bango-bango.

saisit entre les dents; avec les mouvements de la langue, la corde rend sous les doigts des modulations assez semblables à celles de l'instrument dont s'amusent nos enfants.

Aux environs des établissements, les indigènes prennent les costumes des Zanzibarites et perdent leurs caractères originaux : les femmes se couvrent d'étoffes d'importation, elles se bordent les oreilles de trous où elles passent des boutons de métal ou d'argent et se mettent sur la tête des écharpes; les hommes portent des bonnets et se rasent les cheveux. Bref, on se croirait dans un faubourg de Zanzibar.

Je ne crois pas être loin de la vérité en estimant à 200 les Arabes ou Zanzibarites qui firent alliance avec les Belges et restèrent établis dans les différentes parties du Manyéma ou du haut Congo; ils ont dû renoncer naturellement au commerce des esclaves et se bornent actuellement à négocier des étoffes et autres pacotilles contre de l'ivoire. Ceux que j'ai rencontrés sur ma route m'ont fait bon accueil. Je n'ai pas eu à me plaindre non plus des indigènes. Quant aux Belges, je dirai plus loin leur amabilité à mon égard.

Partout mes fusils de chasse excitaient la curiosité; des groupes de curieux les examinaient respectueusement, pendant des heures, sans les toucher; quelqu'un demandait quelquefois à les prendre, à les soupeser; on se les passait de main en main. La plupart des Arabes et des indigènes jugent toujours d'un fusil par son calibre; ils mettent le doigt dans le canon : s'il y entre facilement, l'arme est excellente; sinon, ils disent, avec un sourire de pitié : « Pas très bon fusil. » Ma carabine à éléphant, avec ses deux bouches énormes, réunissait tous les suffrages, tandis que mon petit calibre (genre Lebel) était considéré comme un joujou sans conséquence. Mes hommes du Zambèze étaient aussi fort remarqués; leur physionomie intelligente et agréable, le teint noir mat de Kambombé, contrastaient singulièrement avec la peau rougeâtre et la figure bestiale des naturels du pays. Ce fut bien autre chose dans les districts giboyeux de la Louama, quand on vit mes gens du Zambèze pister des antilopes comme de vieux limiers qu'ils étaient, et le fusil de petit calibre abattre des *sounous* (1) à 200 mètres !

L'expédition ne manqua pas de viande pendant cette partie du voyage, et la réputation de mes armes s'en accrut; on venait de fort loin nous attendre afin d'admirer ces engins de destruction. On enviait le sort de ceux qui les portaient : l'homme-canon est certainement resté personnage légendaire dans le Manyéma.

J'ai rapporté à peu près toutes mes remarques sur les habitants du pays, sauf en ce qui concerne les Tinguis-Tinguis ou Pygmées, parce que je n'ai pu compléter mes renseignements sur eux que plus tard, en les revoyant dans le haut Congo. J'y reviendrai en temps et lieu.

J'ai rapporté quelques échantillons de café sauvage cueilli dans la forêt équatoriale : il est excellent. Des essais de transplantation de ce caféier faits dans le haut Congo ont bien réussi. Plusieurs espèces de lianes à caoutchouc se trouvent en

---

(1) Nom indigène du pookoo (*cobus Vardoni*).

abondance dans la région arborescente. Une autre particularité de la forêt est la «mouche maçonne», dont je n'ai malheureusement pu recueillir aucun spécimen, car les indigènes ont une peur exagérée de ces insectes. Ceux-ci construisent des nids qui ressemblent assez à des morceaux de carton, ce qui leur a également valu le nom de « cartonnières ». Leur piqûre est, paraît-il, des plus douloureuses et, comme les abeilles, elles s'acharnent toutes sur celui qui les dérange (1); leurs nids sont placés au plus épais de la forêt, généralement assez haut; mais il y en a aussi fort près du sol, et, dans ce cas, gare à qui passe à proximité. Les indigènes prétendent qu'on peut mourir de piqûres accumulées de ce diptère. A distance, ses dimensions paraissent ne pas dépasser celles de nos mouches domestiques.

Je ne crois pas que la tsétsé habite les plaines du Manyéma; en revanche, elle abonde dans la forêt et sur le haut Congo, où j'en ai récolté de nombreux spécimens.

La petite faune est très abondante. Quant à la grande, elle peut être ainsi distribuée : au sud du Manyéma, petites antilopes *pookoos*, quelques buffles, quelques sangliers, pas de hyènes; au nord du pays, dans la région des forêts, petites antilopes brunes, buffles nombreux, tragelaphus de diverses espèces (guibs, inyalas, koudous, etc.), bubales, kobs, phacochères, hyènes et léopards. Le rhinocéros n'existe pas dans cette partie de l'Afri-

(1) Les Bangalas les appellent *dotos* ; les gens du Louhali, *likungoulou*. Il est à supposer que ce sont ces mêmes mouches que du Chaillu appelle *éloway*.

que, mais les éléphants se rencontrent sur la lisière de la forêt et dans la région de la Loukouga.

Le pays est très arrosé, et j'ai traversé sur mon itinéraire d'innombrables cours d'eau. La plupart portent des ponts rustiques comme ceux que nous avons rencontrés dans l'Oubemba : quelques-uns sont suspendus et construits en lianes, ce qui est d'un effet très pittoresque : on passe dessus en se balançant...

Je reprends maintenant le cours de mon voyage à travers le Manyéma.

A Kabambaré, j'apprends que les révoltés semblent se diriger vers Nyangoué et que tout danger immédiat est à peu près écarté, puisque nous marchons parallèlement à eux vers le Congo; j'espère donc pouvoir achever mon voyage sans encombre.

A mon grand regret, les Ouanyamouézis me quittent à Kabambaré ; je les remplace par des porteurs pris dans la localité, des Bangos-Bangos, des Baboudjouis, et je continue mon chemin. L'éperon de forêt dont j'ai parlé prend fin après Kabambaré; la région boisée remonte vers le nord-ouest. On traverse encore un ou deux massifs, puis commence un pays accidenté. Passant au milieu de vallées herbeuses et de collines boisées et verdoyantes qui rappellent certains paysages de Champagne, nous descendons vers la Louama, que nous traversons bientôt; nous visitons successivement Bouana-Djovo, Piani-Loussangué, Piani-Kitété (1), villages dont les chefs sont d'origine zanzibarite, et nous

---

(1) *Bouana* veut dire « chef »; *piani*, « successeur de. »

SUR LA LOUGOUMBA. — Un pont rustique.

arrivons vers le vingt-cinquième jour de voyage au confluent de la Louama, ou Louboumba, et du Congo.

Pour la première fois, nous apercevons dans le lointain le grand fleuve qui ondule venant du sud, et je puis, à ma grande joie, le montrer à mes hommes. Encore quelques jours, et nous voguerons dessus !

Enfin voici le vieux village de Kassongo, presque abandonné aujourd'hui, où les Arabes étaient autrefois nombreux ; ils y ont planté beaucoup d'arbres fruitiers : orangers, manguiers, goyaves, citronniers, etc. A 14 kilomètres au sud-ouest, sur le bord du Congo, se trouve le nouveau Kassongo, station de l'Etat indépendant, où les Belges faisaient des préparatifs militaires : 900 hommes exercés s'apprêtaient à marcher sous les ordres d'une dizaine d'officiers. Le vice-gouverneur, le baron Dhanis, y était justement de passage. J'eus dès mon arrivée une entrevue avec lui; il me reçut d'une façon charmante et me donna rendez-vous à Nyangoué, où il devait se trouver deux ou trois jours plus tard.

Nyangoué est célèbre par les visites que lui ont faites Livingstone, Stanley et Cameron. A l'époque de leur passage, c'était un centre arabe des plus importants ; tout cela a disparu aujourd'hui, même l'emplacement d'une partie de la ville.

Aujourd'hui la population musulmane est très restreinte; en revanche, la population noire devient dense aux environs. Depuis l'arrivée des Belges et la fin de la campagne arabe, les industries indigènes se sont développées. Le baron Dhanis a créé des marchés réguliers où convergent tous les produits du pays, et le commerce de la localité s'en est trouvé augmenté dans des proportions considérables; on apporte à Nyangoué du sel gemme, du tabac excellent, des madibas, des chokas, qui se répandent dans toute la région, sans compter les comestibles : bananes, manioc, éléusine (1), chikouangues (2), etc. On y trouve aussi un peu d'huile de palme; les *élaïs* qui la fournissent, quoique rares, commencent à apparaître en aval du fleuve. Le caoutchouc se montre également de plus en plus. Autrefois grand marché de traite, Nyangoué se transforme peu à peu en un grand marché industriel.

Les abords de la ville sont presque plats, avec un paysage assez monotone. Dans le lointain se distinguent quelques collines. La largeur du Congo ne dépasse pas 200 mètres en cet endroit.

De Kassongo à Nyangoué il y a encore 32 kilomètres, ce qui porte à 500 kilomètres, au total, la traversée du Manyéma; nous venions de faire notre avant-dernier grand parcours à pied; c'était le 13 septembre 1897, et nous entrions dans notre trente-sixième mois de voyage! Nous allions maintenant commencer en pirogue la descente du grand fleuve et suivre ses sinuosités pendant 2,500 kilomètres!

Au moment de mon arrivée à Nyangoué, les nouvelles étaient assez alarmantes; les rebelles cherchaient évidemment à passer le Congo sur un point quelconque en aval et au nord de Nyangoué. En

---

(1) Eléusine (*coracana*) : on en fait de la farine qui se mange cuite comme celle du sorgho et du maïs.
(2) Farine de manioc cuite roulée dans des feuilles.

outre des effectifs rassemblés à Kassongo, le baron Dhanis disposait d'un millier d'hommes à Nyangoué, et il projetait de couper la route aux révoltés en les attaquant sur plusieurs points.

Le moment était fort mal choisi pour traverser la zone dangereuse, et le baron Dhanis me manifesta toutes ses appréhensions à cet égard; mais, comme j'insistais pour continuer mon voyage, il décida de mettre mon expédition sous l'escorte respectable de 100 hommes commandés par deux officiers. Je profitai, pour me reposer et noter les particularités locales, des quelques jours qu'il fallut pour préparer ce détachement ainsi que les pirogues destinées à nous transporter.

Le baron Dhanis est un des hommes qui, après Stanley, ont créé le Congo. Autrefois, au début de son séjour dans le pays, il avait commis l'erreur, commune aux Européens nouveaux venus, de vouloir conduire les noirs par la force brutale; sa façon un peu radicale d'en agir avec eux lui valut le nom terrible de *fimbo-mingui* (1) (beaucoup de bâton). Plus tard il comprit que, tout en sachant punir sévèrement à l'occasion, on obtient beaucoup plus du nègre par la persuasion, la parole, l'exemple; personne aujourd'hui ne mérite moins que lui ce sobriquet indigène, qui pourtant lui est resté. «Personne ne s'entend mieux à régler une palabre (*mameno*), disent les gens du pays; quand on va devant lui, on est sûr que celui qui a raison reçoit satisfac-

---

(1) *Fimbo*, en souahili, désigne un morceau de cuir d'hippopotame dont on fait un fouet de punition.

tion, et celui qui a tort s'en va sans colère. » Aussi, lorsque le baron Dhanis visite une localité, il arrive de fort loin des groupes de gens qui viennent lui demander son arbitrage; de là une popularité, un prestige, qui sont très mérités. Les Arabes professent pour lui un véritable culte, et c'est grâce à son influence qu'ils sont devenus les auxiliaires les plus utiles des Belges dans le Manyéma.

Les Européens mêmes qui collaborent à son œuvre ont subi l'action bienfaisante du baron Dhanis, et, à son exemple, ils se font aimer et respecter des noirs; ses élèves, les commandants de zone Malfeyt, Long, Bastien, de Keyser, l'ex-commandant Lothaire, sont populaires parmi les indigènes, et, grâce à leur adresse et à leur grande autorité, une poignée d'Européens parvient à tenir en respect, dans le haut Congo, des milliers de tribus sauvages et guerrières : avec des troupes de cette trempe, on civilise et on élève le niveau de l'Africain.

Personnellement, je dois au baron Dhanis et à MM. Malfeyt, Long, Bastien, Debergh, de Keyser, l'expression de ma profonde gratitude pour la façon toute cordiale dont ils ont accueilli ma petite expédition française et pour l'aide qu'ils lui ont donnée. Cet accueil m'a paru d'autant plus affable, sincère, familial, qu'après avoir dépassé l'Arouimi, c'est-à-dire hors de la zone du gouverneur Dhanis, je n'ai plus trouvé qu'une réception strictement polie, mais froide et compassée. Dans le haut Congo, c'était des Européens exilés au centre de l'Afrique qui recevaient un camarade; dans le bas Congo, je n'ai eu affaire qu'à des indifférents trop nombreux et trop occupés de leurs propres intérêts pour donner la moindre attention au passant.

C'est une preuve de plus que le bas Congo commence à se civiliser !

Mon impression générale sur le Manyéma a été excellente. Je crois ce pays relativement plus salubre que les bords du Congo. Ses différents aspects, montagnes, plaines ou forêts, sont pittoresques et plaisent beaucoup. Quant à la population, elle est très clairsemée. Ce que j'ai dit du sud du lac Bangouéolo s'applique encore bien davantage au Manyéma : cette région a été complètement dépeuplée par la traite; il n'y a guère plus de cinq ou six ans que ce trafic a été enrayé ; le sentier du lac Tanganyika au Congo suivi autrefois par les caravanes arabes est jonché, dans ses abords immédiats, d'ossements humains pendant 400 kilomètres! Que de milliers d'esclaves sont tombés sur ce sentier fatal ! J'y ai aperçu plusieurs squelettes et même quelques cadavres « datant » de quelques semaines, mais c'est l'exception; les ossements blanchis qui jalonnent la route, contemporains de ceux qui couvrent les plages d'Oudjiji et de Mtova, sont les derniers vestiges du gigantesque commerce de chair humaine dont cette région a été le théâtre. Il faut au Manyéma deux siècles de paix, de tranquillité et de protection pour que sa population redevienne ce qu'elle était avant les incursions arabes...

Revenons à Nyangoué.

L'expédition va s'embarquer définitivement sur le Congo. Le vice-gouverneur fait mettre à ma disposition deux grandes pirogues : dans l'une, je prends place avec mes domestiques et une partie de mes colis particuliers; dans l'autre, j'entasse le campement et mes autres bagages, sous la conduite de James et de l'homme-canon. Les deux officiers de l'escorte ont leur pirogue, et les 100 hommes occupent quatre autres embarcations qui doivent naviguer de conserve avec nous.

Le 15 septembre, je prends congé de mes aimables hôtes, et la descente commence.

CHAPITRE VI

SUR LE HAUT CONGO

L'installation dans les pirogues. — Descente du Congo — La grande forêt équatoriale. — Les baguénias. — Nouvelles des révoltés. — Chasse à l'hippopotame. — Villages de pêcheurs. — Abondance de bananes. — Les Ouaguinguélés. — Les Pygmées ou nains : quelques traits de leurs mœurs. — L'expédition passe devant le camp des révoltés ; coups de fusil. — Les Ouabilas et les Ouakoumous. — Encore le tambour à signaux. — Abondance de perroquets. — Présence de la mouche tsétsé dans la forêt et sur le haut Congo. — La région des chutes. — Les cataractes d'Ouaboundou. — Passage des chutes. — Arrivée aux cataractes de Stanley. — Fin du voyage d'exploration proprement dit.

J'étais très bien installé dans ma pirogue : au milieu, sous une toiture de paille, j'avais mis ma table, ma chaise et mon lit ; à l'arrière, Kambombé faisait la cuisine ; le feu était allumé sur un amas de terre et de cendres afin de ne pas brûler le fond de l'embarcation. Entre la cuisine et mon logis se trouvait un espace rempli de bagages; il y en avait aussi à l'avant; enfin aux extrémités, sur des plates-formes, se tenaient les payageurs, au nombre de douze, six à chaque bout. L'autre pirogue, un peu plus petite, contenait le reste de mes bagages, avec une toiture de paille recouverte d'une toile : un coin y était réservé à James et Souédi. Ces grandes pirogues sont de véritables maisons. Ce sont de gigantesques troncs d'arbres creusés, qui n'ont pas moins de 15 mètres de long sur un mètre de large.

Tandis que nous descendons au fil de l'eau, les marmites sur le feu, tranquillement posées sur un trépied, mes domestiques lavent mon linge, le mettent à sécher, font le ménage, nettoient les fusils et raccommodent les effets, qui commencent à en avoir rudement besoin. Au moment des repas, les noirs mettent la table, lavent les assiettes, font en un mot tout le service, pendant que les pagayeurs chantent en cadence et que les rives défilent lentement. Vers le soir, on campe dans un village. Après avoir amarré les pirogues, on recouvre les bagages en prévision de la pluie. Mes gens s'installent sur la plage et y allument des feux. Si le temps est mauvais, ils cherchent abri dans quelques cases indigènes. Comme ces huttes offrent généralement beaucoup d'inconvénients, — saleté, manque d'air, danger d'incendie, humidité, sans compter les légions de rats et d'insectes, — je couche de préférence dans ma pirogue.

Au sortir de Nyangoué, le paysage est formé de collines et de vallons où se voient peu d'arbres; les villages sont nombreux; à chaque instant on passe devant des cases de paille groupées soit sur le bord, soit à quelque distance, à l'ombre de bananiers. Je constate que la population s'est rapprochée des environs de Nyangoué; au fur et à mesure que nous nous éloignons, les lieux habités se font plus rares. En même temps, le fleuve devient plus large, jusqu'à atteindre 400 mètres au-dessus des petits

DESCENTE DU CONGO. — La grande pirogue de l'expédition.

rapides dits de Nyangoué, en amont desquels nous campons le premier soir.

Le lendemain, le pays change sensiblement : aux vallons herbeux succèdent des étendues rocailleuses semées de bouquets d'arbres, des collines rocheuses qui, s'avançant dans le fleuve et l'étranglant à plusieurs endroits, forment les rapides en question; le courant y est plus violent, au milieu des roches à fleur d'eau. Le passage n'a rien de dangereux, mais la navigation doit être difficile lorsque le niveau est bas. Vers midi, changement de décor : plus de ces rives où la vue s'étend au loin, plus de vallons, de collines ni de rochers, plus de villages même, visibles du fleuve : la grande forêt commence. Partout, le long des rives, des arbres immenses forment un épais rideau d'un vert sombre; à leur base, et se développant sous leur ombrage, une masse de végétaux de moindre taille surplombent le fleuve et cachent ses bords. Si nous nous approchons assez pour en examiner le détail, ce rideau, uniforme en apparence, s'éclaircit, se marque de taches diverses où se rencontrent toutes les variétés de vert, depuis la teinte claire, presque blanche, jusqu'au vert foncé, voisin du noir. Cette infinité de couleurs n'est pas moins grande que la diversité de formes dans les feuilles; voici, parmi les grands arbres, des Anacardiacées (1), des Légumineuses (2), des Ebénacées (3), des Méliacées (4),

---

(1) *Spondias lutea, L. Sp. birrea.*
(2) *Pterocarpus Adansonis, Sterminiera claphroxylon, Dialum nitidum,* etc.
(3) *Diospyros ebenum.*
(4) *Trichilia emetica, Carapa guyanensis,* etc.

des Anonacées (1); sur le bord de l'eau, les Rhizophorées sont représentées par diverses espèces de palétuviers et mille autres que je ne connais pas ou que la science n'a pas encore décrites. Les massifs qui se développent sous ces immenses végétaux sont formés de fougères, de cactées, d'euphorbes, de raphias et d'une foule de plantes de moyenne grandeur dont l'énumération demanderait un chapitre spécial.

Par intervalles, et coupant la monotonie, apparaît un palmier, un bouquet de raphias nains, de roseaux ou de bambous; de loin en loin, un point lumineux laisse deviner une clairière, tandis que des sentes d'animaux ou des coupées faites par les indigènes marquent les berges de trous sombres.

La partie basse et aquatique de la forêt n'est pas moins intéressante; trempant dans le fleuve, des racines énormes vont y chercher la sève nécessaire à la vie des grands arbres, tandis qu'une infinité d'autres essences plongent leurs rhizômes dans la vase humide; les lianes de toutes les grandeurs, depuis la petite ficelle jusqu'au câble, et de toutes les couleurs, depuis le blanc de lait jusqu'au rouge vif, relient les troncs les uns aux autres, grimpent, tournent, se tordent, s'enroulent autour d'eux comme mille serpents, montent, descendent, tantôt formant guirlande comme de gracieuses cordelières, tantôt tombant verticalement comme de gigantesques cordons de sonnette, les unes lisses, d'autres couvertes de nodosités et de mousse.

Si vous entrez dans la forêt et que vous vous frayiez un passage à travers cette épaisse végéta-

---

(1) *Medenora myristica, Xylopia ethiopica*, etc.

tion, vous trouvez le même aspect, les mêmes massifs : le sol est accidenté, coupé de ravines dues aux pluies ou à la poussée des végétaux ; à fleur de terre, des racines nombreuses et diverses rendent la marche difficile; une humidité pénétrante se fait sentir; la lumière du jour est indécise et douteuse comme par les temps très couverts.

Près des villages, on rencontre de petits sentiers qui se croisent en tous sens; sans guide indigène, il est très facile de se perdre dans ce labyrinthe; en dehors des lieux habités, et à l'exception de quelques rares sentes tracées par les animaux sauvages, on est obligé de se frayer un passage à la hache ou au sabre d'abatis, ce qui demande un travail long et fatigant. Des singes, aussi innombrables que d'aspects variés; des sangliers, quelques antilopes du genre tragelaphus, de petits mammifères, de petits carnassiers et de nombreux oiseaux peuplent ces bois.

Mais, vue du fleuve, la forêt ne révèle aucun de ses secrets : elle paraît sombre, morne, inhabitée ; parfois, le voyageur entrevoit un oiseau ou un singe, mais c'est rare. Le chant des canotiers, le bruit des pagaies, ont peut-être mis les animaux en fuite; toujours est-il que la vue des deux côtés du Congo est d'une monotomie navrante. De grandes îles couvertes de la même végétation se rencontrent de temps à autre, et les bras du fleuve et de ses affluents offrent toujours la même perspective : la forêt, le ciel et l'eau pendant plus de 1,800 kilomètres ! Il ne reste donc au voyageur qu'à s'occuper des indigènes, qui, du moins, sont fort intéressants dans cette partie de l'Afrique, et à noter les particularités et les petits incidents du voyage.

Nos pagayeurs, qu'on appelle *baguénias*, sont pris dans les populations riveraines. Nous en changeons plusieurs fois par jour ; ils nous conduisent de village en village. J'ai déjà dit que ceux-ci devenaient rares ; aussi fait-on des trajets assez longs sans en rencontrer ; comme, à la descente, nous allons relativement vite, une heure représente en moyenne huit kilomètres, en tenant compte des arrêts et du peu de courant. Les baguénias, après s'être fait remplacer, retournent chez eux par la voie de terre en suivant à travers la forêt le sentier qui relie les différents villages. Ils ont donc presque une journée de marche à faire pour rentrer, s'ils ont seulement descendu le fleuve pendant deux heures.

Les pirogues de l'escorte naviguant avec nous, la relève d'un aussi grand nombre de pagayeurs nous fait perdre beaucoup de temps. Les instructions du baron Dhanis sont de nous tenir le plus loin possible de la rive droite et surtout de n'y jamais coucher. D'ailleurs, ce côté du fleuve est presque désert, les révoltés ayant fait fuir tous les habitants ; c'est même pour cela que les rebelles ne trouvent pas de pirogues pour traverser le Congo. Nous avons des nouvelles des insurgés au moment où nous approchons du Riba-Riba ; ils semblent se concentrer en face de Kiroundou, un peu plus au nord, avec l'intention de tenter une attaque. Nous ne tarderons pas à savoir à quoi nous en tenir.

Le troisième jour, nous passons de légers rapides à Santoué, où se construit un poste militaire. Dans la végétation, je remarque quelques élaïs ou palmiers à huile ; ils portent des régimes énormes et des fruits presque doubles de ceux de la côte de Guinée. Le fleuve augmente de largeur et atteint cinq ou six cents mètres. De nombreux pêcheurs indigènes tendent leurs filets ou leurs nasses non loin de villages invisibles et des femmes, immergées jusqu'au cou, pêchent des huîtres dans le fleuve (1).

Je rencontre un troupeau d'hippopotames, et je parviens à m'en approcher assez pour en tuer deux, dont l'un énorme. A repêcher, remorquer et dépecer l'animal, nous perdons quatre heures. Inutile de dire que les discussions et les rixes habituelles se produisent entre les baguénias au moment du partage de la viande.

Dans tous les villages où l'on s'arrête, on ne trouve à profusion que de grosses bananes à côtes dont les indigènes font leur principale nourriture. Ils les cueillent vertes et ne les mangent que cuites.

Les habitants de la localité, les Ouaguinguélés, sont des gens fort curieux; ils occupent la rive gauche du fleuve, entre Malonga et Kiroundou, et s'étendent jusqu'au Lomami. L'impression qu'ils font est d'autant plus vive qu'aucune transition ne prépare le visiteur à les trouver si différents des peuples voisins, avec lesquels ils n'ont de rapport ni comme mœurs, ni comme langue. Leur coiffure affecte la forme d'un manchon ou d'une tourelle qui s'élèverait verticalement au-dessus de la tête; par derrière pend une frange faite de cheveux tressés; le tout, enduit de cire, de terre glaise ou... de crasse, dure fort longtemps. Leur corps est peint en rouge carmin; ils portent aux bras et aux jambes de nombreux bracelets de cuivre. Et... c'est tout.

---

(1) Ces huîtres, énormes, de forme allongée, constituent un des principaux aliments des indigènes de la région. Elles manquent de goût.

Les femmes de tout âge se promènent dans le costume primitif de notre mère Eve. La race n'est pas belle de visage, mais elle est grande et bien faite de corps; on y voit des individus magnifiques.

Ces êtres nus, aux jambes et aux bras cuirassés de cuivre; cette peinture au carmin foncé, qui donne à leur physionomie un air féroce; ces dents limées en pointe, qui ressemblent à celles des carnassiers; cette coiffure élevée, tout excite sur les Ouaguinguélés l'attention et la curiosité. On s'étonne quelquefois que les indigènes fassent cercle autour d'un Européen pour l'examiner curieusement, mais les Européens se battraient pour entourer et voir de près un Ouaguinguélé et surtout une Ouaguinguélée! Au milieu de cette foule de badauds qui les dévoreraient... des yeux, ces braves anthropophages pourraient s'écrier, tout comme nous le faisons : «Ces sauvages n'ont donc jamais rien vu?»

Par une singulière opposition à nos usages, les Ouaguinguélés en deuil se blanchissent le visage avec du kaolin ; les gens à figure de Pierrot sont donc chez eux ceux qui sont tristes ou affligés.

Sauf une poterie grossière et le travail du laiton destiné à leurs bracelets (qui est d'ailleurs d'importation européenne), il n'y a guère d'industrie chez eux. Le laiton sert de monnaie dans le bas Congo. Comme nourriture, je n'ai remarqué sur les marchés ouaguinguélés que du manioc en petite quantité et de grosses bananes à profusion.

Les femmes ne portent pas les fardeaux sur la tête (peut-être à cause de leur coiffure); elles mettent la charge sur leur dos et leurs reins en la soutenant par une attache passée sur le front, comme les portefaix dans les pays du Levant.

Depuis Malonga jusqu'à Lokandou, ce sont les Ouaguinguélés qui nous fournissent nos pagayeurs ; j'ai donc eu l'occasion d'en voir beaucoup ; ils ont l'air de braves gens et, sur les rives du fleuve, ils se sont un peu policés au contact européen ; mais je ne doute pas qu'à l'intérieur ils ne soient encore très primitifs.

Ils ont comme voisins les Bakoussous et les Batételas, dont j'ai parlé à propos de la révolte, et, plus avant dans le pays, les Tinguis-Tinguis, c'est-à-dire les fameux Pygmées dont Stanley, le premier, a signalé l'existence dans ces régions (1). Pendant mon voyage, l'occasion m'a été donnée de voir bon nombre de ces petits négrilles et j'ai pu mieux les étudier que leurs congénères de l'Afrique du Sud, les Bushmen. Dans le bassin du Congo, les régions qu'ils habitent sont assez disséminées ; en voici les limites, d'après mes renseignements et les recherches très particulières auxquelles je me suis livré sur leur compte : l'est des chutes de Stanley, c'est-à-dire le nord du Manyéma ; le nord des mêmes chutes jusqu'à moitié chemin environ de l'Ouellé, les bords du Lomani, le sud-ouest de Nyangoué. J'ai vu deux Tinguis-Tinguis entre Kabambaré et Kassongo dans le Manyéma ; l'heure avancée à laquelle on me les a amenés ne m'a pas permis de les photographier, mais ils se sont laissé mesurer de bonne grâce ; l'un avait 1^m,35, l'autre, 1^m,41 ; j'en ai examiné par la suite une vingtaine d'autres spécimens, entre autres

---

(1) Ils portent, selon les pays, des noms différents et se subdivisent en nombreuses tribus : Ouatouas, Obongos, Dokos, Akkas, Batouas, Tiklitiklis, Atchouas, Ouamboutis, Bushmen, etc., etc.

deux à Léopoldville, lesquels, m'a-t-on dit, revenaient de l'Exposition de Bruxelles. Je suis presque certain que ces deux derniers n'étaient adultes ni l'un ni l'autre et qu'ils n'ont pu donner une idée exacte des individus ayant atteint leur complet développement. D'après mes notes, qui concordent assez bien entre elles, tous les Pygmées du Congo appartiennent à la même variété; chez eux, la peau est claire, plutôt rougeâtre, les pommettes saillantes, les yeux légèrement bridés, les lèvres un peu prononcées, le nez petit; quelques-uns sont barbus. Ils donnent l'impression générale d'un mauvais caractère.

Ici, comme dans le sud, les Tinguis-Tinguis vivent de chasse; mais ici les produits de cette chasse leur servent à se procurer ce qui leur est nécessaire. Outre plusieurs industries propres, ils travaillent le fer (ce que ne font pas les Bushmen) et fabriquent eux-mêmes les pointes de leurs flèches, leurs petites lances ou harpons dentés, ainsi que des chaînettes dont ils aiment à se parer. Je ne crois pas qu'ils exploitent la matière première; mais, après avoir acheté des «chokas» aux indigènes, ils en confectionnent les objets à leur usage. Ils font aussi de grands filets assez solides pour capturer les petits animaux, et on les voit souvent avec ces filets drapés sur l'épaule. Les enfants chassent les petits oiseaux avec des arcs minuscules et des flèches en bois : ils sont d'une adresse merveilleuse à cet exercice.

Les Tinguis-Tinguis ne construisent pas de cases. Ils vivent exclusivement dans la forêt sous des abris de feuillage provisoires. Ce sont des nomades qui, sans voyager beaucoup, cèdent à un besoin constant de changer de place qui paraît inné chez eux; tout en ne logeant jamais au même point, ils habitent souvent pendant longtemps la même localité.

La façon dont ils font leurs échanges avec les indigènes est assez bizarre; quoique se tenant aux environs des villages, ils se montrent rarement aux habitants. Ont-ils besoin d'un régime de bananes ou de tout autre comestible? Ils le prennent et mettent à sa place un morceau de viande proportionné à sa valeur. Les Tinguis-Tinguis ne volent jamais et sont, à cause de cela, en bons rapports avec leurs voisins. Ceux-ci n'étant pas chasseurs, les négrilles leur rendent le service de les approvisionner de gibier. Dans d'autres endroits, ces petits hommes fréquentent les marchés indigènes.

En somme, les Bushmen du Congo ne mènent pas l'existence de parias comme les Bushmen de l'Afrique du Sud, qui étaient malfaisants et traqués par tout le monde. Dans ces régions, les Tinguis-Tinguis font souvent la guerre de concert avec les indigènes, et ils se battent fort bien. Malgré ces bons rapports avec leurs voisins, ils sont néanmoins réputés comme des êtres dangereux, adonnés, comme tout le monde dans leur pays, à l'anthropophagie. Les rares Européens qui les ont rencontrés n'ont pas eu à s'en plaindre. J'en ai trouvé quelques-uns dans la forêt qui ont fait bonne contenance; mais, quand ils le veulent, ils disparaissent dans la végétation avec une agilité extraordinaire et sans le moindre bruit.

On peut classer ces petits hommes mystérieux parmi les individus les plus singuliers, les plus intéressants qu'offre, dans ses variétés, la grande famille humaine...

Nous continuons à descendre le Congo, toujours vers le nord; la largeur du fleuve reste de six à sept cents mètres; son courant n'est que peu prononcé. Nous faisons halte un jour à Lokandou pour faire sécher nos effets, car les pluies nous ont fort maltraités; j'y photographie des Ouaguinguélés; j'assiste à un marché de bananes où on aurait pu trouver à bon compte le chargement de plusieurs navires; ces fruits sont tellement communs dans la région que leur valeur est presque nulle.

A Lokandou, les Belges ont établi un poste que l'on fortifiait, au moment de mon passage, contre une agression éventuelle des révoltés.

Si ceux-ci m'en donnent le temps, je veux essayer de passer le plus vite possible; car, une fois maîtres des bords du fleuve, les brigands barreront le chemin à tout le monde. Nous quittons donc Lokandou hâtivement et nous voguons silencieusement en longeant la rive gauche.

Vers le soir, nous manquons de tomber au milieu d'un détachement de rebelles. Voici comment : les baguénias venaient d'atterrir pour passer la nuit dans un petit village situé sur la rive gauche, à quelques heures de Kiroundou, et nous prenions nos dispositions pour la nuit; le crépuscule arrivait, car on avait navigué ce jour-là plus que d'habitude, faute d'avoir rencontré un village. Après avoir amarré les pirogues, on commençait à en sortir les provisions, les nattes, les marmites, qui forment le bagage des noirs, et on se préparait à allumer des feux, lorsque, sur la rive droite, c'est-à-dire sur la berge en face de nous, nous entendîmes plusieurs coups de fusil, puis, après un moment de silence, des appels et de nouvelles détonations.

La nuit ne permettait pas de distinguer les gens, mais on les entendait demander des pirogues. Une dizaine de ces embarcations étaient attachées à notre rive, et nous vîmes les indigènes, nos hôtes, y transporter à la hâte ustensiles et vivres; avant que nous ayons pu obtenir aucune explication, les habitants s'entassèrent sur leurs troncs d'arbres creusés, les remplissant au risque de les faire couler, et, sans plus s'occuper de nous, ils se mirent à descendre le fleuve pendant que le reste de la population, n'ayant pu trouver de place dans les pirogues, s'éloignait par la voie de terre.

Pendant que ces braves Ouaguinguélés déménageaient sans tambour ni trompette, nos baguénias reprenaient leurs places dans nos pirogues. Il fallait fuir; les révoltés venaient d'arriver sur la rive droite, et ils avaient, disait-on, tué tous les indigènes qu'ils avaient rencontrés.

Aussitôt nous poussons au large et, sans bruit, rasant la rive, tandis que des appels nombreux continuent à se faire entendre en face, nous descendons au fil de l'eau, laissant le village aussi désert maintenant qu'il était peuplé un moment auparavant. Vingt-cinq minutes après, nous passions devant le campement des révoltés ; de grands feux allumés éclairaient les arbres jusqu'à leur sommet tandis qu'un brouhaha de voix indiquait la présence d'un grand nombre d'hommes. Ce bruit cessa tout à coup. Nous aurait-on vus? Des individus causaient sur la rive, et si grand était le silence qu'on les entendait distinctement, malgré l'éloignement ; les officiers de l'escorte s'étaient rapprochés de moi, et nous naviguions presque bord à bord ; la nuit était noire, et, comme nous rasions la forêt, nos grandes embarcations ne furent heureusement pas aperçues. Mais le silence indiquait qu'on avait des soupçons ; si ceux-ci s'étaient confirmés, nous eussions reçu des sommations d'abord et des feux de salve ensuite, ce qui eût été assez gênant dans notre position : d'un côté, le fleuve était profond ; de l'autre, l'épaisseur de la végétation et l'obscurité nous empêchaient de distinguer les rares endroits où l'on pouvait atterrir.

Tous nos gens étaient muets ; les baguénias pagayaient sans bruit, lorsque devant nous des taches noires apparurent sur le fleuve ; elles devinrent bientôt plus distinctes : c'était des pirogues. Mais qui les montait ? Etaient-ce des ennemis ? Etaient-ce nos villageois en fuite ? Autant de questions très graves, car un cri eût suffi pour donner l'alarme. Nous avions entendu les révoltés demander des pirogues, mais peut-être en possédaient-ils déjà un petit nombre. Le mieux était de nous rapprocher rapidement de ces gens sans dire un mot...

Les armes s'abaissent et se chargent en silence : chacun se tient prêt ; il fait si noir qu'on distingue à peine son voisin...

Nous faisons force de rames et, rattrapant bientôt une des pirogues, nous en saisissons solidement le bordage : heureusement un des fuyards se fait connaître à voix basse : ce sont nos Ouaguinguélés qui s'avancent péniblement. Nous en prenons plusieurs à bord pour alléger leurs embarcations près de couler ; mais, pendant ce transbordement, un d'eux tombe à l'eau avec une exclamation... Aussitôt la rive opposée s'éclaire de lueurs ; une détonation ne tarde pas à suivre et une balle passe en sifflant au-dessus de nos têtes, tandis qu'on nous crie, d'après ce qui nous est traduit : « Amenez votre pirogue, ou nous allons vous couler! » Nous faisons répondre par un de nos hommes qui parle bakoussou : «Ne tirez pas, on y va, nous sommes des amis,» tandis que, plus silencieusement que jamais, nous glissons dans l'ombre, nous éloignant de plus en plus, et bientôt nous sommes hors de portée des coups des rebelles.

Cinq minutes après, des feux de salve, heureusement mal dirigés, nous apprennent qu'on a deviné notre fuite.

En plein jour, nous n'eussions eu d'autre ressource que de nous jeter dans la végétation en laissant les pirogues recevoir les balles. Remarquons, d'ailleurs, que nous n'aurions peut-être pas vu l'ennemi dissimulé dans la forêt. Grâce à l'obscurité, au contraire, notre retraite était assurée; on eut beau tirer sur nous et nous appeler, tout fut inutile, et nous pûmes achever notre voyage en paix. Vers le milieu de la nuit, nous accostâmes à un village où nous passâmes quelques heures; au matin, nous étions à Kiroundou. Le lendemain, un détachement d'indigènes prenait à une troupe isolée de révoltés un canon de campagne et un fusil Albini qu'on apporta au chef de poste de Kiroundou, en signalant la retraite des rebelles vers l'intérieur. La rive droite étant désormais sûre, je pris congé de mon escorte et de ses aimables officiers, qui restèrent à Kiroundou par ordre supérieur, et je continuai seul mon voyage avec mes deux pirogues.

Les opérations des Belges commençaient à ce moment contre les insurgés ; je savais qu'une colonne venant de Nyangoué marchait contre les rebelles, qu'une autre allait à leur rencontre de Lokandou, tandis qu'une troisième expédition, sous les ordres du commandant Henry, les cherchait plus au nord. Pris entre trois feux, ils devaient fatalement se rencontrer avec un des détachements; ce fut, en effet, ce qui arriva. Refoulés du fleuve par la colonne de Nyangoué et de Lokandou (1), les révoltés tombèrent dans les parages battus par le commandant Henry, et celui-ci leur infligea deux sanglantes défaites; il reprit les canons, les munitions, les effets du baron Dhanis et de ses infortunés compagnons; il fit de nombreux prisonniers et mit en déroute complète le reste des rebelles après une longue poursuite accomplie avec une audace et une ténacité extraordinaires. Avec la campagne arabe, cette victoire a été un des faits militaires les plus remarquables de l'occupation belge au Congo.

Ce n'est que plus tard que j'appris ces nouvelles, lors de mon arrivée aux cataractes. Pour le moment, délivré de la préoccupation pénible de tomber au pouvoir des révoltés, je continuai tranquillement mon voyage et mes études. J'arrivai ainsi à Ouaboundou (Ponthierville), qui est un des points où le Congo se montre le plus majestueux; sa largeur y est considérable; un affluent important, le Lilou, se joint à lui en cet endroit et de grandes îles le divisent en plusieurs bras.

---

(1) C'est l'approche de cette colonne qui leur fit quitter les rives du fleuve peu après notre passage.

HAUT-CONGO. — Coiffures ouaguinguélés.

CONGO MOYEN. — Le tambour à signaux.

Nous avons quitté la patrie des Ouaguinguélés et nous nous trouvons maintenant au milieu de nouvelles peuplades. D'un côté du fleuve, voici les Ouabilas, qui peuplent la partie occidentale, et, de l'autre, les Ouakoumous. Ces gens ne se font pas de coiffure spéciale ; ils sont armés de flèches et se peignent le corps au carmin, comme leurs voisins ; j'en ai vu quelques-uns avec des touffes de plumes sur la tête. Les femmes portent les fardeaux sur le dos comme chez les Ouaguinguélés.

Ces deux peuplades sont les dernières que nous rencontrons sur le haut Congo ; il est probable qu'il en manque à mon énumération, soit qu'elles habitent l'intérieur et que je n'aie pu me mettre en contact avec elles, soit que mes renseignements aient été incomplets ; mais chacune de celles que j'ai citées a des caractères bien marqués qui la distinguent de sa voisine. Quelques usages y sont communs à toutes ; par exemple, l'emploi du tambour à signaux, dont j'ai parlé à propos de mon voyage dans l'Ouroua et sur lequel le moment est venu de donner quelques détails.

Le tambour à signaux change de forme ou de dimension, mais il sert uniquement, entre les différentes tribus, à transmettre des nouvelles et à échanger des communications. J'ai fait à ce sujet, pendant ma descente du Congo, plusieurs expériences qui m'ont semblé très concluantes.

M'étant un jour installé à côté du tambourineur, je fis communiquer à un village situé sur la rive opposée plusieurs ordres qui furent immédiatement exécutés ; la largeur du fleuve étant de six à sept cents mètres, je me servais d'une lorgnette pour suivre les mouvements. Je fis signaler :

1° De chercher des bananes et de les porter sur la plage ;

2° De les placer dans une pirogue;

3° De remonter sur la plage;

4° De prendre les bananes et de les mettre dans une case ;

5° D'appeler trois hommes et trois femmes, puis de les renvoyer;

6° Enfin de venir avec une certaine pirogue chercher un cadeau.

Toutes ces indications furent exécutées — la dernière surtout — sans aucune hésitation.

A l'aide du tambour, les indigènes sont prévenus deux et quelquefois trois jours à l'avance qu'un Européen monte le fleuve avec telle ou telle escorte, accompagné de tant de gens, etc. Dans l'intérieur, le tambour n'est pas moins employé ; c'est pourquoi les expéditions européennes trouvent souvent déserts des villages qu'elles projetaient de surprendre, ou bien, croyant tourner l'ennemi, elles tombent dans des embuscades qu'il a eu le temps de leur préparer. Stanley, lors de sa descente du Congo, se plaint de l'affreux tam-tam qui ne cessa de battre pendant des semaines. Il est peu flatteur pour nous de constater qu'à la fin du siècle dernier, avant l'invention du télégraphe aérien, nous étions bien moins avancés que les naturels du haut Congo, en fait de communications rapides.

Pendant notre descente du fleuve, le tambour était une de mes distractions; il y avait toujours dans l'équipage au moins un indigène qui connaissait les signaux, et je me faisais traduire ceux que nous entendions. Quoique cela puisse paraître étrange, ceux qui font profession de tambourineur sont peu nombreux, et, parmi les naturels des deux sexes, la majorité ne sait pas traduire ou transmettre une phrase de leur code conventionnel ; il est certain qu'il y a un apprentissage à faire et que ce genre de téléphonie compte peu d'initiés.

La faune est assez rare sur le fleuve, je l'ai dit, et j'étais obligé, pour chasser, de débarquer et de m'enfoncer dans la forêt. Sur le Congo, nous ne voyions que quelques rares oiseaux aquatiques ; en revanche, d'innombrables vols de perroquets gris passaient en sifflant toute la journée. Je me suis nourri ainsi pendant quelques jours de jacquots à toutes les sauces. Les jeunes sont assez fins, mais les vieux sujets, coriaces; on ne peut qu'en faire de la soupe, et encore ! Un vieux coq de quatre à cinq ans est réputé chez nous comme un morceau récalcitrant : que dire alors d'un perroquet dont l'âge peut varier entre soixante et cent ans?...

Le poisson du Congo offre quelques espèces très délicates, et nous en avons acheté et pêché assez pour varier notre ordinaire.

J'ai remarqué sur le haut du fleuve une quantité considérable de mouches tsétsés ; j'en ai même capturé de quoi remplir un flacon. C'est toujours le diptère que j'ai déjà maintes fois décrit (1). J'ai étonné plus d'un Européen en lui en révélant l'existence. La tsétsé m'a semblé plus rare en aval des chutes de Stanley, mais elle paraît habiter la forêt équatoriale à peu près partout. Les indigènes lui donnent plusieurs noms selon les régions : *nzanza*,

---

(1) *Du Cap au lac Nyassa*, p. 141.

nguékoua (1), *nchingou* (2). Sa présence explique que les Arabes perdent souvent du bétail aux environs des cataractes ; la mouche pique les bestiaux lorsqu'en paissant ils s'éloignent trop des lieux habités : j'ai déjà dit que l'insecte évitait avec soin les abords des villages.

La monotonie du voyage est rompue après Ouaboundou, car nous commençons le passage des premières cataractes un peu importantes ; dans ces parages, le fleuve se trouve comprimé entre des masses rocheuses qui encombrent son lit et réduisent sa largeur d'une façon incroyable. De sept à huit cents mètres, le vaste et majestueux Congo se réduit, à Bamanga, à 75 mètres seulement. On juge de la profondeur, du courant, des flots d'écume, des remous, des tourbillons, des sauts de cette énorme masse d'eau ainsi étranglée. Les cataractes d'Ouaboundou se divisent en plusieurs séries de rapides qui sont : Ouaboundou proprement dit, Kissoui, Bamanga, Ouaniérokoula, Quéoué, et enfin les chutes de Kissangano, auxquelles Stanley a donné son nom. Entre ces divers obstacles le fleuve est navigable sur des parcours plus ou moins longs (3).

Nous avons donc à répéter plusieurs fois l'opération qui consiste à décharger les pirogues en arrivant aux endroits dangereux, à faire transporter nos bagages par la voie de terre, de façon à contourner les cataractes, à faire passer les pirogues à

---

(1) En langue loukounga.
(2) En langue bakoussou.
(3) A Bamanga, il existe un petit lac dont les eaux s'écoulent dans le Congo.

vide dans les chutes, à nous réembarquer avec nos colis et à reprendre notre voyage : opération longue et ennuyeuse.

Les indigènes (des femmes généralement) portent les fardeaux sur le dos, à la mode du pays; ils effectuent ces transports en échange d'un paiement minime.

Ce sont les habitants des villages voisins qui font le dur métier de passer les rapides; on leur remet les pirogues vides en amont, ils vous les rendent en aval. Ayant grandi dans le bruit assourdissant des cataractes, ils connaissent chaque récif, chaque écueil, chaque tourbillon; personne mieux qu'eux n'apprécie le danger, n'est plus apte à le braver; un faux coup de barre, un instant d'hésitation, et la pirogue, prise par le travers, sera roulée, mise en pièces, tandis que l'équipage, entraîné dans le courant, se brisera contre les rochers. Les accidents de ce genre sont nombreux.

A deux reprises, voulant juger par moi-même de l'impression que produit le passage des rapides, je reste avec les pagayeurs dans la pirogue vide, après avoir expédié mes bagages en toute sécurité par la voie de terre sous la surveillance de mes hommes. Une fois débarrassés du chargement, les canotiers prennent leurs dispositions pour un bain éventuel; enlevant leur pagne, qui pourrait les gêner, ils attachent les quelques objets restant dans la pirogue, et, bien installés, arc-boutés sur leurs pagaies, qui vont servir de gouvernail, ils se dirigent vers l'endroit dangereux. La pirogue, grande ou petite, devient à partir de ce moment un fétu de paille, un jouet, un bouchon. Impuissants à la conduire, les pagayeurs parviennent à grand'peine, par des coups de barre vigoureux, à lui conserver une direction; d'abord indécise, l'embarcation arrive dans le courant, et dès lors sa destinée et la nôtre sont à la merci des éléments : les têtes noires des rochers, la crête aiguë des écueils, passent avec une rapidité effrayante; les détails de la rive apparaissent, grandissent et s'enfuient; les arbres se poursuivent, pendant que le grondement des chutes couvre les cris des canotiers comme un tonnerre continu... Tout à coup l'avant plonge au milieu d'un flot écumant, une masse d'eau retombe et remplit à moitié l'embarcation, tandis qu'à travers un rideau d'éclaboussures et d'écume pulvérisée rochers, végétaux et terre continuent à s'éclipser avec une vitesse vertigineuse... Nous venons de franchir une cataracte!...

Personnellement j'ai éprouvé dans ma pirogue la sensation désagréable d'une impuissance absolue : dès que le malheureux tronc d'arbre est lancé dans ce courant de vingt nœuds à l'heure, on sent qu'aucune force humaine ne peut plus intervenir ; en raison même de ce courant, le gouvernail est presque inerte; on est ballotté, emporté; tout tourbillonne; la vision rapide des objets qui vous croisent vous fait tourner la tête ; on murmure instinctivement : « A la grâce de Dieu! »

Les rapides de Bamanga et de Kissangano sont les plus violents ; ceux de Quéoué, plus bénins, durent plus de deux kilomètres. Quéoué est un petit village situé presque mathématiquement sur l'équateur (0°2'47"). J'y passe une nuit, et j'atteins les cataractes de Stanley le lendemain.

En somme, la partie navigable du haut Congo cesse en aval d'Ouaboundou, et la série des rapides que je viens de décrire commence là. Je peux

CHUTES DE OUABOUNDOU.
Un sentier dans la forêt longeant les cataractes.

ajouter qu'en aval des chutes de Stanley finit la partie vraiment intéressante pour moi : là s'achève mon voyage d'exploration proprement dit.

Passé les cataractes, nous aurons encore 400 kilomètres environ de pays curieux, à peu près jusqu'à Upoto; puis nous allons rencontrer les premières traces de la civilisation : nous verrons des vapeurs sur le fleuve, des établissements sur les rives. Malgré moi, devant cet envahissement graduel, je ne puis me défendre d'une certaine tristesse. Adieu, mœurs primitives, peuplades non encore corrompues par le contact européen, paysages sauvages! Adieu, l'Afrique vraie, en un mot, celle dont l'étude passionne le voyageur avide de découvertes et l'entraîne, au péril de sa vie, vers les aventures! Adieu, calme et sérénité des régions inexplorées! Adieu, vie errante et libre sous un beau ciel clément! Adieu, liberté absolue de faire et de penser! Tout cela disparaît pour faire place à la civilisation, à des Européens affairés, bilieux, médisants, jaloux les uns des autres; à des indigènes astucieux, âpres au gain; à des pays sillonnés de locomotives ou de vapeurs dont le sifflet strident fait fuir jusqu'aux oiseaux, à des routes tirées au cordeau, jonchées de débris de journaux ou de boîtes de conserves vides; à des agglomérations de maisons qui prennent le nom pompeux de ville, quoique les rues y manquent, et la cordialité aussi, où l'on n'a aucun agrément, mais où se retrouvent en revanche toutes les vexations, toutes les obligations que l'autorité locale accumule dans les grandes métropoles. Les charmes de l'Afrique se sont envolés : il ne reste plus que la fièvre.

Après avoir vécu dix ans sous la tente, comment

se plaire dans ces cités africaines ? On y est mal à l'aise et on a hâte de les quitter. Civilisation pour civilisation, mieux vaut cent fois celle d'Europe, dont l'autre n'est que la caricature ; chez nous aussi les obligations ne manquent pas, mais elle sont compensées par de nombreux avantages. Pour moi, s'il faut me résumer, je ne connais pas de milieu : Paris ou la sauvage Afrique centrale !

CHAPITRE VII

CHEZ LES ANTHROPOPHAGES

Le cannibalisme : ses sources, sa raison d'être. — Sa disparition sous l'influence européenne. — Candeur des peuples primitifs. — Je me fais passer pour anthropophage. — La chair de l'homme, de la femme et de l'enfant. — Les morceaux de choix. — La graisse. — Les amateurs de viande crue. — Le boucanage de la viande. — De quoi la chair humaine a le goût. — Les mangeurs de cadavres derrière les armées. — Ceux qui mangent leurs morts. — Pygmées anthropophages. — Façon d'exécuter les esclaves. — Achat de viande sur pied. — Résignation stoïque du noir. — Fin prochaine du cannibalisme.

On a dit très justement que l'anthropophagie n'est en somme que l'amour de ses semblables poussé à l'exagération. Cette philanthropie excessive, qui n'est pas entrée dans nos mœurs, bien au contraire, constitue l'originalité grande de certaines peuplades africaines, et j'ai essayé de réunir, pendant les quelques mois que j'ai passés chez elles, des renseignements de nature à m'éclairer sur la façon dont ces cannibales opèrent.

Ce n'est pas le lieu d'entreprendre ici un plaidoyer contre ces usages barbares : nous sommes tous d'accord sur leur monstruosité. Je me bornerai à une simple étude prise sur le vif, à un document ethnographique.

Aussi resterons-nous un instant encore dans le haut Congo, et, avant de gagner les régions civilisées, je consacrerai quelques mots à l'anthropophagie ainsi qu'aux indigènes chez lesquels elle est en usage.

Il convient de dire tout d'abord qu'en général les membres d'une même famille ne se mangent pas entre eux ; je ne connais d'exception à cette règle que chez les Basokos, dont je parlerai tout à l'heure. Il est également peu fréquent de voir des individus de la même tribu s'entre-dévorer.

Les principales sources qui alimentent le gardemanger des cannibales sont, avant tout, les guerres continuelles que se font les différentes peuplades entre elles et les campagnes de razzias opérées par le fort contre le faible pour se procurer des esclaves. A la suite de ces conflits, il y a toujours de part et d'autre des morts et des blessés appartenant à l'ennemi, et ils sont mangés; parmi les prisonniers, les hommes subissent presque toujours le même sort, tandis que les femmes, ayant une valeur considérable, sont conservées comme esclaves; en effet, elles travaillent, elles augmentent par leurs enfants la richesse du maître; elles doivent à ces qualités d'être souvent épargnées. Appréciée comme instrument de travail, la femme est, d'autre part, extrêmement recherchée comme aliment par certaines peuplades qui préfèrent de beaucoup sa chair à celle de l'homme; elle n'a donc que peu de chances d'échapper à l'alternative cruelle : de rester esclave ou d'être mangée.

Les raisons qui paraissent avoir poussé la plupart de ces tribus à manger de la chair humaine, c'est, tout d'abord, le manque absolu de viande, par suite de l'absence de bétail, d'animaux domestiques; par suite de la rareté des bêtes sauvages dans les parages de la grande forêt; c'est aussi les hautes qualités de goût, la saveur particulière que possède la chair de l'homme, à en croire les indigènes amateurs.

La zone peuplée par les anthropophages va du lac Tanganyika, à l'est, au moyen Congo, à l'ouest, c'est-à-dire à peu près jusqu'à l'embouchure de l'Oubanghi. Au nord, elle part de l'Ouellé et s'étend, au sud, jusqu'au haut Kassaï. Mais, dans ces territoires immenses, il y a encore des classifications à faire : le Manyéma, l'Ouroua et la région située entre le Congo et la haute Ouellé sont peuplés par les cannibales les plus passionnés. Il va sans dire que, dans les localités où les Européens ont établi leur influence, il y a comme un mot d'ordre entre indigènes de nier toute inclination à ces coutumes : ils savent que le blanc les réprouve; aussi affectent-ils une innocence absolue, de l'indignation même, lorsqu'on leur en parle. Mais, pour peu que l'on quitte la zone où s'exerce l'influence immédiate des nations civilisées, le cannibalisme subsiste ostensiblement, et il subsistera encore ainsi pendant longtemps.

Dans les régions où l'Européen est peu connu et où l'on ignore son aversion pour la chair humaine, on ne se gêne nullement pour lui en vanter les qualités (1). Les Baloubas m'en ont offert de la bouca-

---

(1) Shweinfurth, Junker, du Chaillu et tant d'autres donnent là-dessus de nombreux détails qu'ils ont recueillis de la bouche des indigènes.

née; ils me l'ont offerte avec toute l'innocence d'une conscience tranquille, absolument comme nous inviterions un hôte à partager notre ordinaire : ils ignoraient si, dans mon pays, je n'en mangeais pas comme eux. Les Manyémas m'ont vendu un bracelet d'incisives humaines en me racontant sans hésitation leur provenance. Je me souviens encore d'une trentaine de Baloubas qui se sont présentés à moi comme porteurs avec d'énormes colliers de doigts et de dents humains : ils n'ont fait aucune difficulté pour me dire comment ils se les étaient procurés et dans quel but.

Pour obtenir des renseignements, j'affectais tout simplement de raffoler moi-même de chair humaine, et je demandais mille détails sur le découpage et la préparation de cet aliment. Ceux qui veulent étudier les bas-fonds de la société se déguisent en filous, dit-on; moi, je me déguisais, virtuellement bien entendu, en anthropophage. En réponse à une question que me posait un chef influent, je lui ai conté que, dans mon pays, je mangeais chaque matin un petit enfant à déjeuner. Aussitôt il m'a proposé de m'en procurer, et je ne suis sorti de cette situation difficile qu'en lui disant que je ne mangeais que les blancs. Mes hommes du Zambèze étaient scandalisés.

Quant aux Européens qui m'accuseront d'avoir donné à ce sauvage une triste idée de notre civilisation, je leur répondrai que cela m'est égal, puisque j'en suis arrivé à mes fins en obtenant des renseignements précieux dont, en somme, je les fais profiter ici. Si j'avais poussé les hauts cris et pris un air offensé, mes interlocuteurs eussent gardé leurs confidences pour eux, et nous ne saurions pas quelle est la meilleure manière d'apprêter la chair humaine, quelles sont les parties les plus succulentes de notre individu et la façon dont on débite la viande « sur pied » dans le pays.

Partout la chair de l'homme y est considérée comme un régal, un aliment noble, tout à fait de choix; celle de la femme est encore plus tendre; l'enfant est un mets très fin que, dans certaines tribus, on réserve aux chefs. La graisse est particulièrement estimée; on la conserve fort longtemps; elle sert aux usages culinaires et à certaines «médecines» faites par les féticheurs; elle est d'un jaune plus ou moins semblable au beurre. La graisse du blanc est, paraît-il, tout à fait supérieure. Quelques tribus prétendent qu'elle a le don d'enivrer quand on en consomme trop. Jamais, en aucun cas, on ne mange les intestins, ni le cerveau, ni même la peau; on a soin d'écorcher le cadavre. Les parties du corps les plus appréciées sont la poitrine et les reins, c'est-à-dire, je pense, ce qu'on appelle le faux-filet. Le sein chez la femme est un morceau excessivement recherché et destiné aux personnages importants.

De tels régals ne sont certes pas quotidiens; il m'est difficile de rien préciser, mais je suppose que l'occasion s'en présente de temps à autre; dans certaines régions, la viande se vend au marché, et il est peu probable qu'on y en trouve fréquemment. Au demeurant, les mets habituels sont, comme partout, la banane, le manioc, le millet, le poisson, etc.

Aux usages généraux que je viens d'indiquer, chaque tribu ajoute ses particularités.

Les Bakoussous, les Batételas mangent leurs esclaves, leurs prisonniers, mais après les avoir fait cuire dans des marmites avec de la graisse et du sel, selon la méthode ordinaire. Ou bien, ils la boucanent, en la coupant en menus morceaux que l'on passe sur de petits bâtons. On expose alors ces brochettes à un feu lent (1). On fait également boucaner les doigts et les parties osseuses pour les conserver.

Dans une case d'un petit village de l'Ouroua où j'arrivai la nuit, je fis tomber par mégarde un sac de paille qui était pendu au plafond : une partie du contenu s'en échappa et j'y trouvai quelques échantillons de ces appétissantes conserves : une mâchoire, quatre doigts humains tout noirs et recroquevillés et des morceaux de viande boucanée.

Les chefs collectionnent les crânes de leurs victimes et en font des trophées; les indigènes portent des bracelets ou des colliers faits d'incisives percées et enfilées, de doigts humains, etc.

Lorsque j'ai parlé de la révolte des soldats du baron Dhanis, on a déjà pu voir que les Bakoussous, les Batétélas et les gens de l'Arouimi qui composaient les milices étaient retournés à leurs vieilles habitudes et qu'ils avaient vécu pendant longtemps de chair humaine. Après avoir « consommé » les quinze blancs qu'ils avaient massacrés, ils avaient mangé les boys ou petits domestiques, les femmes et enfin bon nombre de leurs propres auxiliaires ou porteurs.

---

(1) Celles que j'ai vues chez les Baloubas et chez les Mombouttous ressemblaient absolument, sauf la graisse, à des morceaux de porc ; la viande en était blanche et d'un tissu assez serré.

OUROUA.

Coiffures de Baboulas (anthropophages) hommes.

OUROUA.

Coiffures de Baloubas (anthropophages) femmes.

L'indigène ne perd jamais ses bonnes habitudes : pendant la campagne du Dahomey, lors des premiers engagements, à Kotonou, les Européens manquaient absolument de viande (le 5 mars 1890, par exemple); les tirailleurs gabonais (1) en avaient, eux, et leurs marmites en étaient pleines ; je parierais bien que c'était du Dahoméen de choix!

Pendant les grandes expéditions qui ont marqué la conquête du Congo belge, campagne arabe, campagnes des chutes de Stanley, du haut Itouri et tant d'autres, des hordes d'indigènes suivaient les armées, comme ces requins qui accompagnent les navires; tous les morts ou les blessés qui tombaient entre leurs mains étaient boucanés ou consommés sur place; si, par hasard, l'expédition revenait sur ses pas, elle ne retrouvait jamais, à la place de chaque cadavre, que la tête et les intestins : le reste avait disparu.

Les gens de Basoko ne respectent rien; non seulement ils mangent les prisonniers et les esclaves, mais ils se régalent encore de tous ceux des leurs qui meurent d'accident ou de maladie (à moins que ce ne soit de la lèpre ou de quelque autre affreuse affection de la peau); si le défunt a succombé à une plaie, ils se bornent, de même que pour les blessures causées par les flèches empoisonnées, à enlever et à jeter la partie malade.

Voilà bien, n'est-ce pas, une étrange façon de prouver aux morts les regrets qu'on a de les voir partir, et surtout un procédé d'enterrement pratique et expéditif? Il fait penser à ce missionnaire revenant dans un pays où, quelques années auparavant,

---

(1) Ex-Pahouins Nyams-Nyams ou gens de l'Oubanghi.

un de ses amis avait été tué par les sauvages; comme il demandait au roi où était la tombe de son ami : «La voici,» lui répondit le chef en lui montrant son gros ventre tatoué.

Chez les Likouangoulas, les Monguélimas et tous les riverains du haut Louhali, les mœurs sont les mêmes. Il y a quelques années, au moment de l'arrivée des Belges dans la région, on mettait, dans quelques villages échelonnés, des soldats de la force publique pour hâter les transports ; ces soldats étaient habituellement étrangers à la région; or, tous ceux qu'on laissa dans l'Arouimi disparurent successivement. On crut d'abord à des désertions, mais on finit par connaître le fin mot de l'affaire: les Monguélimas mangeaient les petits soldats.

On retrouve les mêmes mœurs chez les Azandés ou Nyams-Nyams et chez les autres peuples du haut Oubanghi, Mombouttous, Batékés, Bapotos, Bakoumas, Bangalas; mais ils ne mangent pas leurs morts. Je sais seulement, l'ayant constaté *de visu*, qu'ils taillent la chair humaine en longues lanières. Pendant leurs expéditions, ils découpent ainsi et font boucaner en route tous les blessés et les morts, puis ils emportent ces lanières comme provisions de bouche pour continuer leur chemin. Les Bangalas ou Mongalas viennent, ces temps derniers, de manger quelques blancs pour varier leur ordinaire ; une expédition belge est allée les en châtier. Tous les nains ou Pygmées, sans exception, sont anthropophages, et même encore plus passionnés que les autres, étant donné qu'ils se nourrissent presque exclusivement de viande. Très agiles à la guerre et se battant bien, ils sont très craints des gens du pays et font, comme leurs voisins, des incursions contre les faibles. Dans les marchés d'échange qu'ils tiennent en pleine forêt avec les indigènes (1), et où ceux-ci leur apportent des fruits et autres comestibles ainsi que des produits de leur industrie, les Pygmées vendent des brochettes de viande boucanée de tous les genres.

Chez la plupart des peuplades que j'ai citées on exécute de la même façon les malheureux esclaves ou condamnés que l'on désire manger ; on leur attache la tête à un arbre souple qui fait ressort et ne reste plié que sous le poids du condamné ; l'exécuteur s'approche et tranche d'un seul coup la tête. Aussitôt celle-ci est arrachée et jetée au loin par l'arbre, qui se redresse; on débite ensuite la viande et on se la partage. Quelquefois, chez les Bapotos, par exemple, on marque avec de la craie ou du charbon sur l'individu vivant les parties qui sont vendues, et le maître promène le malheureux jusqu'à ce que chaque fraction de son corps ait trouvé acquéreur; alors seulement on le met à mort. Telles sont la résignation et la force d'habitude à l'obéissance passive chez ces malheureux peuples que l'esclave qui se sait destiné à être mangé ne songe pas même à se plaindre de son sort ; il n'ignore pas que la nourriture qu'on lui donne est destinée à l'engraisser; il voit venir avec insouciance le jour où il servira de pâture à ses congénères; il supporte stoïquement ce rôle d'animal de boucherie, se laisse palper, marquer et enfin exécuter sans un mot, sans un murmure.

(1) J'ai dit plus haut que les Pygmées n'avaient pas de rapports avec les autres noirs; mais, dans certaines régions, ils entretiennent ces marchés d'un commun accord.

De tous ces détails, je n'ai rien inventé ; je suis même incomplètement renseigné ; il y a certainement beaucoup d'atrocités commises que j'ignore, mais ce que j'en ai dit suffit à montrer la barbarie de certaines races africaines. Il est probable que, dans un temps donné, ces coutumes disparaîtront tout naturellement par le contact européen, par la suppression des guerres, des razzias, de l'esclavage. Les anthropophages pourront alors élever du bétail et leurs mœurs d'aujourd'hui changeront. L'anthropophagie n'engendre pas forcément la férocité : au fond, ces gens ne sont pas malfaisants. Du Chaillu, de Compiègne, Marche, Grenfell, Schweinfurth, Junker et tant d'autres, comme moi, ont passé ou vécu sans danger au milieu d'eux. Il sera donc facile de faire comprendre à ces malheureux que leurs coutumes sont répréhensibles : il ne faut pour cela qu'un peu de temps et de patience. Les Belges sont d'excellents colonisateurs ; nous ne tarderons pas à faire comme eux, j'espère, dans la partie du Congo qui est sous notre influence, et l'anthropophagie disparaîtra graduellement du continent africain.

CHAPITRE VIII

DANS LE BASSIN DE L'OUELLÉ
ET SUR LE MOYEN CONGO

Arrivée aux chutes de Stanley. — Les pêcheurs. — Avantages du concours des Arabes pour la civilisation des indigènes. — Départ de Souédi. — Maladie de Msiambiri. — Les principales peuplades riveraines. — A la recherche d'ivoires sculptés. — Dans l'Itimbiri et le bassin de l'Ouellé. — Retour au Congo. — Upotos. — Bangalas. — Gens de l'Equateur.

J'ai interrompu le récit de mon voyage au moment où nous allions franchir les chutes de Stanley. Nous procédons à cette opération comme je l'ai déjà raconté : les pirogues passent les cataractes à vide pendant que nous gagnons par voie de terre le petit village de Katanga, situé en face de Kissangano (nom général donné par les indigènes aux établissements belges et arabes des chutes de Stanley). Les chemins qui longent les cataractes sont en pleine forêt; on voyage ainsi pendant une ou plusieurs heures sous l'ombrage d'arbres immenses en suivant un sentier tortueux bordé d'une épaisse végétation qui dérobe la vue du fleuve; mais le grondement des cataractes rappelle leur présence et, de temps à autre, par quelque éclaircie, on aperçoit les rochers et l'eau bouillonnante.

Les indigènes ont installé des pêcheries importantes au milieu des chutes de Kissangano, à l'aide de nombreux pieux plantés dans le fleuve. Ces pieux sont reliés entre eux par des passerelles très sommaires sur lesquelles les noirs s'engagent pour aller attacher ou retirer les nasses qui plongent dans les rapides et dans lesquelles la violence du courant précipite le poisson.

La station que les Belges ont installée à Kissangano est très importante par sa position : elle commande à la fois le haut et le moyen Congo; elle était aussi le siège de l'influence arabe, et les Belges l'ont conquise par la force des armes. La plupart des chefs arabes rebelles ont été punis ou exilés; ceux qui restent sont devenus les auxiliaires dévoués de l'occupation belge.

Entre les chutes de Stanley et le Tanganyika s'étend le territoire appelé, dans l'Etat indépendant, la « zone arabe »; c'est celle qui, à mon avis, se civilisera le plus rapidement, car le musulman est un excellent intermédiaire entre l'Européen et l'indigène : si on l'empêche de commettre des abus, l'Arabe est le meilleur instrument de civilisation qui existe; il sait gagner la confiance de l'indigène, parle sa langue ou bien lui enseigne la sienne, le pousse au commerce, vit n'importe où, n'importe comment; par-dessus tout, il sait faire travailler le noir, toujours porté à l'oisiveté; il le manie avec adresse, flatte au besoin ses passions, ne perd jamais de vue son but, qui est de faire produire quelque chose aux populations qui l'entourent; il leur donne lui-même l'exemple, leur enseigne la

DESCENTE DU CONGO.
La pirogue des bagages.

CHUTES DE STANLEY (HAUT-CONGO).
Pêcheries indigènes.

culture, leur confie des graines et obtient rapidement des résultats satisfaisants : bientôt les indigènes récoltent du riz, du sucre, du tabac, qu'ils viennent lui vendre contre des étoffes; ils copient la forme de sa maison, de ses vêtements; ils commencent à comprendre le bien-être et, à leur insu, se transforment peu à peu. Voilà de la bonne civilisation faite sans mots pompeux, sans théories, sans frais, sans règlements administratifs.

Il est vrai que c'est de la civilisation qui profite aux seuls indigènes; on en préconise une autre qui, sans améliorer leur sort, les exploite au grand profit des poches européennes ; il est certain que cette civilisation-là aura toujours la préférence.

Après ce témoignage rendu aux qualités colonisatrices des Arabes, nous prendrons congé d'eux, car Kissangano est le dernier point où nous en rencontrerons.

M. Malfeyt, commandant de district et représentant de l'Etat indépendant aux chutes de Stanley, m'a fait un excellent accueil ; je lui renouvelle ici tous mes remerciements.

J'aurais voulu visiter plus en détail les environs et le nord de cette région, mais il fallait absolument que je me remisse en route pour arriver au Congo français avant la saison des pluies, comme j'en avais le désir.

Souédi, l'homme-canon, se sépara de nous à Kissangano ; je le renvoyai au Tanganyika sous la sauvegarde obligeante du commandant Malfeyt; de là, il a dû regagner le Nyassa par petites étapes. Les voyages à pied étant presque terminés, je n'avais plus besoin de lui ; d'ailleurs il me restait encore James comme chef de caravane. A cette époque, mon fidèle Msiambiri eut une forte attaque de dysenterie dont il ne se remit jamais (1). Les autres membres de l'expédition, moi compris, étaient las, mais en bonne santé.

Donc, nous nous remîmes en route. Après les chutes de Stanley nous avions encore 400 kilomètres de pays intéressants à parcourir, peuplés d'indigènes que j'étais curieux de visiter. La forêt, de ses murs de verdure, continue à border le fleuve de chaque côté; mais, celui-ci étant beaucoup plus large (mille mètres environ), on est moins gêné. De nombreuses îles commencent à apparaître, encombrant graduellement le lit du Congo. Le courant est aussi moins rapide ; la profondeur atteint 5 ou 6 mètres.

Depuis quelques jours, le temps est couvert, avec des intervalles de pluie et de soleil; le vent est frais; la nuit, il pleut généralement; mais, sous l'équateur, le climat est toujours irrégulier. La forêt ne doit pas être étrangère à cette présence continuelle des nuages qui ont l'avantage de tempérer l'ardeur du soleil dans ces parages et de permettre aux Européens de ne pas trop en souffrir.

Comme peuplades, nous trouvons : sur la rive gauche jusqu'à Yaloulaké (la Romée), les Ouabiras, que nous avons commencé à rencontrer à Ouaboundou; sur la rive droite, les Touroumbous, de beaux hommes qui se teignent le corps en rouge

(1) J'ai reçu tout dernièrement des nouvelles du Zambèze. Bertrand m'écrit que le pauvre Msiambiri se meurt lentement dans son village, malgré tous les soins et les médicaments.

et portent des coiffures compactes et rondes sans huile, semblables à des calottes d'astrakan. Ils se noircissent la figure et certaines parties du corps; ils se marquent les épaules et la poitrine de nombreux tatouages. J'ai remarqué chez eux des coiffes de fourrure : loutre, écureuil, singe, etc. Ce sont eux qui font ici le service de baguénias avec les Ouabiras et les Ouakoumous.

Plus en aval, nous voyons les Topokés (1), parés de leurs brassards et de leurs jambières de cuivre; ils habitent la zone des palmiers à huile (élaïs), qui commence aux environs de l'embouchure du Lomami. Leur coiffure est bizarre : elle affecte toujours la forme d'un bonnet, mais elle est agrémentée, selon les cas, d'anneaux de cuivre tressés comme une cotte de mailles qui pendent sur la nuque, ou bien d'un soleil de perles blanches. Ils se peignent le corps de graisse mélangée d'ocre rouge, et ils paraissent, comme tous leurs voisins, ne pas se laver souvent. Quelques-uns ont, comme les Touroumbous, la figure noircie au charbon, ce qui, sur leur peau de teinte plutôt claire, fait un effet étrange. Les Topokés se tatouent fortement la poitrine de lignes pointillées ; quelques-uns se percent la lèvre supérieure et y passent une incisive d'homme ou d'animal. Leurs armes se composent de flèches, de lances et de couteaux démesurés.

Toutes ces populations riveraines s'occupent de pêche ; partout on voit des filets qui sèchent, des nasses et des harpons.

En somme, les villages paraissent peu nombreux

---

(1) Quelques-uns d'entre eux s'intitulent *Yagondés*.

et largement espacés les uns des autres; il est probable que la population est plus dense dans l'intérieur.

Après avoir passé le confluent du Lomami et Banoméla, nous arrivons à Basoko, où le Louhali se jette dans le Congo. Les gens de Basoko ont même coiffure et mêmes usages que les peuples dont je viens de parler. Ils se percent les oreilles et les ornent de cordelettes ou de perles qui en contournent le rebord extérieur. J'ai remarqué que leurs cases, très basses et carrées, étaient assez mal entretenues ; leurs villages sont d'apparence malsaine. Ils vivent en grande partie de pêche sur les bords du fleuve. Dans le haut Louhali, chez les Likouangoulas et les Monguélimas (Arouimi), on se sert d'armes bizarres : sabres recourbés, lances à lame énorme, grands coutelas, etc.

En quittant Basoko, je décide de consacrer quinze jours à remonter l'Itimbiri, affluent nord du Congo, afin d'essayer de me procurer pour ma collection des objets en ivoire travaillé ; ces ivoires sculptés consistent soit en défenses d'éléphant autour desquelles s'enroule un bas-relief représentant en général une procession de figures ou d'animaux, soit en trompes d'appel faites d'une défense creusée et ornementée de dessins ou d'arabesques gravés, soit enfin en épingles à cheveux, peignes, petites figurines de colliers, manches de couteaux et autres objets d'un usage journalier que les indigènes fabriquaient à l'époque où l'ivoire était abondant. Ces sculptures primitives ne manquent pas d'originalité et se rapprochent assez de celles de Loango. Mais dans le haut Congo, où l'ivoire devient rare, on ne trouve plus aujourd'hui de ces sculptures. Les

HAUT-CONGO. — Baguénias.

HAUT-CONGO. — Topokés.

seuls pays où il est encore possible d'en obtenir sont le territoire des Azandés (Nyams-Nyams) et la région qui environne l'Ouellé. Le plus court pour m'y rendre, c'est d'essayer de remonter la première rivière venue, et je choisis l'Itimbiri ou Rubi, qui me semble intéressante à visiter. Son embouchure se trouve en pleine forêt, à environ 150 kilomètres en aval de Basoko ; le courant est modéré, la largeur, de 150 mètres environ. Pour la première fois, j'aperçois sur les bords des *bombax* ou « arbres à coton ». Parfois, la rivière s'épanche de chaque côté en marécages couverts de hautes herbes et de papyrus peuplés de moustiques; son lit, encombré d'îlots, est très sinueux; sa profondeur n'excède pas quatre ou cinq pieds, quoique nous soyons au moment des hautes eaux : il est probable que l'Itimbiri n'est navigable que pendant une partie de l'année. Nous rencontrons de temps à autre un pêcheur dans sa petite pirogue, ce qui nous fait supposer que les lieux habités sont dissimulés par la forêt : les villages situés sur la rive sont assez rares. Les femmes s'y promènent dans le costume de la nature, sans aucun ornement ni parure. Le quatrième jour, nous arrivions à la fin de la forêt, ce qui prouverait que la bordure boisée qui longe le Congo n'a guère plus d'une trentaine de kilomètres de profondeur en cet endroit. Pour la première fois depuis que nous avons quitté Nyangoué, nous voyons des berges élevées composées d'une argile rougeâtre et sablonneuse. Les îlots deviennent de plus en plus fréquents et la rivière augmente de largeur : elle atteint 250 mètres. J'ai noté au nord-est, un peu avant Mandongo, un petit lac naturel formé par un épanouissement de l'Itimbiri; on le nomme Likongou. Nous rencontrons ensuite la rivière Noire, assez curieuse, et qui doit son nom au flot de couleur d'encre qu'elle déverse dans le Rubi; elle paraît venir du nord-ouest; son eau, dont la coloration est permanente, n'a aucun goût particulier. Par intervalles, la forêt recommence; nous voyons sur les arbres de nombreux nids de la dangereuse mouche cartonnière, et nous nous tenons prudemment à l'écart. Nouveau petit lac sur la rive gauche. Nous arrivons à Ibembo, le sixième jour, ayant accompli plus de la moitié du parcours qui sépare le Congo de l'Ouellé.

Ici les populations changent, ainsi que les coiffures et les ornements. Nous rencontrons des Mandongos, des Ngombés, des Mombouttous, des Sakaras ou gens de Djabbir (le sultan de l'Ouellé), des Azandés, etc. Nous voyons des femmes qui pagayent comme dans le haut Arouimi, la chevelure ornée de perles, de verroteries et de cauris.

Ce coquillage fait ici sa première réapparition depuis le Manyéma, où nous l'avons vu dans les cheveux des femmes bangos-bangos. Les Sakaras, hommes et femmes, portent de véritables bonnets à oreillères et ont souvent pour tout costume des calottes faites entièrement de cauris; leurs oreilles sont percées tout autour de leur bord externe et ornées de cauris, d'anneaux de cuivre ou de morceaux de corde, comme chez les Basokos. Les grandes lances, les bracelets de cuivre, l'ocre rouge, les dents limées en pointe, le tatouage, sont pour l'observateur les points saillants des coutumes de toutes ces peuplades. Dans l'Itimbiri, j'ai remarqué des cases rondes couvertes, non de chaume, mais de grandes feuilles plates, séchées et régulièrement superposées comme des ardoises. Ici, comme partout, profusion de bananes. Villages de pêcheurs. Cultures restreintes. Gens farouches, peu serviables, peu familiarisés avec la vue d'un Européen; les Ngombés surtout m'ont paru plutôt hostiles.

Un peu au-dessus d'Ibembo se trouvent des rapides ; la profondeur de l'Itimbiri diminue de plus en plus, la navigation n'est guère plus possible, à partir de là, que pour les petites pirogues.

Les quelques objets en ivoire que j'ai pu me procurer étant suffisants pour me donner une idée de l'industrie locale, nous rebroussons chemin après cette excursion d'environ 200 kilomètres dans l'intérieur, et, descendant l'Itimbiri, nous nous retrouvons sur le Congo.

Cette petite fugue latérale sur le flanc de notre itinéraire principal nous a procuré une agréable diversion, en nous sortant un peu de l'interminable forêt, de ce monotone rempart de verdure qui enserre de chaque côté l'immensité du fleuve. On se lasse d'avoir toujours le même spectacle sous les yeux, de contempler le même tableau. C'est pourquoi je passerai rapidement sur cette partie du parcours.

Nous rencontrons quelques villages entre Yambinga et Upoto; cette *portion du fleuve est plus habitée. C'est là qu'il atteint sa plus grande largeur* (1). L'aspect des rives change un peu vers

(1) On m'a assuré qu'en cet endroit le Congo mesurait 40 kilomètres de largeur ; je crois qu'il y a là un peu d'exagération ; il doit y avoir, à mon avis, aux environs de Boumba, de 20 à 25 kilomètres d'une rive à l'autre, quoiqu'on ne puisse guère s'en rendre compte, le lit du fleuve étant encombré d'îles de toutes les dimensions qui masquent la vue.

Upoto ; derrière la ligne régulière de la forêt, quelques collines boisées commencent à se montrer au premier plan. Les élaïs ou palmiers à huile se font de plus en plus nombreux.

Les gens d'Yambinga, Boumba, Endobo, Mongo, Upoto, etc., paraissent appartenir à la même race, celle des Bapotos, je crois. A Upoto, les femmes qui en ont les moyens portent d'énormes colliers ronds, en laiton, dont le poids varie, selon la richesse de leur propriétaire, entre deux et huit kilos et dont l'épaisseur atteint jusqu'à six centimètres. Des paquets de grosses perles blanches leur couvrent les épaules et quelquefois la tête; mais leur costume se borne à ces ornements : pour le reste, elles vont complètement nues; les jours de grande cérémonie pourtant, elles complètent leur « toilette » en ajoutant un peu de verroterie à leurs poignets et à leurs chevilles. Quant au collier de laiton, il reste à demeure. Le mari fait river au cou de sa femme ce poids de plusieurs kilos (ce qui doit être une opération fort pénible), et c'est pour la vie. Loin de paraître gênée de ce carcan, la malheureuse est toute fière de posséder un aussi « magnifique bijou » ; lorsqu'elle meurt, on lui coupe la tête afin de pouvoir enlever le collier, qui passe de droit à la favorite du moment. L'ocre rouge continue dans ces parages à être très estimée comme fard.

Après les Bapotos et les Ouamanghis, leurs voisins, les êtres les plus curieux du Congo moyen sont les Bangalas, dont nous trouvons le pays à 500 kilomètres en aval de l'embouchure de l'Itimbiri, car nous ne cessons de descendre le fleuve, et voilà bientôt deux mois que nous avons quitté le Manyéma.

Le vif attrait ethnographique qu'offre un pareil voyage est la diversité absolue des populations rencontrées; il y a entre elles deux caractères communs, la race et le milieu habité, mais rien ne ressemble moins aux Ouaguinguélés que les Topokés, aux Topokés, que les Touroumbous; aux Touroumbous, que les Upotos.

De même, les Bangalas sont aussi différents de leurs voisins qu'un Anglo-Saxon l'est d'un Latin, bien que tous deux appartiennent à la même espèce.

Le tatouage distinctif de la race est à la tempe; chez les Bangalas, c'est une palme dont la tige est tournée vers l'oreille. Mais le tatouage de fantaisie, porté en majorité par les hommes, consiste en des excroissances de chair qui partent de la base du nez, remontent sur le front et vont se terminer sur la tête (1). On leur a donné le nom de crête. Afin de ne pas gêner cette crête, on rase les cheveux sur le dessus du crâne, ce qui donne à ces gens une apparence de calvitie très comique. Chose étrange, cette calvitie sied fort bien à la physionomie des femmes, dont quelques-unes portent aussi la crête, mais moins prononcée. Leur costume, très gracieux, rappelle, par ses formes, les jupes de nos danseuses. C'est une frange de paille très souple qui fait plusieurs fois le tour des reins en se superposant et se tient très bien lorsqu'elle est neuve; de loin, elle ressemble absolument à une jupe de mousseline jaune bordée de rouge; porté par une jeune fille bien cambrée, ce vêtement n'est pas dépourvu de grâce.

(1) Ces excroissances sont obtenues par des entailles répétées que l'on entretient en les irritant avec le suc d'une plante.

Quelques femmes bangalas se parent du collier en cuivre des Upotos.

Crêtes, calvities factices, colliers et jupes de danseuses, tout cela ne manque pas de caractère. A voir disséminées ces ballerines en des poses diverses, dans ces villages bien propres, on croirait assister à quelque scène de ballet de féerie au pays de *l'Africaine* au milieu d'un décor de palmiers et de bananiers.

Intelligents et énergiques, les Bangalas sont guerriers par excellence. Leur pays, la Mongala, s'étend des deux côtés du Congo, un peu au-dessus de l'équateur; sur les rives du fleuve, les habitants commencent à se civiliser au contact européen, mais dans l'intérieur, ils sont encore cannibales, ce qui n'exclut ni l'intelligence ni l'aptitude à devenir utiles aux Européens, sous l'influence de la civilisation.

Parmi les peuples primitifs du Congo, il y en avait qui mangeaient leurs voisins, d'autres qui étaient mangés par eux; je suis certain que les Bangalas appartiennent à la première catégorie, car ils sont de beaucoup supérieurs aux Topokés, aux Upotos, aux Bolobos, etc.

D'un physique agréable, ils ne surpassent néanmoins pas en beauté leurs voisins de l'ouest que nous visitons ensuite, les Mongos, les Bokotés et autres peuplades du Ruki, de la Loulonga (affluents du Congo), auxquels on donne le nom général de « Gens de l'Equateur ». A part leur tatouage à gros pois, qui gâte presque leur physionomie, celle-ci est régulière et intelligente; ils se coiffent avec beaucoup de soin, portent leurs cheveux longs et propres, arrangés en petites tresses, divisées au mi-

CONGO MOYEN. — Femmes bangalas.

CONGO MOYEN. — Femmes de l'Équateur.

lieu par une raie, retombant de chaque côté du front avec deux mèches pointues et imitant vaguement la forme de deux cornes du buffle de Cafrerie. Hommes et femmes passent des journées entières à se coiffer ainsi. Comme étoffe préférée, ils affectionnent les pagnes bleus bordés de rouge ; étant depuis longtemps déjà en contact avec les Européens, ils sont plus civilisés que les peuples qui habitent en amont.

Après l'équateur, la forêt s'éclaircit de plus en plus ; on sent que l'on arrive sur la lisière et qu'elle va bientôt disparaître. En effet, nous commençons à voir de temps à autre, de chaque côté, des plaines herbeuses piquetées de palmiers à huile. Si monotone que soient celles-ci avec leur aspect marécageux et leurs herbes jaunissantes, elles reposent un peu de la sempiternelle forêt.

CHAPITRE IX

LE CONGO FRANÇAIS. — LE BAS FLEUVE
DERNIÈRES ÉTAPES

Arrivée à l'embouchure de l'Oubanghi. — Le premier pavillon français. — Je renonce au voyage de Franceville. — Loukoléla. — Les monnaies du Congo et les marchandises indigènes. — L'embouchure du Kassaï. — Le « Canal ». — Le lac Stanley. — Arrivée à Léopoldville et à Brazzaville. — Impressions sur le Congo français. — La « route » des caravanes. — Les dernières étapes. — En chemin de fer. — Matadi. — L'Océan. — Enfin !

Le 25 octobre 1897, nous passons à l'embouchure de l'Oubanghi, dont la rive droite est française. Pour la première fois nous revoyons le pavillon national : un petit drapeau arboré par un chef indigène sur sa case, en pleine forêt. Puis nous arrivons à Loukoléla, où mon intention première était de quitter définitivement le Congo pour me rendre à Franceville et, de là, en descendant l'Ogooué, à Libreville : long voyage en pleine forêt, en prévision duquel j'avais gardé mon campement et mon matériel de marche. Mais, à mon arrivée à Loukoléla, le pauvre Msiambiri, lentement miné par la dysenterie, était hors d'état de supporter de nouvelles fatigues ; de plus, la saison des pluies battait son plein et, depuis trois semaines, nous recevions chaque jour d'abondantes ondées. Dans ces conditions, comment entreprendre une marche pénible de plusieurs mois dans la haute végétation? Et puis, — y a-t-il quelque honte à l'avouer? — j'étais las moi-même, las de mes trois années de pérégrinations et de misères, las de mes 6,000 kilomètres de marche, las de lutter, de mal manger, de mal dormir! J'hésitai à retarder mon retour de sept ou huit mois encore, peut-être, pour faire un dernier voyage qui n'ajouterait rien, en somme, à ce que j'avais accompli. Je renonçai donc à mon projet, et je doute qu'aucun de ceux qui m'ont suivi pendant cet immense trajet m'en fasse un reproche. Qu'on veuille bien se mettre à ma place, qu'on songe à cette petite expédition qui n'a reculé devant rien depuis son départ du Zambèze, qui a vécu sur ses propres ressources depuis qu'elle a quitté l'océan Indien, qui, après s'être butée à mille obstacles décourageants, arrive enfin près du but après trente-cinq mois de luttes! Reprochera-t-on à ces braves serviteurs, qui m'ont accompagné sans murmure, qui ont souffert avec moi, l'impatience qu'ils manifestent de regagner leur pays? N'ai-je pas moi-même hâte de revoir les miens? D'ailleurs, malgré toute notre activité, et en coupant au plus court, il fallut encore trois mois avant que cette satisfaction me fût donnée; il en fallut le double pour que mes compagnons fussent de retour au pays des Magandjas!

Donc, après Loukoléla, nous continuons à descendre vers le lac Stanley (Pool), dont 400 kilomètres nous séparent encore; en cet endroit, le fleuve, encombré d'îles avec des lignes d'arbres qui se reflètent dans l'eau calme et paraissent être au-dessus de l'horizon, rappelle beaucoup le bas Zambèze, où ces mirages sont fréquents ; ils sont causés, je le suppose, par la vapeur d'eau et la grande transparence de l'air. A Bolobo, un peu en aval, se trouve un important marché indigène : la *chikouangue* (farine de manioc cuite et roulée dans des feuilles habituellement sous la forme d'un gros cigare, qui atteint parfois les dimensions d'un pain de six livres), le maïs, la viande détaillée, les ignames, les bananes et un peu de canne à sucre, tels sont les principaux comestibles que l'on trouve sur ce marché, ainsi que d'autres denrées : épices, herbes, médecines, etc. A côté des victuailles, on vend des marchandises de toutes sortes : tissus, verroteries, ouvrages en paille, cuir, fer, laiton, etc. Un indigène peut se procurer à Bolobo à peu près tout ce qu'il désire ; en revanche, les vivres pour les Européens sont d'une rareté et d'une cherté excessives : un poulet se vend 5 francs, une chèvre coûte de 35 à 40 francs ; et les prix augmentent encore à mesure qu'on descend vers la mer.

Les différentes monnaies en usage sur le Congo sont assez intéressantes à noter : à Nyangoué, ce sont les *madibas*, petites nattes en paille que les indigènes cousent ensemble pour s'habiller ; à Lokandou, le fil de laiton, gros comme le petit doigt, que l'on débite selon les besoins ; aux chutes de Stanley, les *chokas* ou fers de houe, en partie importés d'Europe, en partie fabriqués à Nyangoué et à Kabambaré. Après les chutes, l'unité monétaire est le *mitako*, fil de laiton d'environ quatre millimètres de diamètre, coupé en morceaux dont la longueur varie selon les régions : elle est de

0ᵐ,42 à Basoko ; plus loin, de 0ᵐ,275 ; à Léopoldville et dans le bas fleuve, de 0ᵐ,17.

L'Etat indépendant du Congo a frappé des monnaies, mais jusqu'à présent elles n'ont cours, chez les indigènes, que sur le bas fleuve ou parmi les soldats de la force publique.

Je consacre plus loin un chapitre spécial au développement économique et industriel — présent et à venir — des régions traversées ; je me borne donc ici à m'occuper du pays et des indigènes proprement dits, quoique nous entrions maintenant dans la partie du Congo qui est en train de se civiliser et qui commence à être connue. Je veux parler des environs du lac Stanley.

Au moment où nous arrivons à hauteur de l'embouchure du Kassaï, le principal affluent méridional du fleuve, la forêt nous abandonne toujours davantage, à notre grande joie, ne se manifestant plus que par quelques massifs éparpillés sur les rives au milieu de grandes plaines herbeuses ou de collines ; enfin cette monotone muraille de verdure disparaît tout à fait après nous avoir accompagnés pendant plus de 1,500 kilomètres. C'est sans regret que nous lui disons adieu. A ce moment, la température commence à s'élever et le fleuve se rétrécit : nous nous trouvons dans la partie que l'on nomme le canal.

Le canal est certainement l'endroit le plus pittoresque de tout le Congo ; c'est celui où l'œil se repose le plus agréablement sur les environs : de chaque côté, baignant dans le courant, des collines boisées, assez rapprochées pour qu'on en distingue les aspérités ou les détails, pour qu'on y aperçoive des bouquets d'arbres, des étendues gazonnées, des hyphœnæ, des borassus ; assez éloignées pour qu'on ne reconnaisse pas que ces arbres sont tout rabougris et que le petit gazon a cinq pieds de haut. On se croirait encore dans le haut Zambèze, tellement les deux pays sont semblables. Msiambiri et Kambombé en font la remarque comme moi.

A plusieurs reprises, ma longue-vue m'a montré des buffles sur ces collines; d'ailleurs, c'est à cette partie du Congo et au Katanga que se borne l'habitat du buffle de Cafrerie; plus haut, on ne rencontre qu'une autre espèce rougeâtre ayant des cornes en forme de croissant.

Avec ses rives accidentées, le canal continue pendant 160 kilomètres. Une grande île couverte de borassus et de végétation passe à notre gauche. J'aperçois en quelques endroits des écueils à fleur d'eau et des tourbillons; le courant est rapide à cause de l'encaissement du fleuve; la profondeur est de 8 à 15 mètres, au lieu de 3 ou 4; la largeur, de 800 environ.

Tout à coup les collines disparaissent, et la vue s'étend au loin de tous côtés : nous venons de déboucher dans le lac Stanley (1). Le soleil se lève au moment où nous y arrivons : ses rayons dorent de grandes falaises rougeâtres que nous apercevons sur la rive droite et auxquelles Stanley a donné le nom de « falaises de Douvres ».

La largeur du lac est d'environ 20 kilomètres; sa longueur, d'autant; au milieu se trouve une grande île; tout autour émergent des montagnes. L'aspect de ce bassin naturel est paisible, quoique le courant soit très violent par endroits. Quelques

---

(1) La traduction littérale de *pool* serait plutôt « l'étang » de Stanley.

hippopotames, méfiants, se tiennent à distance; nous apercevons sur la rive sud un petit village, Kimpopo, puis un autre, Dolo, station terminus du chemin de fer, où ne se voyaient, au moment de notre passage, que quelques cases indigènes et une ou deux habitations européennes nouvellement construites. Nous traversons le lac et nous apercevons, en face l'une de l'autre, de chaque côté du fleuve, et deux heures avant d'y arriver, deux villes européennes : à droite, sur une petite colline, Brazzaville, la ville principale du Congo français, sur le fleuve; à gauche, sur la rive est, au milieu de nombreux baobabs, Kinchassa, le centre commercial belge. Entraînés par un courant violent, nous passons rapidement devant ces deux localités et nous débarquons enfin à Léopoldville, à une heure en aval de Kinchassa.

Léopoldville est située dans une anse sur le bord des premières cataractes, dont on voit les bouillonnements et dont en entend le bruit continu. Ici cesse la partie navigable du Congo moyen; ici se termine aussi cette partie du voyage.

L'administrateur, auquel je me présente, met à ma disposition une habitation assez confortable, et, pour la première fois depuis bien des mois, je couche dans une maison.

Le lendemain de mon arrivée à Léopoldville, je traverse le Congo et je me rends en excursion à Brazzaville, où M. Gaillard, l'administrateur, me fait un fort aimable accueil; je me rencontre chez lui avec M. de Béhagle, qui arrive de la côte par le Kouilou, en route pour le Baghirmi. Depuis ma visite aux Pères Blancs sur le lac Tanganyika, c'est la première fois que je me trouve avec des compatriotes, et nous passons avec M. Gaillard une journée très agréable.

J'ai eu occasion de visiter, au cours de mon voyage, la plupart des localités du Congo français sur le littoral : Fouta, sur la rivière Tchissambo, à la frontière nord du territoire portugais; Loango, Mayoumba, sur la rivière Nyanga; Séttikama, Ngové, le cap Lopez, à l'embouchure de l'Ogooué, et enfin Libreville.

Je me suis rendu compte de ce qu'était notre colonie, de ce qu'elle promet, et j'ai pu la comparer à sa voisine belge que je venais d'examiner sous tous ses aspects. Je parlerai plus loin avec des détails techniques du développement économique de ces régions (1); mais je m'empresse de dire qu'au point de vue de l'avenir le Congo français réunit, à mon avis, les mêmes avantages que le Congo belge : mêmes richesses du sol, mêmes communications fluviales, mêmes produits naturels, mêmes races d'indigènes. Il est à désirer que, mettant à profit tous ces avantages, nous poussions au développement de cette belle colonie. Favorisons donc l'initiative privée au lieu d'entraver sa marche; encourageons les entreprises au lieu de leur opposer des règlements pleins de vexations et de formalités inutiles; prenons modèle sur les Belges, qui savent si bien tirer parti de leur possession en l'administrant d'une façon pratique. Et, pour arriver à ce résultat, modifions presque entièrement notre système colonial actuel.

Le haut Congo est encore peu connu; le moyen Congo sort à peine de l'état sauvage; quant au

---

(1) Dans l'Appendice.

bas Congo, qui est moitié français et moitié belge, il est vraiment pénible pour nous de comparer actuellement les deux colonies. Quoique la largeur seule du fleuve les sépare, quel contraste! quelles différences frappantes! D'un côté, des vapeurs qui couvrent le fleuve; sur la rive, des fourmilières humaines, des villes qui s'élèvent, des navires en construction, des sifflements de locomotives, l'agitation, la vie, l'invasion européenne! Sur l'autre bord, une petite station avec quelques tirailleurs pour garder le pavillon, ou bien une factorerie isolée : partout une solitude morne, laissant une impression générale de tristesse et d'abandon!

Et pourtant nous savons coloniser; nous avons, quoi qu'on en dise, autant d'aptitudes que les autres nations; nous disposons d'autant d'énergie, d'autant de courage, et de plus d'argent peut-être! D'où vient alors que nous regardions les autres faire fructifier leur sol, tandis que le nôtre, qui est aussi bon, aussi riche, aussi plein d'avenir, nous le laissons se couvrir de ronces sans seulement chercher à le défricher? Un effort suffirait cependant pour nous mettre à même de rattraper nos voisins, malgré leur avance. Mais je doute qu'on le fasse. Puissé-je me tromper! Hélas! je crains bien que, dans cinq ans, le Congo français ne soit, comme aujourd'hui, comme depuis quinze ans, dans le *statu quo!*

Je reviens maintenant au récit de mon voyage, interrompu un instant par les réflexions qui précèdent.

Après Léopoldville, je visite Kinchassa, localité voisine, et je me prépare à partir le lendemain pour Congolo, point terminus du chemin de fer qui contourne les cataractes (1). Le 3 novembre, avec 24 porteurs, nous reprenons encore, une dernière fois, la marche à pied; les deux mois passés en pirogue nous avaient un peu ramollis, et nous n'étions pas fâchés de nous dégourdir de nouveau les jambes.

La route des caravanes, ou plutôt le vulgaire sentier indigène qui porte ce nom, traverse, en quittant Léopoldville, une région ondulée, puis un pays de plus en plus accidenté et difficile au fur et à mesure qu'on se rapproche du contrefort des monts de Cristal, qui barrent la partie inférieure du bassin du Congo.

Léopoldville et ses abords sont infestés d'une petite mouche piquante fort désagréable qui nous accompagne presque jusqu'à Kimouenzo, station où les missionnaires du Saint-Esprit se sont établis. Aux environs, chantent quelques cailles, les premières que j'entende depuis fort longtemps.

Nous nous arrêtons le premier jour à Mandjallé.

Le lendemain, des collines couvertes d'arbres rabougris et d'herbe rare nous rappellent d'une façon frappante la vallée du bas Zambèze. A noter pourtant une différence essentielle : les ananas, inconnus à l'état sauvage, sur la côte orientale, poussent ici librement de tous côtés, comme partout dans le golfe de Guinée; mais nous en trouvons fort peu de mûrs : les milliers de porteurs qui

---

(1) Quoique la carte qui est à la fin de ce volume indique ce chemin de fer comme complètement achevé, les travaux n'atteignaient que Tampa au moment de mon passage au Congo, en novembre 1897.

sillonnent les sentiers se chargent de les manger, même verts. Notre marche du deuxième jour nous conduit à Kimbongo ; nous aurions pu aisément doubler ce parcours, qui n'est que de 17 kilomètres environ ; mais les indigènes, ayant l'habitude de ces petites étapes, se refusent à les dépasser. Les porteurs de cette région me paraissent très médiocres ; peut-être l'alcoolisme les a-t-il affaiblis, ou bien ils sont restés épuisés par le gros effort qu'on leur a demandé au moment de l'occupation belge ? Toujours est-il que, les ayant entendu vanter comme des caravaniers hors ligne, j'ai été quelque peu étonné de les voir arriver à l'étape trois et quelquefois quatre heures après moi, bien qu'avec des charges inférieures à 25 kilos. Mon capitan et les « niamparas » indigènes que les autorités locales m'avaient donnés avaient beau les surveiller et les pousser, il leur fallait s'arrêter et se reposer toutes les demi-heures. Si les gens du Zambèze avaient marché ainsi, je serais encore à l'heure qu'il est au centre de l'Afrique.

Le 5 novembre, nous atteignons les travaux du chemin de fer, à vingt minutes de marche en avant de Tampa. Je crois qu'en m'adressant aux ingénieurs j'aurais pu, dès ce moment, monter sur les wagons à ballast ; mais il y avait des formalités à accomplir et du temps à perdre ; nos jambes, qui *nous avaient portés jusqu'ici*, pouvaient bien *nous porter encore* pendant les 50 ou 60 kilomètres qui nous séparaient de la ligne exploitée.

Le 6, grâce à l'intervention d'un agent de l'Etat, qui oblige les porteurs à doubler l'étape, nous passons Nsona-Bata et Kibembo : 35 kilomètres. Nous arrivons le 7 au pont de l'Inkissi, encore inachevé.

De l'autre côté de la rivière se trouve Gongolo, point terminus du chemin de fer. C'est la fin du voyage à pied !

Le lendemain, je m'installe dans un compartiment, tandis que mon personnel monte dans un wagon à marchandises, et la locomotive nous emporte vers Toumba. Pour mes hommes, le chemin de fer a l'attrait du nouveau ; je le leur ai souvent décrit, mais ils peuvent maintenant voir par eux-mêmes et se rendre compte : juchés sur des piles de bagages, ils s'extasient avec de gros rires sur ce mode de transport si supérieur aux jambes, si rapide, avec lequel on traverse la brousse sans fatigue. Aux arrêts, ils vont regarder la machine et le mécanicien, entre lesquels ils ont l'air de partager également leur admiration.

Pour moi, ce qui me frappe, c'est la beauté sauvage, la grandeur de certains paysages aperçus sur la route qui traverse les monts de Cristal. On n'est pas moins saisi par la hardiesse de ces ingénieurs qui ont osé jeter sur ces ravins et accrocher aux flancs de ces montagnes ce brave petit chemin de fer qui triomphe de mille obstacles en apparence insurmontables. Soufflant péniblement, la locomotive traîne ses wagons jusqu'au sommet des pics, par des voies en spirale ou en zigzag ; elle redescend à travers les vallées, franchit des précipices, coupe des forêts, se cramponne aux aspérités et, par un travail inouï, arrive à passer partout.

C'est une œuvre magnifique, que ce chemin de fer de Matadi à Léopoldville, et il fait grand honneur à la science moderne. L'histoire de cette entreprise montre ce que peuvent obtenir l'énergie, la persévérance et l'esprit de suite. Que de difficultés il a fallu vaincre : luttes contre le climat, contre la paresse des noirs, contre la méfiance des actionnaires. La ligne, aujourd'hui achevée, est en pleine prospérité.

A Toumba, où nous arrivons à 5 heures et demie, le baron de Rosen, commissaire de district, me fait excellent accueil, et, après une nuit de repos, nous nous réembarquons pour la deuxième et dernière journée de chemin de fer.

Un peu avant d'arriver à Matadi, un coup d'œil admirable nous est offert du haut d'une corniche : l'immense et majestueux Congo, encaissé de falaises, roule ses flots gris et ses tourbillons d'écume à 150 mètres sous nos pieds; il sort tout bouillonnant des cataractes et s'élance désormais librement vers la mer. Après l'avoir encore une fois perdu de vue, nous ne tardons pas à entrer en gare de Matadi, qui est une petite ville européenne en train de s'élever sur le versant pierreux d'une colline. Nous y débarquons le 9 novembre à 6 heures du soir. Le lendemain arrive en rade une de mes vieilles connaissances : le *Roquelle* de la compagnie anglaise de Liverpool, sur lequel j'ai fait, en 1890, la traversée de Lagos à Liverpool. Le *Roquelle* devant toucher à Libreville, je m'y embarque tout de suite; c'est à son bord que nous allons descendre le Congo, en touchant à Noki, à Binga et enfin à Boma.

A Boma, je me rends à terre pour saluer le gouverneur de l'Etat indépendant, M. Wangermée, qui reçoit avec beaucoup de bonne grâce les remerciements que je lui adresse pour la façon dont j'ai été partout traité par les Belges. Le lendemain nous repartons pour Banane. Le 13 novembre, à

4 heures de l'après-midi, le *Roquelle*, quittant Banane, débouche dans la mer...

Je ne saurais dépeindre la joie qui me transporte à la vue de l'Atlantique ! Il y a aujourd'hui trois ans, deux mois et quinze jours que j'ai perdu de vue l'océan Indien, là-bas. Depuis, nous avons remonté des fleuves, traversé des lacs, gravi des montagnes; nous avons lutté contre des hommes, contre des animaux, contre les maladies; nous avons vécu, peiné et souffert avec des alternatives de profond découragement et d'espoir, de sécurité et de dangers; nous voici donc enfin au but; nous avons franchi cet immense continent noir que nous laissons derrière nous. La traversée de l'Afrique équatoriale du Zambèze au Congo, de l'océan Indien à l'Atlantique, est maintenant accomplie.

J'éprouve une émotion que je ne puis exprimer. Ah ! que n'êtes-vous là, Bertrand et de Borely, que je me jette dans vos bras ? Nous célébrerions ensemble cette joie du but atteint ! Hélas ! je suis seul ! Autour de moi des étrangers aux visages indifférents. — Si, pourtant, il me reste mes amis noirs : j'appelle Msiambiri et Kambombé, je leur montre l'immense nappe bleue, et, les yeux humides, je leur serre les mains...

FIN

BAS CONGO. — Vue de Banane.

NOTE

Le vapeur *Roquelle*, qui ramenait l'expédition, devait faire escale sur presque tous les points du littoral : en quittant Banane, il nous emmena dans le Sud, à Ambrizette, Ambrize, Saint-Paul de Loanda et Mossamedes ; puis, remontant la côte, il s'arrêta au Congo portugais à Cabinda, au Congo français à Loango, Mayoumba, Nyanga, Cap Lopez et Libreville.

De Libreville, je télégraphiai le 22 novembre 1897 à M. le ministre de l'Instruction publique pour lui annoncer le succès de ma mission.

Après Libreville, le *Roquelle*, nous ayant à son bord, visita successivement San Thomé, Fernando Pô, le Cameroun, le Rio del Rei, le Bénin, le Niger, Lagos, Kotonou, Whydah, Quittah, Addah, Cape Coast Castle, Elmina, la Côte d'Ivoire, le cap des Palmes, Libéria, la Côte de Krou, Sierra Leone. Il nous débarqua à Santa Cruz, île de Ténériffe, le 19 décembre, 36 jours après notre départ de Banane. Je séjournai à Ténériffe, attendant une occasion pour rapatrier mes hommes; elle se présenta bientôt.

Le 26 décembre, le vapeur *Inyati*, de la Compagnie Rennie, de Londres, à destination de Chinde (Zambèze), mouille à Ténériffe et j'y embarque Msiambiri, Kambombé et James. C'est avec de gros regrets que je me sépare de ces braves et dévoués serviteurs. J'ai appris qu'après des escales successives au Cap, au Natal et à Port Beira ils étaient arrivés à bon port et qu'ils avaient débarqué au Zambèze en février 1898. Msiambiri souffrait toujours de son attaque de dysenterie, mais ses camarades étaient en bonne santé.

Quant à moi, rien ne me retenant plus désormais à Ténériffe, je pris passage sur le *Paraguay*, des Chargeurs Réunis, qui venait précisément de Port-Beira, et je débarquai au Havre le 8 janvier 1898, après une traversée totale par mer de 50 jours, mon absence ayant duré en tout 42 mois.

APPENDICE

NOTES SUR LE DÉVELOPPEMENT ÉCONOMIQUE ET INDUSTRIEL DES RÉGIONS TRAVERSÉES PAR L'EXPÉDITION (1)

Produits naturels. — Ressources financières locales. — Industries en création, mines, cultures ou autres exploitations. — Principales Compagnies (2). — Avenir présumé au point de vue économique (3).

MOZAMBIQUE *(nord)*. — Le nord de la province de Mozambique, contigu à l'Afrique allemande, n'a fait aucun progrès marqué dans ces dernières années; un ou deux voyages d'études y ont été accomplis entre la mer et le lac Nyassa en vue de la construction d'un chemin de fer; mais la voie ferrée projetée par les Allemands et allant de l'Océan au Tanganyika rendrait cette ligne inutile.

Les productions naturelles de cette partie de la province sont assez restreintes, pour ne pas dire nulles;

---

(1) Ces notes donnent à peu près la situation à la fin de l'année 1899.

(2) Je ne cite que les noms des grandes Compagnies montées par actions; je ne comprends pas dans cette énumération les petits négociants ou les raisons sociales isolées ayant une seule factorerie ou un magasin.

(3) Dans ce rapide aperçu, j'ai évité de donner des chiffres, à cause de la difficulté qu'il y a à se les procurer exacts.

l'indigo, l'orseille, les arachides, en étaient autrefois exportés en grande quantité; mais ce trafic a été abandonné à cause de l'abaissement des prix sur les marchés européens. Il reste un peu de caoutchouc et de cire; l'ivoire devient rare. En revanche, on exporte régulièrement des produits dus à l'industrie. On cultive le sésame, le cocotier, dont les fruits s'exportent desséchés sous forme de coprah.

Le gouvernement local a divisé la province en *prazos*, ou concessions de la Couronne, qui sont données à bail à des particuliers ou à des Compagnies en échange d'une somme fixée, payable annuellement.

La Compagnie *Companha da Zambezia* en loue une partie importante. Les adjudicataires des *prazos* ont le droit de percevoir sur toute leur étendue le *msonko*, taxe indigène payée par chaque noir, une fois par an, en nature généralement, sous forme de produits du pays : sorgho, maïs, poules, etc. A l'exception de quelques grandes Compagnies et de quelques négociants isolés de diverses nationalités, le commerce est entre les mains des Indiens de Bombay, appelés Banians, qui paralysent les affaires à leur propre avantage.

MOZAMBIQUE *(Zambézie)*. — La Zambézie est, comme son nom l'indique, la partie de la province baignée par le Zambèze, ses nombreuses bouches et ses affluents; c'est la région qui fait actuellement le plus de progrès au point de vue industriel et commercial. Le voisinage du Nyassaland, qui est un centre d'activité anglais, a contribué à pousser à l'expansion de la Zambézie, et on y compte aujourd'hui bon nombre d'entreprises en cours ou en progrès. Il est question de construire un chemin de fer de Quilimane au Ruo pour rejoindre celui que les Anglais projettent entre ce même Ruo et Blantyre et dont je parlerai en son temps. Je crois infiniment plus pratique et plus utile d'en faire un qui joindrait Beira au Zambèze, venant aboutir à Lacerdonia, presque en face de l'embouchure du Chiré. Sur le haut Zambèze, une Compagnie dite des *Hullicra da Zambesia* commence à exploiter les immenses couches de charbon qui se trouvent aux environs de Tête. Une Compagnie de navigation, entre autres, l'*African and International Flotilla and Transport Company Limited*, desservira régulièrement le fleuve, lorsque son matériel aura été augmenté. Au nord du Zambèze, aux environs de Mtchéna, une Société, dite *Goldfields of Zambezia*, fait actuellement des recherches dans les terrains aurifères des anciens gisements que les Portugais y exploitaient autrefois.

La Zambézie est affermée presque en entier à la *Companha da Zambezia*, dont la moitié des actions appartiennent à l'*Oceana Consolidated Company*, de Londres, qui est intéressée directement ou indirectement dans toutes les entreprises que je viens de citer ainsi que dans la Compagnie de Mozambique. Cette dernière contribue également, pour une part importante, au développement de cette partie du pays. Les *prazos* de la Zambézie sont, comme je l'ai dit, entre les mains de la *Companha da Zambezia*. Le commerce est à peu près nul pour le moment; on compte davantage sur l'avenir des mines de houille et d'or.

Le télégraphe transcontinental, venant du Cap par le Mashonaland, traverse la Zambézie portugaise et se rend à Blantyre (Nyassaland).

Le chemin de fer de Beira à Lacerdonia aura pour le Zambèze de grandes conséquences; il tuera Quilimane et Tchinde, les deux ports actuels du fleuve, qui ont le gros inconvénient et de n'être pas abrités et de n'avoir pas assez de fond pour les navires de gros tonnage. Au surplus, Tchinde, bâtie sur une plage de sable mouvant, n'est destinée qu'à une existence tout à fait éphémère. Si l'on voulait faire de cette langue de sable quelque chose d'utile, il faudrait permettre aux plus gros navires d'y accoster par tous les temps, en exécutant des travaux qui rendissent accessible l'entrée de la barre et du port ; à l'heure actuelle, les petits vapeurs ne calant pas plus de 3 mètres 50 peuvent seuls y entrer, et encore une seule fois par mois, à la pleine lune, c'est-à-dire à marée maximum : ils ne peuvent donc pas y rester plus d'un jour ou deux. Dans de telles conditions, Tchinde ne peut faire aucun tort à Beira. Les aménagements nécessaires, d'ailleurs, ne se borneraient pas à ces travaux ; il faudrait encore s'opposer au courant qui ronge la plage et qui lui enlève plusieurs mètres par an : les maisons finiront par se trouver dans l'eau.

Les dépenses qu'entraîneraient la reconstruction de la ville et l'approfondissement du port ne sont pas justifiées jusqu'à présent par l'importance du trafic.

A Quilimane, il y a également de grosses dépenses à faire ; ce port est situé sur une petite rivière à peine navigable, le Quaqua, ce qui rend longues et difficiles les communications avec le Zambèze.

MOZAMBIQUE *(sud)*. — Beira est en train de devenir le port le plus important de l'Afrique orientale. Cette ville est déjà reliée par le chemin de fer du Poungoué au Mashonaland, dont elle devient ainsi le débouché naturel. Le jour où se fera la voie ferrée dont je viens de parler, et qui doit la relier au Zambèze, Beira deviendra également le port de toute la Zambézie, du Nyassaland et des lacs.

L'administration de la ville et des territoires limitrophes a été concédée à la Compagnie de Mozambique (1), à laquelle on doit toutes ces améliorations ainsi que l'état satisfaisant dans lequel se trouvent les affaires de cette partie de la province. Outre les ressources créées par l'énorme trafic qui se concentre à Beira, et dont la Compagnie adjudicataire bénéficie par le rendement des douanes, elle perçoit le *msonko* indi-

---

(1) Cette Compagnie est franco-anglo-portugaise.

gène, qui vient ainsi s'ajouter à ses revenus. Dans certaines autres parties du territoire de la Compagnie sont des gisements aurifères en exploitation ou à l'étude, des forêts d'essences utiles à l'ébénisterie et à la construction, etc.

Inhambane et ses environs, comme Beira, sont compris dans la concession. C'est un centre de produits de coprah ; un moulin à vapeur en extrait même sur place l'huile qu'on exporte ensuite en caisses. L'intérieur du pays ménage peut-être des surprises.

Près de Chiolane, dans le même territoire, existe une pêcherie de perles, et il y a une Compagnie voisine qui vient de se former, la *Compagnie de Sofala.*

Enfin Lourenzo-Marquez (Delagoa-Bay) est un marché commercial très important. Son admirable rade, que les Anglais convoitent depuis longtemps, est le vrai port du Transvaal. Le rendement de Lourenço-Marquez, de Beira et de Quilimane arrive à équilibrer en partie aujourd'hui le budget de la province, budget qui se soldait, au détriment de la métropole, par de gros déficits.

En somme, la province de Mozambique est aujourd'hui dans une ère de prospérité croissante qui contraste singulièrement avec l'abandon où elle végétait il y a une dizaine d'années. Les produits naturels y sont peu nombreux, mais on a créé chez les populations des besoins ; les tissus anglais et indiens y trouvent un débouché considérable. Le Mashonaland contribuera beaucoup à ce développement. La plupart des mines qu'on y a trouvées ne valent rien ou pas grand'chose ; ce ne sera donc pas un grand centre minier comme le Transvaal ; mais, le climat étant un peu meilleur que celui de la côte, l'émigration européenne s'y portera, encouragée par la *British South Africa Company (Chartered)*, qui y cède des concessions pour en faire des fermes. Il y aura là, dans l'avenir, un peuple de fermiers et de petits cultivateurs qui s'alimentera par le chemin de fer de Beira. Dans le haut Zambèze, on aura peut-être quelques ressources minières, outre la houille : or, mica, argent, etc., et, le jour où le Barotsé commencera à se coloniser, le commerce du fleuve augmentera sensiblement. Tout ce mouvement commercial et industriel est actuellement dans l'enfance; mais, s'il continue, la province de Mozambique sera redevenue dans quelques années le pays riche qu'elle était autrefois.

NYASSALAND. — Par lui-même, le Nyassaland n'a rien de marquant, mais la colonie qui y est née n'en est que plus intéressante au point de vue économique et colonisateur.

Nous avons pas mal de possessions qui ne rapportent rien; nos voisins en ont aussi, et le Nyassaland en est un exemple. Il est donc curieux d'examiner les ressources qu'ils en tirent pour pouvoir y faire leurs frais sans le secours de la métropole.

Je suis revenu quelque peu de l'opinion optimiste que j'avais émise autrefois sur l'avenir du Nyassaland (1). Les plantations de café n'ont pas donné ce qu'elles promettaient, et, à moins que les choses ne changent beaucoup, on ne peut compter de ce côté sur une grande prospérité. Au contraire, la région des lacs, sur la route de laquelle se trouve le Nyassaland, peut se développer dans l'avenir comme centre minier ou bien de culture et surtout d'émigration européenne; le Nyassaland bénéficierait alors, par sa position, des progrès de sa voisine.

D'un autre côté, le chemin de fer que les Allemands ont commencé, allant de la côte au lac Tanganyika, et celui que les Anglais poussent avec rapidité de Mombassa à l'Ouganda vont porter au Nyassaland un coup fatal; on préférera recourir à ce moyen de transport, relativement rapide et peu coûteux, quand on le compare aux prix exorbitants et aux inconvénients nombreux de la navigation défectueuse du Chiré. En effet, les

(1) *Du Cap au lac Nyassa*, p. 314, 327, 340, 343.

petits vapeurs dits *stern-wheelers* ne peuvent atteindre Tchikouaoua, limite des rapides de Murchison, que pendant quatre mois de l'année; on a ensuite à faire, bien inutilement, et pour la seule satisfaction des citadins de l'endroit, l'ascension des montagnes de Blantyre pour redescendre ensuite de l'autre côté, alors qu'il serait facile de longer les rapides, soit sur l'une des rives, soit sur l'autre. Il faut se rembarquer ensuite au delà des rapides, à Matopé ou Mpimbé, et aller ainsi jusqu'à Mponda (1), où s'opère un nouveau transbordement sur un petit vapeur calant davantage et destiné au lac Nyassa, pourvu toutefois qu'il s'en trouve, car les départs et les communications ne sont rien moins que réguliers. Sans tenir compte des délais, des vols et des avaries, une tonne de marchandise revient, de Tchinde au lac Tanganyika, à environ 1,500 francs. Le chemin de fer allemand de Dar-el-Salam fera le même transport, sans perte de temps et beaucoup plus rapidement, pour 270 francs au maximum.

Mais le Nyassaland peut, à la rigueur, se passer de trafic; la taxe indigène, c'est-à-dire les trois schellings (3 fr. 75) par hutte que les noirs paient annuellement au gouvernement local, forme un revenu fixe qui balance une partie du budget; les quelques importations des colons font le reste. D'ailleurs, il n'y a point abus de fonctionnaires : le même officier public est à la fois chef de district, juge consulaire, commandant de la force publique, chef des douanes et receveur des postes; parfois, dans les grandes localités, ils sont deux pour se partager ces fonctions, aidés par des auxiliaires noirs, tandis que, dans nos colonies, chacun de ces emplois serait occupé par un fonctionnaire spécial, envoyé à grands frais d'Europe et n'ayant en somme rien à faire qu'à émarger au budget local. Les services au Nyassaland n'en fonctionnent pas moins fort régulièrement.

(1) Fort-Johnston.

Les principales Compagnies établies au Nyassaland sont : l'*Oceana Consolidated Company*, qui ne possède que des terrains et ne fait ni commerce ni plantations ; l'*African Lakes Corporation Limited, Sharrer and C°*, qui sont les deux principaux commerçants ; des Compagnies de navigation fluviale : l'*African International Flotilla*, etc., qui dessert le Zambèze, le haut et le bas Chiré, et se prépare à faire le service du lac Nyassa ; la *Sharrer Zambezi Traffic C°*, une cinquantaine de commerçants et traitants divers établis à Blantyre, à Fort-Johnston, à Tchiromo. Le nombre des planteurs de café est d'environ 150.

La colonie n'exporte rien ou presque rien par elle-même, si on excepte le café, qui, jusqu'à présent, n'a paru sur le marché qu'en quantités infimes. Momentanément, elle bénéficie encore des exportations d'ivoire venant des lacs ; mais le chemin de fer dont j'ai parlé ne tardera pas à les lui enlever.

Voilà donc une petite colonie qui ne rapporte rien, mais qui, en revanche, ne coûte rien à la métropole, ce qui est déjà quelque chose. Il est intéressant de suivre les efforts qu'on y fait sans cesse pour en tirer un rendement quelconque. Des botanistes sont sur les lieux, correspondant avec l'Europe et communiquant aux colons des notions sur tous les produits locaux susceptibles d'être développés, avec des détails sur les prix de vente en Europe, l'amélioration de la culture, etc. La production du café est l'objet, malgré ses échecs, de soins toujours plus raisonnés ; on pousse les colons à la culture du caoutchouc. En un mot, on fait tout ce qu'il est possible de tenter pour améliorer la mauvaise situation actuelle. Quelques abus se glissent pourtant, dans le désir qu'ont les autorités de faire feu de tout bois : par exemple, on paye les terrains, dans les villes, à des prix ridiculement élevés, sans préjudice de ce qu'ils coûtent annuellement en contributions ; on vous compte un schelling ou six pence, selon la grosseur, pour les morceaux de bois que vous allez couper vous-même dans la brousse pour vous construire une case ou un poulailler; on vous oblige, selon votre métier, à une foule de taxes, de patentes, etc., plus ou moins rationnelles : mais il faut bien équilibrer le budget. C'est un peu pourquoi le nombre des colons n'augmente pas sensiblement.

Il est question de construire un chemin de fer qui partirait de Tchiromo et aboutirait à Blantyre. Des études ont même été faites dans ce but par un ingénieur à la demande de quelques intéressés. C'est avec intention que je dis : quelques intéressés, car ils sont si peu nombreux que ce chemin de fer, s'il était construit, ne serait même pas une voie d'intérêt local, mais d'intérêt particulier. Quel serait, en effet, le but d'un chemin de fer dans cette région? Evidemment de relier le lac Nyassa à la côte afin d'éviter les retards dans les transports pendant la période de l'année où, les rivières étant très basses, la navigation fluviale est suspendue. Eh bien, pour construire ce chemin de fer, il y a, tant à l'ouest qu'à l'est de Blantyre, des plaines et des vallées par lesquelles il pourrait atteindre, sans trop grosses dépenses, les bords du Nyassa; sur cette ligne principale se grefferait éventuellement un embranchement de moindre importance qui desservirait Blantyre.

Or, loin de se ranger à cette idée pratique, les colons de Blantyre voudraient que le chemin de fer allât directement chez eux, à 2,000 mètres d'altitude; pour leur faire plaisir, il faudrait construire une voie qui reviendrait, en certains endroits, à 200,000 francs le kilomètre! Et tout cela pour transporter quoi? — Rien! En réunissant la récolte de tous les planteurs de café de Blantyre pendant une année, on formerait à peine le chargement d'un train de marchandises; les importations pendant le même laps de temps en demanderaient peut-être une dizaine, et c'est tout. C'est donc pour ces onze convois par an qu'on voudrait établir un chemin de fer qui fit l'ascension des pics de Blantyre, sans même qu'il soit question, pour le moment, de prolonger cette voie ferrée jusqu'au lac Nyassa : c'est à Blantyre qu'elle s'arrêterait ! Les capitalistes anglais sont trop pratiques pour se risquer dans des affaires de ce genre; quant aux autres, il est bon de les mettre en garde contre de pareilles entreprises. Inutile d'ajouter que la souscription de ce chemin de fer est ouverte et qu'elle le sera sans doute encore longtemps.

Au point de vue de la salubrité, le Nyassaland n'a rien d'attrayant; en dépit des chiffres inexacts et des déclarations optimistes du *Livre Bleu*, la mortalité y atteint et dépasse 40 %. La région élevée, au niveau moyen de 1,400 mètres, est un peu meilleure. A l'exception des endroits montagneux, le pays est marécageux et monotone.

En somme, je le répète, c'est une colonie où l'on fait des efforts intéressants à étudier, mais elle est d'un avenir médiocre et d'un séjour peu enchanteur.

RHODÉSIA DU NORD. — Cette région comprend les territoires placés dans la sphère d'influence anglaise, au nord de la Zambézie portugaise et au nord-ouest du Nyassaland. Les agents de la *British South Africa* s'y sont établis depuis fort peu de temps sur des points éloignés les uns des autres. Le commerce n'y a pas encore fait son apparition; on compte beaucoup sur les ressources minières dans l'avenir; je souhaite que ces ressources ne soient pas aussi illusoires que celles du Mashonaland; mais je crois que l'avenir de la Rhodésia septentrionale est plutôt orienté d'un autre côté : celui de l'émigration européenne, non pas immédiatement, mais seulement dans quelques années.

Les hauts plateaux qui existent entre le lac Nyassa et le Tanganyika sont à une moyenne de 1,600 mètres d'altitude. Comme je l'ai déjà dit, la pomme de terre, le blé, les légumes d'Europe s'y développent avantageusement ; le pays se prête à l'élève du bétail, et l'Européen peut s'y établir et y vivre en bonne santé. Mais une question se pose aussitôt : Que feront les nouveaux colons, et de quoi vivront-ils ? De commerce ? — Il n'y en a point. — De productions naturelles pouvant servir à l'exploitation ? — Pas davantage. — Qui achètera au planteur son blé, ses pommes de terre et son beurre ? — Hélas ! personne pour le moment, puisqu'il n'y a personne. Dans quelques années seulement, si le commerce du Nyassaland se développe, si des colonies blanches se forment autour des lacs Nyassa et Tanganyika, le fermier du plateau pourra vendre avantageusement ses produits. Jusque-là, il faut attendre. Seule, la découverte de mines d'or importantes pourrait changer l'aspect économique du pays et y amasser subitement une population flottante dont le commerce aurait à satisfaire les besoins.

La partie de la Rhodésia qui touche au haut Louapoula ainsi qu'aux lacs Bangouéolo et Moéro est basse, marécageuse, malsaine ; pas plus qu'au Nyassaland, on ne peut espérer y acclimater l'Européen.

AFRIQUE ORIENTALE ALLEMANDE. — Les efforts faits par les Allemands pour leur colonie de l'est africain se sont portés uniquement jusqu'à présent sur le littoral : on a construit ou amélioré Tanga, Dar-el-Salam, Bagamoyo, Lindi, Pangani, Segoma, etc.

Dans l'intérieur, les choses n'ont pas changé, ou guère ; le gouvernement a fondé trois stations : deux sur le lac Tanganyika, l'une à Oudjiji, l'autre au nord, à Oudzijé ; la troisième au nord du Nyassa, à Langenburg. Sur le littoral, il y a des plantations de vanille, à Kipoténi, Lindi, Tanga, Bagamoyo ; de café *(c. arabica)*, à Oudjambo, Lindi, Pangani, Tanga, Mazila Lewa, Mopotto, Segoma ; de cocotiers, un peu partout et principalement à Bushirihof, Tanga et Potoni ; de cacao, à Ngua ; de café *(c. liberica)*, à Mikisani ; de tabac, à Mohorro, Dar-el-Salam. Il y a dans l'Usambara une Compagnie qui commence à planter du café. C'est, à ma connaissance, le seul établissement de l'intérieur.

En somme, il existe douze grandes Compagnies de plantations avec un capital variant entre 7 et 2 millions de marcs, huit grandes Compagnies de commerce, une centaine de petits traitants arabes, grecs, indous, goanais, etc., établis sur les divers points de la côte, un ou deux à Oudjiji, un à Tabora (1).

D'ailleurs le pays est assez misérable et la population clairsemée; les productions naturelles sont insignifiantes; l'ivoire est rare, le caoutchouc aussi. On trouve dans quelques régions, entre l'Océan et le lac Tanganyika, des pays de pâturages où les indigènes possèdent du bétail; l'élevage pourrait encore être développé. De même, des plantations de cacao, de tabac, de café *(c. liberica)*, pourraient être essayées avec succès; je ne sache pas qu'on en ait tenté ailleurs que sur la côte et dans l'Usambara. Sur le littoral, la culture du giroflier fait l'objet d'une industrie assez importante; il faudra en créer d'autres, car le pays est peut-être fertile.

Quant au chemin de fer de Dar-el-Salam au Tanganyika, on se demande, comme pour celui de Tchiromo à Blantyre, ce qu'il va bien pouvoir transporter pour faire ses frais. Mystère. On a beau dire que le rail, en pénétrant en Afrique, y développe la civilisation et le commerce, il ne fait pourtant pas sortir de terre du caoutchouc ou de l'huile de palme. Il ne rend pas populeux les districts déserts. Il ne fait pas venir des éléphants là où il n'y en a point. Tout au contraire : il ferait fuir ceux-ci pour toujours, s'il y en avait. J'admets qu'un chemin de fer, en arrivant dans un pays, permette de développer les ressources qui s'y trouvaient auparavant à l'état latent, et qu'on ne pouvait exploiter à cause de la difficulté des transports; mais enfin il n'apporte pas la richesse aux

---

(1) *Kolonial Handels Adressbuch*. 1899.

pays pauvres, surtout quand ceux-ci ne se prêtent pas à l'émigration européenne, qui doit être le but futur de toutes les colonies.

ÉTAT INDÉPENDANT DU CONGO. — Ici, au contraire, la nature s'est montrée aussi généreuse qu'elle a été avare dans l'Afrique allemande, et les productions naturelles sont nombreuses. Dans le moyen et bas Congo, l'*elaïs Guineensis* ou palmier à huile existe partout, fournissant l'huile et l'amande de palme. Dans le haut Congo, le caoutchouc est très abondant et d'excellente qualité. Il appartient à l'espèce dite *landolphia* ainsi qu'à plusieurs autres. Un café sauvage excellent, qui pousse librement dans la forêt, pourra être amélioré. Comme produits végétaux naturels, on trouve également au Congo, mais en moins grande quantité, la gomme copal, le kola, le raphia, le gingembre, le coton, etc. Les indigènes cultivent le cocotier, le sésame, l'arachide; les Européens ont obtenu d'excellents résultats avec le café *(c. liberica)*, le tabac, le cacao.

Certaines essences de bois, comme le rocco, l'acajou, etc., peuvent être utilisées. L'ivoire est, pour le moment, un des principaux articles d'exportation du Congo; mais il n'aura qu'un temps, tandis que tous les autres produits, cultivés et exploités avec soin, sont destinés à augmenter dans des proportions incroyables.

Il est évident que, dans ces conditions, le commerce n'aura nulle peine à se développer, créant de lui-même les ressources financières de la colonie. Plus tard, lorsque les populations indigènes seront tout à fait pacifiées, on pourra commencer à leur imposer une taxe en échange de la protection qu'on leur accorde. L'Etat indépendant deviendra alors assez riche pour se payer des chemins de fer, des télégraphes, pour réaliser nombre d'améliorations. Outre le commerce proprement dit, les industries agricoles sont appelées à prendre au Congo une place marquante : il suffit de voir en pleine prospérité les quelques centaines d'hectares qui ont servi aux essais pour prédire à cette région un avenir brillant comme pays de culture. Il est peu probable qu'on y découvre jamais de mines d'or; mais il existe au Katanga et dans l'Ouvira beaucoup de cuivre qu'on pourra exploiter dès que les moyens de transport auront été améliorés.

De nombreuses Compagnies sont installées au Congo; je citerai d'abord les Compagnies belges, ou de nom belge (1) :

Compagnie du Congo pour le Commerce et l'Industrie, — Compagnie du Congo, — Compagnie des Magasins Généraux, — Société anonyme Belge pour le Commerce du haut Congo, — Compagnie du Chemin de fer, — Compagnie des produits du Congo, — Compagnie du Katanga, — Compagnie du Lomami, — Société Anversoise du commerce au Congo, — Comptoir commercial Congolais, — Société de la Djuma, — Société agricole du Lubêfu, — La Kassaïenne, — La Centrale Africaine, — La Société Equatoriale, — La Société des produits végétaux du haut Kassaï, — La Société d'Agriculture et de plantations au Congo, — La Belgika, — La Congolia, — La Compagnie Anversoise des plantations du Lubêfu, — La Compagnie agricole de l'ouest africain, — La Compagnie équatoriale Congolaise (Ikelembo), — Trafic Congolais, — L'Africaine, — Le Crédit commercial Congolais, — La Société de la Loulonga, — La Société de l'Ikelembo, — La Société générale africaine, — La Société des chemins de fer vicinaux du Mayembé, etc. Puis enfin les compagnies étrangères : *Anglo-Belgian India Rubber and exploration Company, — Neuwe Afrikaansche Handels Venootschap, — Compagnie Portugaise du Zaïre.*

Les petits traitants et commerçants sont fort nom-

---

(1) Ces noms sont empruntés au livre intéressant de M. A. J. Wauters : *l'Etat indépendant du Congo.* Bruxelles, 1899.

breux : entre Boma, Matadi, Léopoldville et environs, le chiffre en dépasse 250 ; il y a des Français, des Belges, des Portugais, des Hollandais, des Américains, des Suisses et des indigènes.

Une bonne partie des actions des diverses sociétés sont à l'étranger ; on y voit des entreprises constituées sur toutes les bases, depuis le modeste capital de 100,000 fr. jusqu'à 30 millions, en passant par les chiffres intermédiaires. De puissantes Compagnies de développement, comme, par exemple, l'*Oceana Consolidated*, de Londres, que nous avons déjà vue dans le Zambèze, sont fortement intéressées, directement ou indirectement, dans la plupart de ces sociétés ; les Hollandais, les Portugais, les Allemands y ont mis des capitaux. On est étonné de ne pas voir dans cette longue nomenclature un seul nom français ; attendrons-nous donc que toutes les places soient prises pour nous présenter à notre tour et payer plus cher que les autres ? On me dira que les Compagnies françaises doivent aller tout naturellement de préférence au Congo français : pourquoi ne pas faire profiter notre colonie plutôt que les colonies étrangères ? Mais l'un n'empêche pas l'autre, ce me semble ; le capital français est assez puissant pour aller prendre part à des opérations dans les deux Congo à la fois. Ce qu'il y a de plus malheureux à constater, c'est que le commerce français n'a pas l'air d'aller au Congo français plus qu'au Congo belge ; on verra plus loin combien rares sont les Compagnies — pour la plupart étrangères, d'ailleurs ! — qui se sont établies au Congo français.

Il n'est pas nécessaire d'être grand prophète pour prédire au Congo belge un avenir brillant : non seulement il est riche par lui-même, mais l'industrie européenne quintuplera encore sa valeur. L'Etat indépendant est déjà le plus important exportateur d'ivoire et de caoutchouc du monde ; il deviendra également, quand il le voudra, le principal producteur d'huile de palme, de cacao, de café, d'ébène, d'acajou, en même temps que la première colonie d'Afrique (1); et je ne parle pas ici des travaux qui sont menés par les Belges de front avec le développement commercial, travaux tels que colonies scolaires, essais pour améliorer les populations, chemins de fer, télégraphes, Compagnies de navigation fluviale, etc.

Par la fermeté avec laquelle a été conduite sa politique, par la sagesse et l'esprit pratique de ses règlements, par l'ensemble des efforts accomplis à la fois par le Gouvernement et par les particuliers, par la confiance couronnée de succès que lui ont montrée les capitalistes européens, l'Etat indépendant du Congo est la plus belle œuvre de colonisation qui existe en Afrique.

CONGO FRANÇAIS. — Tout ce qui fait la prospérité naturelle du Congo belge se trouve au Congo français, je ne saurais trop le répéter : c'est le même pays, un peu moins étendu, avec le même sol, les mêmes productions, les mêmes peuples. Qu'on relise ce que je viens d'écrire au sujet de l'Etat indépendant : la partie qui se rapporte aux produits du sol est identique; les espérances sont les mêmes. Au point de vue des voies de communication, les deux pays sont également bien dotés : l'Ogooué, le Gabon, le Kouilou, la rive nord du bas Congo, la Sanga, l'Oubanghi et leurs affluents valent le Koango, le Kassaï, le Lomami, l'Arouimi, qui sont les principales voies de pénétration à l'intérieur. Mais la ressemblance entre les deux Congo s'arrête, quand on examine ce qu'on a tiré de ces nombreux avantages : au Congo belge, tout; au Congo français, rien.

Prenons la liste des commerçants établis (2); nous y voyons, comme Compagnies françaises, la *Société*

---

(1) Les importations au Congo belge en 1897 ont été de 23,427,197 fr. 33; les exportations, de 17,457,090 fr. 85.

(2) *Annuaire Colonial*, 1899.

industrielle et agricole du haut Ogooué, la *Société Commerciale industrielle du Congo Français*, la *Société d'Études et d'exploitation du Congo*, la *Société agricole et commerciale du bas Ogooué*, ces deux dernières de formation récente. Parmi les maisons étrangères : deux maisons anglaises (Hatton and Cookson et John Holt), une allemande (Wœrman), une hollandaise (*la N. A. H. V.*) ; puis enfin des commerçants et traitants de moindre importance : 8 Français, 7 Portugais, 2 Anglais, 5 Allemands, 1 Belge, 11 indigènes. Si je faisais le total des fonctionnaires, j'arriverais probablement à un chiffre plus élevé.

Ainsi voilà, en 1899, le bilan du développement commercial français au Congo français : deux Compagnies possédant, disséminés dans les différents bassins, l'une 6 établissements, l'autre, 3 ; deux autres Compagnies établies sur un seul point et 8 négociants. Chacune des sociétés étrangères possède, à elle seule, autant d'établissements que les Compagnies françaises réunies (1).

Je me borne à constater les faits, sans essayer de faire ressortir ici les causes de ce malheureux état de choses ; en matière de colonies, on n'écoute en France que ceux qui n'y ont jamais été ; le jour où j'entreverrai une chance d'exposer avec fruit la façon de remédier à notre infériorité et de rendre notre Congo l'égal de son voisin, je le ferai bien volontiers.

(1) *La Compagnie du haut Ogooué* a 6 établissements ; *la Société commerciale et industrielle* en a 3 ; les autres compagnies, un seul ; Hatton et Cookson, 13 ; John Holt, 12 ; Wœrman, 8 ; *la N. A. H. V.*, 7.

CHANTS AFRICAINS

Recueillis par l'auteur et transcrits pour piano et chant

par M. Gaston SERPETTE (1)

(1) N° 1. TCHISSAPOULÉ, chant de canotiers du bas Zambèze.
   N° 2. NIMBO OUA NIOUNGOUÉ, chanson de Tête (haut Zambèze).
   N° 3. VOULA NTCHI, chanson de femmes (Atchékoundas).
   N° 4. MAKOMBÉ, chant de canotiers (haut Zambèze).
   N° 5. SINA-MANA, —   —   —
   N° 6. AIR DES OUANYAMOUÉZIS (peuplade du Tanganyika).

TABLE ALPHABÉTIQUE

A

Abris en chaume pendant les pluies, 33.
Aden. Passage à —, 6.
Adjaouas, riverains du Nyassa, 100.
Affrètement d'un boutre sur le Tanganyika, 135.
Afrique orientale allemande. Règlements vexatoires dans l' —, 143, 144. Ressources économiques de l' —, 290.
Ahengas, peuples riverains du Nyassa, 100.
Aliments divers, 46.
Ananas. Abondance d' — dans le bas Congo, 274.
Anjonis. Nom de peuples d'origine zouloue, 72. Visite chez les —, 95.
Animaux artificiels servant à la danse du Niâou, 43. (Voir aussi Faune.)
Anneau distinctif des Mafsitis, 73, 74.
Anthropophages. Pseudo — chez les peuples du Zambèze, 51. Oundi accusé d'être —, 57. Chez les — de l'Ouroua, 162, 163. Danse d'—, 164. Usages des — avec les prisonniers de guerre, les morts et les blessés, 166. Rixes entre —, 189. —engagés comme soldats, 197. A propos d' —, 243. Je me fais passer pour un —, 242. Comment les choses se passent chez les —, 244, 252. Appréciations des — sur les différentes chairs humaines, 244. Zone peuplée par les —, 245. — de l'Arouimi, 250.
Aouembas. Chez les —, 111. Usages et coutumes des —, 114, 115, 116, 117. Lois chez les —, 117. Cruautés exercées par les —, 117. Marécages dans le pays des —, 119.
Arabes. Rencontre d'un de mes —, 7. Colonie d' — à Oudjiji, 145. La campagne — au Manyéma, 195. Scission parmi les —, 196. Les — deviennent les auxiliaires

des Belges, 196, 209. Les — sont d'excellents colonisateurs, 254.

Aroangoua (Rivière). L'expédition visite le bassin de l'—, 25, 69. Diversité des paysages sur l' —, 70. Régions marécageuses au nord de l' —, 70, 71. Nouveau passage de l' —, 90. Source de l'—, 111. Cours de l'—, 111.

Arouimi (Rivière) ou Louhali, 198. Anthropophages de l'—, 250.

Asséoués. Mœurs des —, 111.

Atchékoundas. Visite chez les —, 25, 47.

Atongas. Race d'Angonis sur le Nyassa, 100.

Auxiliaires. Mes —, leurs fonctions, 27.

Ava. L' —, paquebot, 6.

Azimbas. Chez les —, 25, 47, 48, 49, 50.

B

Baboudjouis, peuplade du Manyéma, 194, 207.

Bakouangués, peuplade du haut Congo, 207.

Bakoussous, peuplade du Manyéma, 194, 227, 247, 248.

Baloubas, peuplade de l'Ouroua, 152, 194. Porteurs —, 162. Costumes, ornements, coiffures des —, 163. Querelles des — avec leurs voisins, 167, 168. Querelles entre —, 171. Combat de —, 172.

Banane, ville du littoral. Arrivée à —, 277.

Bananes. Les Ouankondés vivent de —, 105. Abondance de — sur le haut Congo, 225.

Bangalas, peuplade du Congo. Costumes et tatouage —, 262, 263, 264.

Bangos-Bangos, peuplade du Manyéma, 194, 208.

Bangouéolo (Lac). Vers le —, 69, 90. Environs du —, 91. Impression sur la région du —, 91, 92.

Baouimas, peuplade de l'Ouroua, 167. Les — nous poursuivent, 181.

Bapotos, peuplade du Congo, 262.

Barotsé. L'expédition visite le haut —, 25, 90.

Bassongolas, peuplade du Manyéma, 194, 206.

Bastien (Commandant), chef de zone, haut Congo, 516.

Batélétas, peuplade du Manyéma, 194, 227, 247, 248.

Bazoko, sur le haut Congo, 258. Gens de —, 249.

Béhagle (M. de). Rencontre avec — à Brazzaville, 271.

Beira (ou **Port-Beira**). Impression sur —, 10. Avenir de —, 10. Port de —; 10.

Bertrand (C.). Mon compagnon de voyage, 14. — danse le niaou, 45. — se sépare de moi, 111, 119. Départ de —, 131.

Bétail. Importance et usage du — chez les Mafsitis,

75. Élevage du — chez les Ouankondés, 105. — à longues cornes d'Oudjiji, 147.

Bicyclette. La première — introduite dans l'Afrique centrale, 20. Effet de la — sur les indigènes, 20. Difficulté d'utiliser la — dans ces régions, 20, 21. Chutes de —, 21. Je renonce à la —, 21. Inconvénients de la — pour la chasse, 21.

Bière du pays, 40.

Biscuit. Usage du — en expédition, 6.

Bokotés, peuplade du Congo, 262, 264.

Bolobo, sur le Congo, 268. Marché à —, 269.

Boma, ville du bas Congo, 277. Arrivée à —, 277.

Borely (E. de). Mon compagnon de voyage, 17. Départ de —, 99.

Bouana-Djovo, village du Manyéma, 212.

Boua (Rivière), 80, 103.

Boutre. Description du —, 135, 136. Équipage de notre —, 135. Nous nous embarquons sur le —, 136. Nous quittons le —, 151.

Brazzaville, sur le bas Congo, 271.

C

Café torréfié, 5. Essence de —, 5. — sauvage, 5, 210.

Cameron, voyageur anglais, 142, 213.

Campement. Choix d'un —, 31. Répartition des places dans un —, 32. Arrangement des bagages au —, 32. Aspect nocturne d'un —, 34. On lève le —, 35. Inconvénients du — dans un village, 66.

Canal (Le) (partie du bas Congo), 269, 270.

Cannibalisme. (*Voir* Anthropophages.)

Caoutchouc, 211.

Capitans ou chefs de caravane, 27.

Caractères généraux chez les noirs, 27.

Caractères particuliers chez les noirs, 27.

Cases. Construction des — indigènes sur le lac Nyassa, 104. — des Ouankondés, 106. — des Baloubas, 164. — sur le Congo, 220. — à Bazoko, 258. Couverture des — dans l'Itimbiri, 260.

Cataractes. Comment les pirogues passent les —, 238. Impression personnelle sur les —, 239, 240. — de Stanley, 240.

Cauris, petit coquillage, 208. 260.

Chair humaine, 246 à 249.

Chants tristes des Baloubas, 164. — des Ouanyamouézis, 205. — des divers peuples africains, 205.

Chariot à bœufs à Quilimane, 9.

Chasses à Tchiromo, 20. —

quotidiennes, 28. Mois de —, 28. Marches pendant les —, 36. — pendant les pluies, 46. — à l'éléphant sur l'Aroangoua, 71. — sur la Tchambézi, 120. — au cap Matchazi, 148. — dans l'Ouroua en attendant les porteurs, 169, 170, 175. Mes fusils de —, 209, 210. — dans le Manyéma, 203, 210. — à l'hippopotame sur le Congo, 225.

Chemin de fer. Projet de —, 11. Le — du Congo, 276.

Chérif, chef des Souahilis, 162. — part aux informations, 169. Le message de —, 176. — envoie des émissaires, 180. — ne donne plus de ses nouvelles, 182. — nous rejoint, 189.

Chévas, peuplade du haut Zambèze, 80.

Chevaux. Difficulté d'avoir des — dans ces régions, 22. Maladies des —, 22. Difficulté du terrain pour les allures vives des —, 22.

Chiens empoisonnés, 125.

Chiré (Rivière), 12. Aspect du — après Missandjé, 13. Crue subite du —, 15. Suites de l'inondation du —, 17.

Chokas, monnaie du Congo, 207.

Chronomètres. Chute d'un de mes —, 108.

Cimetières. Absence de — chez Mpéséni, 74.

Civilisation. Approches de la —, 241. Bonne et mauvaise —, 255.

Climat irrégulier sous l'équateur, 256.

Coiffures des Azimbas, 50. — de guerre de Mpéséni, 76. Usage de poudres colorées dans la —, 114. — des Baloubas, 163. — des Bangos-Bangos, 208. — des Ouaguinguélés, 225. — des Touroumbous, 256. — des Topokés, 257. — des gens de Djabbir, 260.

Collier de cuivre des Bapotos, 262.

Combat. Un — entre Baloubas, 172, 173, 174.

Compagnons de voyage. Mes —, 14, 28, 29. Existence que je menais avec mes —, 29. Nos conversations favorites avec mes —, 99, 131, 132.

Congo (Fleuve). Première vue du —, 213. Embarquement sur le —, 218. Vue des rives du —, 220, 221. Comment nous campions sur le —, 220. Huîtres du —, 225. Descente du —, 229, 230, 256. Alerte sur le —, 230. Poissons du —, 237. Cataractes du —, 238, 240. Largeur du —, 224, 256, 261, 270. Aspect du — au lac Stanley, 268.

Congo belge comparé au Congo français, 295. Chemin de fer du —, 276. Ressources économiques du —, 292.

Congo français. Visite de toutes les localités du —, 272. Le — comparé au Congo belge, 272, 295. Ressources économiques du —, 295.

Coquillages du lac Tanganyika, 124.

Costume de perles, 112.

Coton. Culture du —, 87.

Courrier d'Europe. L'arrivée du — au centre de l'Afrique, 29.

Cristal (Monts de) (bas Congo), 276.

Crocodile enlevant un homme, 93. — énormes dans le lac Tanganyika, 140.

Cuisiniers. Fonctions et talents des — indigènes, 27.

D

Danses du pays, 40. Femmes exclues de certaines —, 42. Description de la — du *Nidou*, 40, 41, 42, 43.

Debergh (Le capitaine), représentant l'État du Congo, 191. Le — ne veut pas me laisser partir pour le Manyéma, 191, 192.

Dents limées chez les Sengas, 69. — supprimées ou limées chez les Ouanamamboués, 113.

Départ de l'expédition pour l'Afrique, 6.

Dhanis (Baron), vice-gouverneur, 196. Le — au milieu des révoltés, 199. Entrevue avec le —, 213. Le — crée des centres commerciaux, 213, 214. Popularité du —, 215, 216. Le — défait les révoltés, 234.

Dolo, sur le lac Stanley (bas Congo), 270.

E

Eau. Procédés pour améliorer l' —, 31. Abondance ou rareté de l' — selon les saisons, 31, 36.

Éléphants. Destruction des — dans le Zambèze, 89. Chasse aux —, 46, 74. Tribut indigène pour la chasse aux —, 89. Chasseurs d' — dans l'Ouroua, 165. Chasse aux — dans l'Ouroua, 169. Distribution de viande d' —, 170. Abandon du crâne de mon grand —, 190.

Enfants. Pourquoi on tue les — dans les razzias, 76.

Épines invisibles au clair de lune, 36.

Équateur. Climat irrégulier sous l' —, 256. Gens de l'—, coiffures et mœurs, 264.

Escorte. Nécessité d'une —, 130. Difficulté d'avoir une bonne —, 130. Le capitaine Debergh me donne une —, 202. Le baron Dhanis me donne une — pour passer dans la zone des révoltés, 215.

État indépendant du Congo. L'expédition arrive sur les confins de l'—, 193. Zone arabe dans l' —, 254. Ressources économiques de l'—, 292.

Existence dans la brousse, 37. — pendant les pluies, 45. Adieu à — dans les régions sauvages, 241.

Expédition (L'). Départ de —, 6. Arrivée de — sur la terre d'Afrique, 9. Sauvetage de — pendant une inondation, 16, 17. — quitte Tchiromo, 23. Travaux géographiques de — dans l'ouest du Nyassa, 24. Pays visités par — à l'ouest du Nyassa, 25. Marche de —, 27, 28, 35. Femmes dans —, 28. Nombre de porteurs de —, 28. Comment — avançait quand elle manquait de porteurs, 28. Jours de réjouissance dans —, 29. Comment campait —, 31, 32, 33, 34, 35, 121. Marches nocturnes de —, 35, 36. Marches de — pendant la saison des pluies, 36. Parcours journaliers de —, 36. Ordinaire des Européens de — à Tchiromo, 46. — dans le haut Kapotché, 59. Accident dans —, 62, 63. Campement de — à Mtchéna, 61. — dans les massifs montagneux du nord du Zambèze, 67. — chez les Sengas, 67. — chez Mpéséni, 71. — chez Moassi, 80. — chez les Angonis, 95. — près du lac Bangouéolo, 91, 92. Homme de — enlevé par un crocodile, 93. — arrive au lac Nyassa, 95. — quitte le lac Nyassa, 105. Bagages de —, 108. Objets perdus, volés ou cassés dans —, 109. Vaisselle de —, 109. — sur le plateau Nyassa-Tanganyika, 110. — chez les Aouembas, 119, 120, 121, 122, 123, 124, 125. Reconnaissance des sources du Congo par —, 118, 127. — sur le lac Tanganyika, 130, 133. Je reste seul pour faire toute la besogne de —, 133. — essuie une tempête sur le Tanganyika, 139. — change d'itinéraire, 145. — se met en route pour l'Ouroua, 153, 154. — dans les montagnes de l'Ouroua, 154. Passage d'un précipice par —, 156. — s'adjoint des auxiliaires souahilis, 161. — est vouée à une destruction totale, 162. — voyage chez les anthropophages, 165. Grosses inquiétudes sur mon sort et celui de —, 170. Les membres de — tiennent conseil, 178, 179. Poursuite et fuite de — à travers les montagnes de l'Ouroua, 180, 181. On trouve les traces de —, 182. Marches nocturnes de —, 183. — est serrée de près, 185. Fatigues et misères de —, 185, 186. Le dernier effort de —, 187, 188. L'ennemi perd les traces de —, 188. L'arrivée de — à la Loukouga, puis au Tanganyika, 188, 189. — quitte définitivement le Tanganyika, 202. Parcours journalier de — dans le Manyéma, 203. Arrivée de — à Kabambaré, 205, 212. — voit pour la première fois le Congo, 213. — arrive à Nyangoué, 214. Accueil fait à — dans les différentes parties du Congo, 216. Embarquement de — sur le Congo, 217. Les pirogues de —, 219. Comment — voyageait sur le Congo, 220. — tombe presque au milieu des révoltés, 230, et leur glisse entre les doigts, 231. — arrive aux cataractes du Congo, 238. — remonte l'Itimbiri (bassin de l'Ouellé), 258. — descend le Congo, 220 à 258, 261 à 273. — change de direction à Loukoléla, 266. Les derniers membres de — sont las, 267. Dernières étapes de —, 273, 274, 275. Arrivée de — au pont de l'Inkissi et à Gongolo, 275; à Matadi, à Boma et à Banane, 277. — voit l'Atlantique! 277.

Exploration. Fin de l'— proprement dite, 242.

F

Façon de vivre de mes compagnons et moi, 29.

Famine à Tchiromo, 19.
Farine plus encombrante que le biscuit, 5.
Faune du Manyéma, 211. — de la forêt équatoriale, 223. — du Congo, 237.
Fer. Gisements de — abondants dans l'Oubemba, 123.
Fêtes indigènes, 40.
Fièvres contractées au lac Bangouéolo, 95. Traitement qui m'a réussi contre les —, 96. — des indigènes, 119. — causées par les soucis et l'excès de fatigue, 189.
Filtres. Inutilité des —, 31.
Fiti (Le), 51.
Flore. Aperçu sur la — de la forêt équatoriale, 221, 222.
Fonderies indigènes, 86, 124.
Forêts sur le bas Zambèze, 12. — de palmiers *hyphænæ*, 13, 15.
Forêt équatoriale, 194. Limites de la —, 194. Voyage dans la —, 195, 205. La — bordant le Congo, 221, 222. Aperçu de la flore de la —, 221, 222. La marche dans la —, 222, 223. Monotonie de la — vue du fleuve, 223, 265. Dans la —, le long des cataractes, 253. Influence de la — sur le climat de la région, 236. La — s'éclaircit près de l'équateur, 265. Fin de la —, 269.
Fort-Maguire, sur le lac Nyassa, 102.
Fortuna, mon ancien moulèque, 26.

Fouta, côte du Congo français, 272.
Franceville, but primitif de l'expédition, 266.
Fuite de l'expédition dans l'Ouroua, 180, 181, 182, 183.

G

Gaillard (M.), administrateur à Brazzaville, 271.
Girafes. Camp des —, 70.
Giraud, voyageur français, 115.
Glave, voyageur anglais, 132.
Gongolo, point terminus du chemin de fer du Congo en 1897, 273.
Good News (Petit vapeur), 190, 191. Départ du —, 192.
Guillemé (Père). Visite au —, 191.

H

Histoire naturelle. Spécimens d' — perdus, 18.
Homme-Canon (L'). (Voir Souédi.)
Hommes masqués dans la danse du Niâou, 42, 44.
Hongo (tribut), 148.
Huîtres du Congo, 225.

I

Ibembo, sur l'Itimbiri, bassin de l'Ouellé, 261. Rapides d' —, 261.
Idiomes de l'Afrique centrale, 3.

Ikaoua, sur le plateau Nyassa-Tanganyika, 119.
Ilala. Pays d' —, 92.
Inamouangas. Mœurs et pays des —, 113.
Incendie des abris de l'expédition à Tchiromo, 16.
Indigènes. Les — aiment la vie d'expédition, 37. Superstitions des —, 51, 52, 53, 55, 58, 59. Façon d'enterrer les —, 53. Opinion des — sur mon compte, 78, 79. Réflexion des —, 78. Fâcheuse façon d'élever le moral des —, 84. Industries —, 86, 87. Cultures —, 88. Divers comestibles —, 88. Imprévoyance des —, 88. Privilèges des chefs — après une chasse fructueuse à l'éléphant, 89, 90. Poterie —, 90. Ennuis avec les —, 94. Costumes des — sur le Nyassa, 104. Difficulté de mensurer et de photographier les —, 124. Accueil réservé des — dans l'Oubemba, 124. — ichtyophages, 138. Querelle avec des —, 148. Les — n'aiment pas à travailler pour le voisin, 160. Guerre entre — de l'Ouroua, 162 à 168. Hostilité des —, 169. Combat entre — à propos de viande d'éléphant, 173, 174. Alliance de guerre avec les chefs —, 180. — mangés par nos poursuivants, 189. — du Manyéma, 194. Révolte des — contre les Bel-

ges, 195, 196, 197, 198. Usages des soldats —, 198. Officiers belges massacrés par les —, 199. — révoltés mangeant des Européens, 200. Chants —, 205. Notes sur les — du Manyéma, 206, 207. Différence des cultures — selon les régions, 204, 206, 207. Produits — sur le marché de Nyangoué, 214. Usages chez les — anthropophages, 243 à 252. — du haut Congo, 256, 257. — de l'Itimbiri, 259, — d'Upoto, 262, 263. — de Bangala, 263. Marché — à Bolobo, 268.

Inkissi (Rivière). Pont de la — (bas Congo), 275.

Inondation à Tchiromo, 16.

Insomnie et inquiétudes dans l'Ouroua, 184.

Inventaire du matériel de l'expédition, 4.

Itimbiri (Rivière), affluent nord du Congo, 258, 259.

Itouri. Région au nord de l'—, (nord du Congo), 198.

Ivoire sculpté, 258.

J

James, capitan dans l'expédition, 99.

Journaux que nous recevions dans l'Afrique centrale, 30.

Jumbé, chef indigène du Nyassa, 80, 101.

K

Kabambaré. Arrivée à —, 205.

Kala. Lac Tanganyika, 138.

Kalounga (Cap), sur le lac Tanganyika, 145. Retour au —, 151.

Kambombé, mon domestique, 27.

Kamboué. Lagune du nord du lac Nyassa, 105.

Kanzler, vapeur allemand, 7.

Kapemba, sur le Tanganyika, 189.

Karonga, au nord du Nyassa, 104. Arrivée et débarquement à —, 105.

Karr (Le capitaine). — vient à notre secours à Tchiromo, 17.

Kassaï (Fleuve). Embouchure du —, 269.

Kassongo (Vieux), sur le haut Congo, 213.

Kassongo (Nouveau), sur le haut Congo, 213.

Kayambi. Mission des Pères-Blancs à —, dans l'Oubemba, 123.

Keyser (Comm^t de), chef de zone sur le haut Congo, 216.

Kigoma. Crique de —, près d'Oudjiji, lac Tanganyika, 145.

Kinchassa, sur le bas Congo, 271, 273.

Kiroundou. Arrivée à —, sur le lac Tanganyika, 233.

Kissangano (Chutes de) ou de Stanley, 253.

Kota-Kota, sur le lac Nyassa, 102. Moustiques à —, 102.

L

Lacerda (D.), voyageur portugais, 115.
Lait. Abondance de — chez Mpéséni, 75. Façon de consommer le lait chez les peuples d'origine zouloue, 111.
Landins, 72.
Langenburg, sur le lac Nyassa, 105.
Laveuses d'or, 88. Pan des —, 87.
Léopoldville, 271.
Liberté. Vie de — dans la brousse, 37.
Libreville (Gabon), 272. Arrivée à —, 279.
Likouangoulas, peuplade de l'Arouimi, 197, 258.
Lion attaquant le campement, 62, 63, 64, 65. — enlevant un mouton, 93.
Lit de camp. Usage du —, 33.
Livingstone, voyageur anglais, 115, 147, 213.
Loango (Congo français), 272.
Lokandou. Passage à — (haut Congo), 258.
Long (Le comm^t), chef de zone (haut Congo), 216.
Lopez (Cap). Visite au — (Congo français), 272.
Lothaire, officier belge, 196, 216.
Loualaba, nom du Congo supérieur, 127. Nom indigène du —, 167.

Louama (Rivière) ou Louboumba, affluent du Congo, 204.
Louizi (Rivière). Arrivée à la —, 160.
Loukoléla, sur le Congo, 266.
Loukouga (Rivière). Arrivée sur les bords de la —, 189.
Loulonga (Rivière), affluent du Congo, 264.
Lourenzo-Marquez (Delagoa-Bay), capitale de la province de Mozambique, 8.
Louyia (Rivière), 25.

M

Mafsitis ou gens de Mpéséni. (*Voir ce mot.*)
Magandjas. L'expédition visite les —, 25, 40.
Makandjira, chef indigène sur le lac Nyassa, 101.
Makanga. Arrivée au pays de —, 47.
Makouangouaras. Chez les —, 98. — riverains du Nyassa, 100. — Poires à poudre des —, 102.
Maladie. Lutte contre la —, 95.
Malfeyt (Le C^t), chef de zone sur le Congo, 216.
Mandongos, gens de l'Ouellé, 260.
Manyéma. Dans le —, 193. Limites du —, 192. Origine du mot —, 193, 194. Races peuplant le —, 194. Étendue du —, 194. Hydrographie du —, 212. Impression générale sur le —, 217.

TABLE ALPHABÉTIQUE

Marche. Avantages de la — dans ces pays, 23. — de nuit, 35.
Mashonaland. Chemin de fer du —, 10.
Matadi. Arrivée à —, 277.
Matchazi (Cap), sur le Tanganyika, 148.
Mayumba (Congo français), 272.
Mbala (plateau Nyassa-Tanganyika), 127.
Messageries Maritimes (Les) touchent à Beira, 11.
Milices du Congo, 196.
Mitâko, monnaie du Congo, 269.
Mitoumbas (Monts). Première vue des —, 154. Une corniche dans les —, 156. Température dans les —, 159.
Moassi. Pays de —, 25. Visite chez —, 80. Retour chez —, 91.
Moavi. L'épreuve du —, 51, 54, 55.
Moir (Lac), 92.
Molozi, chef indigène du lac Nyassa, 101.
Mombouttous, gens de l'Ouellé, 260.
Mongos, peuplade du Congo, 264.
Monguélimas, peuplade de l'Arouimi (haut Congo), 197, 258.
Monkey-Bay, sur le lac Nyassa, 100.
Monnaies. Les différentes —, 2. — en usage sur le Congo, 207, 268, 269.

Montagnes de la Lune, 109. — de l'Ouroua, 157.
Moroumbala (Mont), 12. Plaine marécageuse du —, 13.
Mouche. Colonnes de — comestibles, 193. — maçonne, 211, 260. — tsétsé, 211, 237. Nom indigène de la — tsétsé, 238.
Mougamba (Monts), 107.
Moulèques de l'expédition, 27.
Moustiques, 102.
Mozambique. Arrivée à —, 8. Rade de —, 8. Ville de —, 8. Ressources économiques de la province de — (nord), 281 ; de la province de — (Zambèze), 281 ; de la province de — (sud), 283.
Mpéséni. Pays de —, 25. Incursions et déprédations des gens de — chez leurs voisins, 48, 74. Visite chez —, 72. Notes sur les mœurs des Mafsitis ou gens de —, 71, 72, 73, 74.
Mponda. Arrivée à —, 95.
Msiambiri, 27. Maladie de —, 256, 266.
Msiambosa, capitan dans l'expédition, 28.
Mtchéna. Arrivée à —, 61.
Mtova. Arrivée à — (lac Tanganyika), 191. Fortifications contre les révoltés à —, 192. Je quitte —, 192. Distance de — à Nyangoué, 194.
Musique indigène, 205, 297 à 304. Instruments de —, 208.
Mvoukoutou, moulèque de Bertrand, 27.

N

Niâou. Le — ou danse des animaux, 40.
Ngové. Visite à — (Congo français), 272.
Nidipé (Rivière), affluent du lac Nyassa, 91.
Nkata, crique et village sur le lac Nyassa, 103.
Nyangoué (haut Congo), 213. Marché de —, 214.
Nyassa (Lac), 97, 98, 99, 100. Le —, point terminus du voyage en 1893, 97. Gros temps sur le —, 99. Nationalités diverses des territoires du —, 101. Gens de Zanzibar établis sur le —, 101. Aspect de la côte est du —, 103, 104.
Nyassaland. Ressources économiques du —, 285.

O

Obock. Passage à —, 6.
Observations astronomiques sur le lac Tanganyika, 129.
Océan Atlantique. L'expédition arrive à l' —, 277.
Océan Indien. Dernière visite à l' —, 11.
Ordinaire de l'expédition à Tchiromo, 20. — pendant les pluies, 46.
Oreilles trouées des Mafsitis, 75. — des Asséoués, 112. — des Ouanyikas, 112. — des Inamouangas, 113. — des Ouanamamboués, 119.
Ossements jonchant les plages d'Oudjiji et de Mtova, 147. — et têtes humaines dans l'Ouroua, 166.
Ouabembés. — porteurs, 152, 194, 207.
Ouabilas, peuplade du haut Congo, 235, 256, 257.
Ouaboundou. Arrivée à — (haut Congo), 234.
Ouafipas, peuplade du sud du Tanganyika, 134, 138.
Ouaguinguélés, peuplade du haut Congo. Physique, mœurs, coiffure —, 225, 226.
Ouahorohoros, peuplade du haut Congo, 194, 207.
Ouakoumous, peuplade du haut Congo, 235, 257.
Ouamanghis, gens de l'Oubanghi, 262.
Ouanamamboués. Mœurs et pays des —, peuplade du plateau Nyassa-Tanganyika, 113, 114.
Ouankondés. Chez les —, 105. Physique, costume et mœurs des —, 105, 106.
Ouanyamouézis, peuplade de l'Afrique orientale allemande, 205. Chant des —, 205.
Ouanyassas, peuplade du lac Nyassa, 100.
Ouanyikas. Mœurs des —, peuplade du plateau Nyassa-Tanganyika, 112.
Ouarégas, peuplade du Manyéma, 194, 206.
Ouaroungous, peuplade du sud du lac Tanganyika, 134.

Ouatoussis, peuplade du Manyéma, 194, 207.
Ouazimbas, peuplade du Manyéma, 194, 207.
Oubanghi (Fleuve). Passage à l'embouchure de l' —, 266.
Oubemba, pays des Aouembas. (*Voir ce mot.*)
Oudjiji. Visite à —, 141. Retour à —, 145. Description d' —, 145, 146, 147.
Ouellé (Rivière). Expédition belge de la haute —, 197, 198. Dans le bassin de l'—, 260.
Ouïzas. Visite aux —, peuplade de l'Aroangoua, 69. — autour du lac Bangouéolo, 92.
Ouroua. Nous entrons dans l' —, pays des Baloubas, 153. Premier campement dans l' —, 154. Les montagnes de l' —, 154. Marche dans l' —, 163.
Ouvira. Impossibilité de passer par l' —, 142.

P

Pagayeurs (ou *baguénias*), 219, 223.
Palabre avec les Aouembas, 125. — avec les Baloubas, 168.
Palmiers. Premiers — à huile, 224, 257, 262.
Parcours journalier de l'expédition, 36.
Pêche. — indigène, 90, 105, 134, 254. — à la dynamite, 137, 138. Les Ouafipas vivent de —, 138. — sur le Congo, 257. — au poison, 90.
Peinture du corps à l'ocre rouge, 163, 236.
Pélélé, ornement de la lèvre supérieure, 75.
Pères Blancs. Éducation donnée aux petits indigènes par les —, 85. Les — chez les Aouembas, 118. Visites aux —, 122, 137, 191. Remerciements aux —, 191.
Personnel de l'expédition, 26. — fixe, 28. Répartition du — dans un campement, 32.
Peters, petit vapeur allemand, 9. Transbordement sur le —, 9.
Piani-Kitété, village du Manyéma, 212.
Piani-Loussangué, village du Manyéma, 212.
Pimbés, peuplade de la Maravie, 68.
Pinda. Rapides — sur le Chiré, 13.
Pionneer (Le). La canonnière —, 98.
Pirogues. Description des — de l'expédition, 219, 220.
Plantes. — textiles, 87. — comestibles, 88. — indigènes comestibles pour les Européens, 89.
Plateau Nyassa-Tanganyika. Arrivée sur le —, 109, 110. Salubrité du —, 110. Altitude du —, 134.
Poison. Épreuve par le —, 54, 55. Pêche au —, 90.
Poisson. Récolte de — sur le

Tanganyika, 129, 134, 137, 138. — à Kissangano, 254.
Ponthier, officier belge, 196.
Ponts sur les rivières, 127. Absence de — dans le bassin du Zambèze, 127. Construction d'un — dans l'Ouroua, 159. — rustiques, 212.
Popelin. Tombeau de —, 203.
Porteurs. Difficulté de trouver des —, 19, 28, 40. — de l'expédition, 28. Campement des —, 32, 33. Façon de recruter des — selon la région, 37. Façon de payer les —, 37. Salaire habituel des — au nord du Zambèze, 37. Paiement des — pendant les expéditions de chasse, 38. Changement fréquent de —, 38. Engagement de — à Zanzibar, 38. Difficulté qu'ont les — à se mettre en route, 39. Un des — tué par un lion, 65. Manque de —, 94. Un des — enlevé par un crocodile, 93. Fuite de nos —, 94. Difficulté de se procurer des — à certains moments de l'année, 94. Gros des — congédié momentanément au lac Nyassa, 98. — engagés au nord du lac Nyassa, 106. Impossibilité d'engager des — à Oudjiji, 141, et dans l'Ouvira, 142, 200. Règlements administratifs allemands pour le recrutement des — indigènes, 141, 143. Avantages des — zanzibarites dans les pays inconnus, 142. Règlements sur le recrutement des — dans les différentes colonies, 143. A la recherche de — sur les bords du Tanganyika, 152. Nos — nous quittent en pays ennemi, 161. Nous engageons des Baloubas comme —, 162. Nouvel abandon des —, 168. Mes — abusent de ma situation désespérée, 181. Endurance des — baloubas au moment opportun, 181. Souffrances des — pendant la retraite de l'expédition, 185, 187. Désertions parmi nos —, 191. Les — du Manyéma refusent de marcher, 201. Les — ouanyamouzis sont excellents, 201, 205. Les derniers —, 274.
Poterie indigène, 90.
Préparatifs de départ, 1, 2.
Produits des différentes colonies : — du Mozambique, 281 ; — du Nyassaland, 285 ; — de la Rhodésia, 289 ; — de l'Afrique allemande, 290 ; — du Congo belge, 293 ; — du Congo français, 295.
Projets de voyage, 2, 69, 90, 129, 130, 144, 267.
Provisions de l'expédition, 4.
Pygmées. (*Voir* Tinguis-Tinguis.)

Q

Quilimane. Arrivée à —, 9. Impressions sur —, 9.

R

Régions peu explorées, 25.
Repas. Heures des — dans l'expédition, 46.
Révolte dans le Congo, 130, 192. Causes de la —, 195, 196, 197, 198, 199.
Rivière. Comment on traverse une — dans le bassin du Zambèze, 125. — noire dans l'Itimbiri, 260.
Riz. Culture du — sur le lac Nyassa, 102.
Rhoades (Capitaine), commandant la canonnière le *Pionneer*, 98.
Rhodésia du nord. Renseignements sur les ressources économiques de la —, 289.
Rodzeni, un de nos auxiliaires, 27.
Roquelle (Vapeur anglais), 277. Voyage du —, 279.
Rouaroué, sur le lac Nyassa, 103, 104.
Roumaliza, chef arabe d'Oudjiji, 146.
Rouzizi (Rivière). Visite à l'embouchure de la —, au nord du lac Tanganyika, 142.
Ruki, affluent du Congo, 264.

S

Sacrifices humains, 55, 86, 116.
Saison des pluies, 45.
Saïssé (Rivière), affluent du lac Roukoua, 127.
Sakaras (ou gens de Djabbir), haute Ouellé, 260.
Salades indigènes, 89.
Sauterelles. Invasion de — à Tchiromo, 19. Végétaux épargnés par les —, 20.
Sculptures sur bois, 87. — sur ivoire, 258.
Sengas. Pays des —, 25. Ruine des —, 67, 78. Visite chez les —, 68.
Sépultures chez les Magandjas, 53. — chez les Mafsitis, 74.
Settikama, point du Congo français, 272.
Sharpe (M. Alfred), consul général du Nyassaland, 98. Voyages de —, 104.
Signaux par les feux, 182, 184, 185, 186, 187, 188. — par le tambour, 182, 183, 184, 185, 186, 187, 188.
Souahilis (noirs de Zanzibar) sur le Nyassa, 101. Potentats —, 101. — à Oudjiji, 146. Utilité de la langue des — dans la région des lacs, 3.
Soucis journaliers, 94.
Souédi, capitan de l'expédition, 106. Départ de —, 255.
Source d'eau minérale, 204.
Stanley, voyageur anglais, 142, 147, 213, 236. Chutes et cataractes de —, 253. Lac —, 267, 269, 270.

T

Tambarika, un de mes auxiliaires, 27.

Tambour indigène pour la danse du Niâou, 41. Le — à signaux du Congo, 182 à 188. Expériences sur le — à signaux, 235.

Tanganyika (Lac). Importance des études sur le —, 129. Travaux faits sur le —, 129. Arrivée au —, 134. Niveau du —, 134. Comment on navigue sur le —, 139. Houle sur le —, 136. Voyage sur le —, 137. Visite des différentes localités du —, 137. Température sur le —, 138. Rochers à fleur d'eau sur le —, 139. Aspect des côtes du —, 139. Une tempête sur le —, 139. Naufrages sur le —, 140. Changements ce niveau du —, 147. Nous quittons le —, 153. Retour au —, 189. Trombe sur le —, 190.

Tatouage des Bangalas, 263.

Tchakouamba, cuisinier, 26.

Tchambézi (Rivière). Exploration et reconnaissance de la —, 120, 121, 122, 127. La — est une des sources du Congo, 127.

Tchapanga, moulèque de de Borely, 27.

Tchigallo, un de mes auxiliaires, 27.

Tchinde. Arrivée à —, 10. Impression sur —, 10. Canal de —, 12.

Tchinssinga, roi des Atchékoundas, 47, 60. Visite de l'expédition chez —, 59, 61.

Tchipéroni (Monts), Afrique portugaise, 13.

Tchirando, sur le lac Tanganyika, 138.

Tchiromo. Arrivée à —, 14. Établissement d'un camp d'hivernage à —, 15. Incendie du camp à — 15. Inondation de —, 15. L'expédition quitte —, 23.

Tchitipa. Frontière nord du Nyassaland, 110.

Tchitouta, sud du lac Tanganyika, 134.

Tchozi (Rivière), affluent de la Tchambézi, 121, 127.

Teinture végétale, 113.

Temboué, sur le Tanganyika, 151.

Tentes. Usage de — selon les saisons, 33. — pour le bain, 33.

Têtes humaines dans les villages baloubas, 165, 166.

Tinguis-Tinguis, gens de petite taille ou négrilles du Congo, 194, 210. Différents noms donnés dans la région aux —, 227. Habitation des —, 227. Physique et mœurs des —, 228. Les — sont anthropophages, 229.

Tipou-Tib. Visite à —, 7. —, chef arabe, 146.

Tolback, officier belge, 196.

Topokès, peuplade du haut Congo, 277.

Toumba. Passage à — (bas Congo), 277.

Touroumbous, peuplade du haut Congo, 256, 257.

Traités d'alliance avec les chefs indigènes, 180.
Traite des esclaves, 80, 81, 82, 83, 84, 85, 91, 101, 145, 147, 166, 195, 217.
Tristesse des chants baloubas, 164.

U

Upoto, sur le Congo, 261.
Usages différents selon les peuplades, 2.
Utilité des travaux des missionnaires, 3. — du souahili dans la région des lacs, 3. — de l'arabe, 3.

V

Van Kerkoven, officier belge, 196.
Vatel. Mort de —, 27.
Végétation. Points communs dans la — du Zambèze et celle du Congo, 204.
Versepuy, 132.
Viande humaine boucanée, 248.
Vie dans la brousse, 37. Philosophie nécessaire à la —, 94. La — interrompue, 134. Nous reprenons notre —, 151.
Villages. Propreté des — ouankondés, 106. — asséoués, 112. — fortifiés chez les Inamouanga, 113, et chez les Aouembas, 118, 125. Disparition des — sur les routes fréquentées, 203. Rareté des — dans la forêt, 258.

W

Wangermée (M.), gouverneur du Congo belge, 277.
Weatherley (Capitaine), voyageur anglais et chasseur, 91.

Y

Yaloulaké, sur le Congo, 266.
Yambouyia, sur le Congo, 261.
Yâos, peuples riverains du lac Nyassa, 100.

Z

Zambèze (Fleuve). Voyage sur le bas —, 12. Aspect et largeur du — entre Vicenti et la mer, 12.
Zanzibar. Arrivée à —, 6.
Zanzibarites. Avantage des porteurs — dans certains cas, 143. Rencontre de commerçants — dans l'Ouroua, 161.
Zarafi, chef indigène du lac Nyassa, 151.
Ziou-Ziou. Rivière —, 7, 13.
Zomba (Mont). Vue du lac Nyassa du —, 99.
Zone arabe, 254.
Zouloue. Peuples de race —, 72.

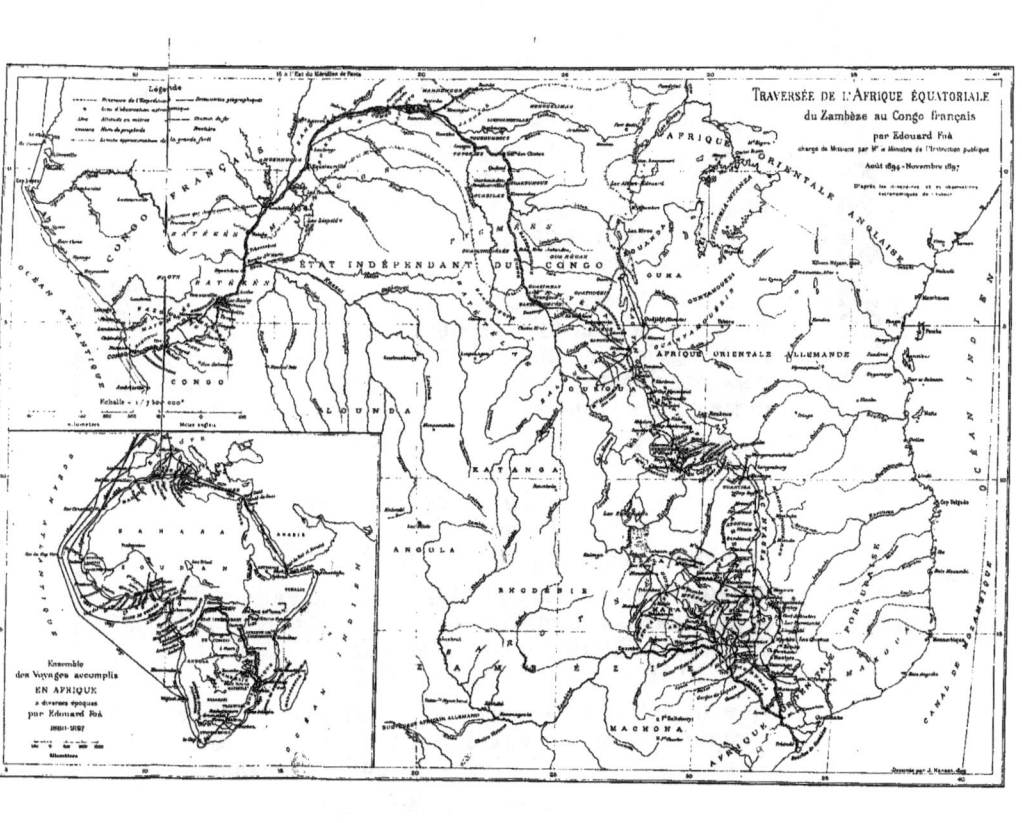

A LA MÊME LIBRAIRIE :

Rhodésie et Transvaal. Impressions de voyage, par Albert BORDEAUX. Un vol. in-18, orné de gravures. 2e édition. Prix .... 4 fr.

A travers l'Afrique australe. *Voyage au pays des Boers*, par Jules LECLERCQ. Un vol. in-18, accompagné de gravures et d'une carte. 2e édition. Prix. .... 4 fr.

Mission Binger. France noire (Côte d'Ivoire et Soudan), par Marcel MONNIER, *membre de la mission*. Un vol. in-8°, accompagné de 40 gravures d'après les photographies de l'auteur. Prix . . . . 7 fr. 50

Le Congo français du Gabon à Brazzaville, par L. GUIRAL, ancien attaché à la mission scientifique de l'Ogooué et du Congo. Préface par M. J. KÜNCKEL D'HERCULAIS. Ouvrage orné de gravures et d'une carte. Un vol. in-18. Prix .... 4 fr.

L'Afrique équatoriale : Gabonais, Pahouins, Galois, par le marquis DE COMPIÈGNE. 3e édition. Un vol. in-18, enrichi d'une carte spéciale et de gravures sur bois dessinées par L. Breton, d'après des photographies et des croquis de l'auteur. Prix . . . . . 4 fr.

L'Afrique équatoriale : Okanda, Bangouens, Osyéba, par le marquis DE COMPIÈGNE. 3e édition. Un vol. in-18, enrichi d'une carte spéciale et de gravures sur bois dessinées par L. Breton, d'après des photographies et des croquis de l'auteur. Prix . . . . . 4 fr.

L'Afrique centrale. Expéditions au lac Victoria-Nyanza et au Makraka Niam-Niam, à l'ouest du Nil Blanc, par le colonel CHAILLÉ-LONG. 3e édition. Traduit de l'anglais. In-18, avec carte et gravures . . . . . 4 fr.

Niger et Bénué. *Voyage dans l'Afrique centrale*, par Adolphe BURDO. Un vol. in-18, enrichi d'une carte spéciale et illustré de dessins par Camille RENARD. 4 fr.

Cinq ans de séjour au Soudan français, par Eugène BÉCHET. Ouvrage accompagné d'une carte. Un vol. in-18. Prix .... 4 fr.

En Smaala, par Michel ANTAR. Un vol. in-18. 3 fr. 50

Pages détachées. *Notes de voyage — au Sénégal — le Détroit de Magellan — Tahiti et les îles sous le Vent — les Marquises — l'Océanie centrale*, par Paul CLAVERIE. Un vol. in-18. Prix .... 3 fr. 50

Paris. Typ. Plon-Nourrit et Cie, 8, rue Garancière. — 370.

www.ingramcontent.com/pod-product-compliance
Lightning Source LLC
Chambersburg PA
CBHW050249170426
43202CB00011B/1617